UTB 5653

Eine Arbeitsgemeinschaft der Verlage

Brill | Schöningh – Fink · Paderborn
Brill | Vandenhoeck & Ruprecht · Göttingen – Böhlau Verlag · Wien · Köln
Verlag Barbara Budrich · Opladen · Toronto
facultas · Wien
Haupt Verlag · Bern
Verlag Julius Klinkhardt · Bad Heilbrunn
Mohr Siebeck · Tübingen
Narr Francke Attempto Verlag – expert verlag · Tübingen
Ernst Reinhardt Verlag · München
transcript Verlag · Bielefeld
Verlag Eugen Ulmer · Stuttgart
UVK Verlag · München
Waxmann · Münster · New York
wbv Publikation · Bielefeld
Wochenschau Verlag · Frankfurt am Main

Prof. Dr. Andrea Dietzsch lehrt Religionspädagogik an der Evangelischen Hochschule Ludwigsburg und ist Oberstudienrätin für die Fächer Ev. Religion und Geschichte.

Prof. (apl.) Dr. Stefanie Pfister ist Lehrerin für die Fächer Ev. Religionslehre, Deutsch und Sport sowie Privatdozentin für Ev. Theologie/Religionspädagogik an der WWU Münster.

Online-Angebote oder elektronische Ausgaben sind erhältlich unter **www.utb.de**

Bibliografische Information der Deutschen Nationalbibliothek:
Die Deutsche Nationalbibliothek verzeichnet diese Publikation in der Deutschen Nationalbibliografie; detaillierte bibliografische Daten sind im Internet über https://dnb.de abrufbar.

Umschlaggestaltung: Atelier Reichert, Stuttgart
Satz: SchwabScantechnik, Göttingen
Druck und Bindung: Friedrich Pustet, Regensburg
Printed in the EU

Vandenhoeck & Ruprecht Verlage | www.vandenhoeck-ruprecht-verlage.com

UTB-Band-Nr. 5653
ISBN 978-3-8252-5653-1

Inhalt

Einleitung

Im September 2019 startet das Forschungsschiff Polarstern zu einer bislang einzigartigen Expedition Richtung Nordpol. Von September 2019 bis Oktober 2020 erforscht ein Team weltweit führender Wissenschaftler:innen die zentrale Arktis: Das MOSAiC-Expeditionsteam bringt Proben und Daten mit, von denen Wissenschaftler:innen aus der ganzen Welt noch viele Jahre profitieren werden. Sie werden Auskunft geben zu Klimaveränderungen und -wandel, zu geologischen, biologischen, physikalischen und hydrologischen Vorgängen, die von herausragender und beispielloser Bedeutung für die Zukunft unseres Lebens sein werden. Wir verfolgen die Bilder und Berichte der MOSAiC-Expedition mit, während uns eine andere Erfahrung vor ungewohnte Herausforderungen stellt: Die SARS-CoV-2-bedingte Pandemie fordert vor allem von den Lehrenden, Lernenden und deren Eltern, aber auch von den Bildungsforscher:innen und Verantwortlichen im Bildungssystem einen neuen Blick auf Bildung. Mehrheitlich treffen die Schulschließungen völlig unvorbereitet auf unzureichende (organisatorische) Schulstrukturen, eine vielerorts nicht leistungsfähige (oder fehlende) technische Infrastruktur und fehlende didaktische Möglichkeiten. Die Krise wirft die Frage auf, wie Bildung neu gedacht werden kann: Wie soll und kann Unterricht gestaltet werden, der nicht in Präsenz stattfinden darf? Wie können Schüler:innen zu Hause erreicht werden? Wie kann Lernen synchron oder asynchron ermöglicht werden? Diese Fragen müssen an der schulischen Basis mit größtem Engagement und auf mehreren Ebenen gleichzeitig, inhaltlich, organisatorisch und technisch, in einer Krisensituation bearbeitet werden, um das zu ermöglichen, was unser Ziel als Lehrende ist – Bildung zu ermöglichen: Menschen zu befähigen, für sich ein gelingendes, selbstbestimmtes Leben in Verantwortung und Solidarität gegenüber Mensch und Umwelt führen und wählen zu können, ihre Talente und Interesse zu entdecken und auszubilden, sich sachlich fundiert, von Mehrheitsmeinungen und Moden der Zeit unabhängig positionieren zu können, das Eigene zu verstehen und das Fremde zu achten, ihre (auch religiöse) Identität in einer pluralistischen Gesellschaft ausbilden zu können sowie Freude und Leidenschaft für „ihr“ Lebensthema zu entdecken.

In diesem Sinne versteht sich unser Buch als ein Nachdenken, wie Bildung ermöglicht werden kann – eben unter anderen Vorzeichen als im schulischen Präsenzunterricht, nämlich aus Perspektive des digitalen Religionsunterrichts.

Die vorliegende Arbeit wird empirische Erkenntnisse, praktische Erfahrungen und theoretische Reflexionen miteinander diskutieren, um Impulse für eine Didaktik des digitalen Religionsunterrichts zu formulieren. Im Zentrum unseres Buches steht die Frage: Wie können Lernprozesse im digitalen Format des Religionsunterrichts gelingen? Diese Leitfrage wird in Kapitel 1 im Rahmen terminologischer Klärungen und der Diskussion des Forschungsstandes präzisiert und differenziert und wird in drei Hauptteilen bearbeitet:

Im ersten Hauptteil (Kapitel 2–4) wird digitaler Unterricht, wie er während der ersten Schulschließung (März–Juni 2020) stattgefunden hat, aus Perspektive der Schüler:innen beschrieben. Dabei werden die Ergebnisse ausgewählter Studien über die Lernendenwahrnehmung im digitalen Unterricht anderer Fächer (Kapitel 2) mit denen einer qualitativen Studie im digitalen Religionsunterricht (Kapitel 3) diskutiert mit dem Ziel, Impulse für gelingende Lernprozesse im digitalen Religionsunterricht aus Perspektive von Lernenden zu formulieren (Kapitel 4).

Im zweiten Hauptteil werden fachdidaktische Impulse aus Perspektive der Lehrenden entwickelt. Der Blick in die Praxis stellt in Kapitel 5 erprobte Best-Practice-Beispiele aus unterschiedlichen Schularten und Klassenstufen vor und reflektiert sie hinsichtlich der Frage, wie Lehrende Lernprozesse im digitalen Format gestalten, die sie für gelungen erachten, weil sie annehmen (oder überprüften), dass Schüler:innen durch sie einen Lernertrag verzeichnen konnten. Die jedem Kapitel angefügten Arbeitsfragen ermöglichen auch eine hochschuldidaktische Umsetzung, da hier Lehrende und Studierende die Methoden erproben, reflektieren, evaluieren und modifizieren können. Eine Online-Erweiterung ergänzt dieses Kapitel, sodass die vorgestellten Best-Practice-Ideen Praktiker:innen in stets aktualisierter Form zur Verfügung stehen. In Kapitel 6 werden aus diesen Beispielen Impulse formuliert, wie Lernprozesse aus Perspektive der Lehrenden gelingen können.

Im dritten Hauptteil werden in Kapitel 7 die Wahrnehmungen von Religionsschüler:innen und Religionslehrer:innen ebenso dargestellt und vergleichend analysiert wie deren unterschiedliche Gewichtung, Ideen oder Intentionen. Außerdem wird formuliert, welche Faktoren Lernende und Lehrende für gelingende Lernprozesse im Religionsunterricht im digitalen Format im Gegensatz zum Religionsunterricht in Präsenz formulieren. In Kapitel 8 werden die im digitalen Religionsunterricht empirisch belegten Kriterien für gelingende Lernprozesse mit den Qualitätskriterien diskutiert, die die empirische Bildungsforschung im Präsenzunterricht anderer Fächer validieren konnte, um aufzuzeigen, inwiefern sie übereinstimmen oder ob sie aufgrund des Settings (digital versus Präsenz) bzw. des Faches erweitert werden müssen. In Kapitel 9 werden Thesen für eine Konzeption einer Didaktik des digitalen Religionsunterrichts formuliert. Damit möchte unsere Arbeit einen Beitrag zur Konzeption einer Didaktik des digitalen Religionsunterrichts leisten und Impulse für eine allgemeine Didaktik des digitalen Unterrichts geben. Schließlich wagt Kapitel 10 einen Rückblick und zugleich einen Ausblick – in Form von Perspektiven für eine Didaktik des Religionsunterrichts in Präsenz.

An der Entstehung unseres Buches waren viele Menschen beteiligt: Unser Dank gilt vor allem jenen Schüler:innen, die im Rahmen der qualitativen Studie (Kapitel 3) ihre Wahrnehmungen im digitalen Religionsunterricht mit uns geteilt haben. Es ist das große Privileg von Lehrer:innen, junge Menschen auf ihrem (Bildungs-) Weg begleiten zu dürfen, gerade auch, wenn sie in solch reflektierter, kompetenter und kritischer Weise Auskunft über ihre Erfahrungen im (digitalen) Religionsunterricht geben. Unser Dank gilt weiter allen Religionslehrer:innen, die die große Mühe und Arbeit nicht gescheut und uns ihre Unterrichtsbeispiele zur Verfügung gestellt haben – und dies unter denkbar ungünstigen und herausfordernden Bedingungen der zweiten und dritten Welle der Schulschließungen. Es ist das große Privileg von Lehrer:innen, Kolleg:innen zu haben, gerade auch, wenn sie sich überragend für ihre Schüler:innen engagieren: Danke! Für hilfreiche fachlich-konzeptionelle Hinweise sind wir Christian Grethlein und Manfred L. Pirner dankbar.

Andrea Dietzsch und Stefanie Pfister, August 2021

1 Digitaler Religionsunterricht – Unterrichtsqualität – Bildungsprozesse

Digitalisierte Kommunikation, Digitalisierung und Digitalität sind zu Beginn des Jahres 2020 bereits Themen religionspädagogischer und -didaktischer Reflexion.[1] Allerdings ist zu diesem Zeitpunkt nicht vorstellbar, mit welcher Wucht das SARS-CoV-2-Virus das Bildungssystem in Sachen Digitalisierung verändert. Durch den ab März 2020 stattfindenden Fernunterricht muss Digitalisierung im (Religions-)Unterricht plötzlich neu gedacht werden. Zur Diskussion steht nun nicht mehr (nur) die Implementierung von Themen der Medienbildung und -kompetenz in den Bildungsplänen des oder die Nutzung digitaler Medien im Religionsunterricht, sondern Religionsunterricht wird zum digitalen Unterricht, weil er ausschließlich als digitales Setting stattfinden kann.[2] Unsere Arbeit wird empirisch erforschen, wie digitaler Religionsunterricht didaktisch gestaltet werden muss, um gelingende Lernprozesse zu ermöglichen. Die folgenden terminologischen Klärungen und Diskussionen des Forschungsstandes dienen der Formulierung von konkreten und unsere Forschungsfrage differenzierenden Aspekten (1.5), die leitend für unser Forschungsdesign sein werden.

1.1 Digitalisierung – Digitalität

Digital bezeichnet „eine Technologie, der ein binäres Zeichensystem zugrunde liegt" (Pirker 2019, S. 78). Unter *Digitalisierung* versteht man die Übersetzung oder Umwandlung von analogen Werten oder Signalen, beispielsweise „kommunikative Praktiken, Bilder, Wissensmedien" in dieses binäre Zeichensystem (Pirker 2019, S. 78). Die Übersetzung geschieht meist über mehrere Stufen und ermöglicht die Verarbeitung oder Speicherung von Informationen in einem digitaltechnischen System. Nach Pirker (2019, S. 78) kann „längst nicht alles […] digitalisiert oder digital nachgebaut werden – z. B. Emotionen, Gerüche, Haptiken, Natur". Vor allem „menschliche Werte wie Respekt, Privatheit, Vertrauen, Loyalität, Würde hängen wesentlich von den Wertehaltungen von Menschen in Begegnung ab" (Pirker 2019, S. 80) und

1 Vgl. Pirner (u. a. 2001), Grethlein (2003), Nord (2008; 2014), Nord/Zipernovszky (2017), Lienau (2018; 2020), Gojny (2019), Palkowitsch-Kühl (2019), Nowak/Palkowitsch-Kühl (2020), Pirker (2020), Tuhic/Said (2020), Obermann (2021). Ausführliche Besprechungen oder Darstellungen von Publikationen, die die Herausforderung der Digitalisierung für die religiöse Bildung reflektieren, finden sich u. a. bei Pirker/Wierer (2020) und Schröder (2020).

2 Im Fokus unseres Interesses steht nicht die Nutzung digitaler Medien im Präsenzunterricht oder die Ergänzung von Präsenzunterricht durch digitale Lernarrangements. Deshalb werden wir an dieser Stelle keinen Überblick über Modelle geben, die einen Unterricht konzeptualisieren, der als Präsenzunterricht durch digitale Medien ergänzt wird. Auch werden wir nicht auf Modelle eingehen, die abbilden, in welcher Weise und in welchem Ausmaß digitale Medien im Präsenzunterricht den Lehr- und Lernprozess ergänzen oder verändern, wie es beispielsweise das von Ruben Puentedura (2006) entwickelte SAMR-Modell ermöglicht. Wir werden zudem keinen Überblick über die (sehr bedeutsamen) Reflexionen der medial-digitalen religionspädagogischen Praxis der letzten Jahrzehnte geben, weil dies im Rahmen dieses Buches nicht geleistet werden kann.

sind digital nicht vollkommen reproduzierbar. Der Prozess der Digitalisierung stellt Menschen vor neue, vor allem auch ethische Herausforderungen, deren Spannungsfeld aktuell zahlreiche Publikationen[3] bearbeiten und der Medienethiker Alexander Filipovic skizziert:

> „Die neuen Angebote zum Kommunizieren, zum Austausch und zur Rezeption von Medien, auch das veränderte Verhältnis von Privat und Öffentlich sind für sich genommen nicht gefährlich oder zum Schaden der Menschheit. Sie bergen reiche humane Potentiale und können gleichzeitig das Menschliche bedrohen. Entscheidender Punkt ist, dass man nicht hinter die neuen Kommunikationsweisen zurückkann. Es geht um den verantwortlichen Gebrauch der neuen Möglichkeiten" (Filipovic 2015, S. 6).

Die Digitalisierungsprozesse im schulischen Bildungssystem wurden sicherlich durch den 2019 verabschiedeten Digitalpakt wesentlich vorangetrieben. Die finanzielle Großinvestition des Bundes in die Infrastruktur von Schulen für den Einsatz von digitalen Geräten im Unterricht wird die technischen Möglichkeiten in den Klassenzimmern erweitern. Es ist allerdings nicht davon auszugehen, dass allein durch das Vorhandensein von Hard- und Software Lernprozesse verbessert werden oder gelingen können. Christian Grethlein (2020, S. 58) weist schon vor Beginn der Pandemie darauf hin, dass die digitalisierte Kommunikation „sowohl Lehr- und Lernprozesse fördern, […] und […] zum Leben helfen [kann] – oder auch nicht". Seines Erachtens gleicht sie hierin der „traditionellen Face-to-Face-Kommunikation", denn „jede Form menschlicher Kommunikation bietet Chancen und enthält Probleme" (Grethlein 2020, S. 58). Ähnlich formuliert auch Klaus Zierer (2020), dass ein „schlechter Unterricht […] durch digitale Medien nicht besser [wird] – ein guter schon". Mit Sarah Spiekermann (2019, S. 205) leuchtet ein, dass die „Digitalisierung […] die Sammlung von Daten, den Analyseprozess und den Veröffentlichungsprozess bei der Wissenserschaffung [vereinfacht], aber […] nicht den Denkprozess, die Kunst, die richtigen Fragen zu stellen" ersetzt.

Vom Begriff der Digitalisierung ist jener der *Digitalität* zu unterscheiden: Mit Pirker (2019, S. 78) verbindet Digitalität die Begriffe „digital" und „Realität/Materialität" und steht also für die zunehmende Vernetzung von analogen und digitalen Wirklichkeiten. Als Digitalität kann die Verschränkung der analogen bzw. realen Lebenswelt mit der neuen digitalen Dimension verstanden werden (Heller/Lohrer 2020, S. 9). Im Unterschied zum Begriff der Digitalisierung nimmt der Begriff der Digitalität eine nicht technikfixierte Perspektive auf Veränderungsprozesse des 21. Jahrhunderts ein und reflektiert die Beeinflussung von Lebenswelten sowie von Politik, Wirtschaft und Gesellschaft durch die digitale Transformation.

Schon früh nehmen Wissenschaftler:innen wahr, dass Religion in der digitalen Welt ein Thema für die praktisch-theologische oder religionspädagogische Forschung ist

3 Vgl. Jung (2019), Spiekermann (2019), Precht (2018), Harari (2019), Weidenfeld/Nida-Rümelin (2018).

und sein muss.[4] Es bedarf, auch gerade für die Arbeit im Religionsunterricht, einer systematisch-theologischen Klärung,

> „welche Aufgaben und Rollen der Theologie grundsätzlich angesichts der Herausforderung Digitalität zukommen. Bewegen sich Veränderungen auf dem Feld der Anthropologie oder stellt sich auch die Gottesfrage neu, bildet Digitalität einen eigenständigen Ort theologischer Erkenntnis? Muss eine Theologie des Digitalen mehr anbieten als eine Beteiligung an Wertediskussionen, Kommunikationsreflexion oder theologisch informierter Medienethik? [...] Lassen sich unter digitalen Bedingungen Gemeinschaft, Sozialität und Social Media nahtlos ineinander übersetzen?“ (Pirker 2019, S. 83).

Der „Umgang mit der Digitalität macht neuralgische Themen sichtbar, die in Theologie und Kirche erst anfanghaft beantwortet werden. Die radikal egalitäre, nichthierarchische und niederschwellige Kommunikationsstruktur im Netz stellt unausweichlich die Frage nach Pluralität, nach der Positionierung zu Moderne, Demokratie und offener Gesellschaft“ (Pirker 2019, S. 92), was auch im Hinblick auf die Didaktik des Religionsunterrichts zu reflektieren sein wird. Die strukturelle Parallelität von Digitalität und Theologie könnte ebenso Fragen nach ihrer inhaltlichen Parallelität evozieren: Ebenso wie das „Eigentliche der Digitalität unsichtbar [ist] [und] nur an den Wirkungen sichtbar und erfahrbar [wird], [wird] auch [...] Gott [...] im Gewirkten und Geschaffenen, in geistigen Überlegungen und individuellen Erfahrungen wirksam“ (Pirker 2019, S. 84).

Digitalität beeinflusst auch jene Lebenswelt, die im Hinblick auf den Religionsunterricht religionspädagogisch reflektiert und religionsdidaktisch in zweierlei Hinsicht aufgenommen werden muss. Erstens muss eine Reflexion im Hinblick auf die (lebensweltlich relevanten) Themen des Religionsunterrichts angestrengt werden, um zu eruieren, inwiefern sich „durch den digitalen Wandel auch traditionelle Themen des Religionsunterrichts verändern und neue hinzutreten“ (Gojny 2019, S. 43):

> „Digitalität [...] wirft ein neues Licht auf Fragen nach Wahrheit und Lüge (Fake News), bedenkt individualethische (z. B. Sexualität und Scham) und sozialethische Aspekte (z. B. Globalisierung) und macht es nötig, über das Menschenbild (Freiheit und Würde), über Identitätsbildung (Selfies, Selbstinszenierung, Account-Gestaltung), über Glück und Kommunikation neu nachzudenken“ (Heller/Lohrer 2020, S. 14).

Umgekehrt fragen Heller und Lohrer (2020, S. 14) an, ob bestimmte Inhalte im Religionsunterricht „weniger von neuen digitalen Lernwegen profitieren als andere“ und nennen dazu einzelne Lernbereiche wie Jesus Christus, Nachdenken über Gott

4 Vgl. Nord (2008), Campbell (2012), Haberer (2015), Nord/Zipernovsky (2017), Grethlein (2018), Büsch (2019).

oder die Bibeldidaktik (vgl. Scholz 2012, der vor dem Hintergrund der Digitalisierung die Chancen und Grenzen der Bibeldidaktik diskutiert). Bereits 1997 weist Gerhard Tulodziecki (1997, S. 32) darauf hin, dass die Entwicklung (digitaler) Medien dazu führen könnte, dass „traditionelle Fachinhalte [...] unter Umständen an Bedeutung" verlieren und durch andere ersetzt werden. Es ist zu fragen, welche Inhalte und Themen dies betrifft: Sind es die lebensweltlichen oder ethischen Fragestellungen oder verändert die Auseinandersetzung mit Digitalisierung oder Digitalität auch genuin theologische Themen – inhaltlich, hermeneutisch oder in der methodisch-didaktischen Erschließung (Gojny 2019, S. 45; Palkowitsch-Kühl 2019, S. 12)? Im Hinblick auf den digitalen Religionsunterricht ergibt sich aus all dem die Frage nach der Veränderung von Inhalten und Themen im Religionsunterricht, denn „religiöse Themen werden durch digitale Medienformate kommuniziert, modifiziert und transformiert", da Mediennutzungsgewohnheiten „die Modi unserer Welterschließung" beeinflussen (Palkowitsch-Kühl 2019, S. 11 f.).

1.2 Terminologische Klärungen

Im Folgenden wird begründet, welche Begrifflichkeiten für die Form des Unterrichts während der Covid-19-bedingten Schulschließungen verwendet werden. Auch wird in dieser Arbeit immer wieder die Rede davon sein, dass im Religionsunterricht (religiöse) Bildungs- und Lernprozesse gelingen sollen oder Lernen ermöglicht wird. Deshalb muss geklärt werden, welche impliziten Verständnisse von Bildung (im Religionsunterricht), Lernen sowie Lehr- und Lernprozessen dieser Arbeit zugrunde liegen.[5]

1.2.1 Fernunterricht – digitaler Religionsunterricht

In der vorliegenden Arbeit werden für die Form der während der Covid-19-bedingten Schulschließungen stattfindenden Unterrichts die Begriffe *Fernunterricht, Fernlernunterricht, Distanzunterricht* oder *digitaler Unterricht* verwendet. Damit entscheiden wir uns gegen den oftmals (im deutschsprachigen Raum undifferenziert) verwendeten Begriff des Homeschoolings.[6] Von *Homeschooling* kann korrekterweise dann gesprochen werden, wenn ein Kind keine Schule besucht, sondern von seinen Eltern und/oder einer:m Privatlehrer:in zu Hause unterrichtet wird. Diese spezielle Lern-Form ist in Deutschland nicht zulässig, in anderen Ländern, wie den USA beispielsweise, ist sie nicht ungewöhnlich. Während beim Homeschooling die Eltern

5 Freilich muss an dieser Stelle auf eine ausführliche Grundlegung der Begrifflichkeiten verzichtet werden. Die verkürzte Darstellung der Termini muss gezwungenermaßen defizitär bleiben: Es wäre vermessen, in der Kürze eine in allen Bezugswissenschaften gleichermaßen fundierte theoretische Definition der Fachbegriffe anzustrengen. Gleichwohl scheint uns eine terminologische Klärung im Sinne von Arbeitsdefinitionen wissenschaftlich redlich und aus Transparenzgründen geboten. Verweise auf grundlegende Literatur mögen diesen Malus etwas ausgleichen.

6 Auch im englischsprachigen Raum wird für den digitalen Fernunterricht nicht der Begriff des Homeschoolings verwendet, sondern hauptsächlich distance learning oder (seltener) remote learning.

oder Privatlehrende Verantwortung für die Lernprozesse des Kindes tragen, indem sie entweder eigenständig Materialien erstellen (auf der Grundlage eines Bildungs-/Lehrplanes) oder mit vorgegeben Materialien unterrichten, verstehen wir mit Klieme (2020, S. 112) „Unterricht als gegenstandsbezogenes, interaktives erzieherisches Setting, für das eine Lehrperson Verantwortung trägt". Ein so verstandener Unterricht zielt darauf ab, „den Erwerb von fachlichen und fächerübergreifenden Kompetenzen zu fördern und Bildung – als Aneignung von Kultur und als Entfaltung einer mündigen Persönlichkeit – zu ermöglichen" (Klieme 2019, S. 393). Unseres Erachtens ist für Unterricht jene Interaktion der Lehrperson essenziell, die im Hinblick auf die konkrete Lernendengruppe Lernprozesse initiiert. Das Ziel des erzieherischen Settings und die Verantwortung der Lehrperson liegen darin, Lernen zu ermöglichen. Dieses Ziel kann und muss auf unterschiedlichen Ebenen verfolgt werden, was im Rahmen der Diskussion um die Qualität im (Religions-)Unterricht zu zeigen sein wird. Unterricht ist also um ein Vielfaches mehr als das Zur-Verfügung-Stellen von Lernmaterialien für die Schüler:innen.

Weil die Verantwortlichkeit für die Interaktion mit den Lernenden und die Initiierung und Ermöglichung von Lernprozessen der Lehrperson zugeschrieben werden, wird im Folgenden von Unterricht die Rede sein und damit nicht der (in einigen Bundesländern) gebräuchliche Begriff des Distanzlernens verwendet. Dieser Unterricht wird mit dem Präfix Fern als *Fern*unterricht präzisiert, weil er eben nicht in physischer Präsenz im schulischen Gebäude stattgefunden hat, sondern Schüler:innen zu Hause lernen, während Lehrende mit ihnen aus der Ferne interagieren. Weil der Begriff des Fernunterrichts eventuell an das kommerzielle Fernstudium denken lässt und deshalb missverständlich sein könnte, wird in dieser Arbeit von *digitalem (Religions-)Unterricht* die Rede sein.

Digitaler Religionsunterricht impliziert sowohl asynchrone als auch synchrone Lernsettings: Unter asynchroner Lehre sind beispielsweise Aufgaben, Clips und Erklärvideos zu verstehen, die den Lernenden auf Online-Lernplattformen zum Selbststudium zur Verfügung gestellt werden. Sie können zeitlich flexibel bearbeitet und beliebig oft abgerufen und z. T. heruntergeladen werden. Synchrone Lehre bezeichnet Online-Meetings in Form von Videokonferenzen, in denen Lernende und Lehrende zeitlich synchron teilnehmen. Wird für das synchrone Unterrichten eine spezielle Software verwendet, die durch „Funktionen und Werkzeuge […] das Lernen und Arbeiten in Gruppen" unterstützt (Poitzmann 2020a, S. 9), so kann auch vom Begriff des *Virtuellen Klassenzimmers* die Rede sein, der den Vorteil hat, die Gemeinsamkeiten des Unterrichts in Präsenz und im digitalen Setting zu betonen. Werden synchrone und asynchrone Elemente in didaktisch sinnvoller Weise miteinander verzahnt und ermöglichen dadurch Lernprozesse, so kann digitaler Unterricht auch als *Blended Learning* bezeichnet werden. Gegenüber dem Begriff des *Online-Unterrichts* hat die Bezeichnung digitaler (Religions-)Unterricht den Vorteil, dass digitaler Unterricht sowohl synchrone als auch asynchrone Formen, die offline bearbeitet werden können, impliziert.

1.2.2 Bildung

Bildung wird im Folgenden als eine Befähigung des Menschen zu einem für sich gelingenden, selbstbestimmten Leben verstanden, das er in Verantwortung und Solidarität gegenüber Mensch und Umwelt führen und wählen kann (Korsch 1997, S. 135). Dabei hat die:der Gebildete „ein möglichst breites und tiefes Verständnis der vielen Möglichkeiten [...], ein menschliches Leben zu leben" (Bieri 2012, S. 233). In diesem Sinne befähigt Bildung Menschen dazu, ihre Talente und Interessen zu entdecken und auszubilden sowie Freude und Leidenschaft für *ihr* Lebensthema zu entdecken. Insofern trägt Bildung zur Schaffung einer seelischen, selbstbestimmten Identität bei, die in der Lage ist, das eigene „Denken, Fühlen und Wollen zu bewerten, sich mit einem Teil zu identifizieren und sich vom Rest zu distanzieren" (Bieri 2012, S. 236). Bildung hat in diesem Verständnis auch eine moralisch-ethische Komponente: Menschen werden befähigt, zu beurteilen und zu bewerten. Sie legt die Basis, dass Menschen, sich sachlich fundiert, von Mehrheitsmeinungen und Moden der Zeit unabhängig positionieren können und frei sind „gegenüber den Diktaten des Zeitgeistes" (Liessmann 2012, S. 219). Bildung befähigt Menschen dazu, mündig zu sein, um ihre (auch religiöse) Identität in einer pluralistischen Gesellschaft ausbilden zu können sowie das Eigene zu verstehen und das Fremde zu achten: „Aus der Einsicht in die Kontingenz der eigenen kulturellen Identität entsteht Toleranz – kein förmliches Dulden des Fremden, sondern echter und selbstverständlicher Respekt vor anderen Arten zu leben" (Bieri 2021, S. 237 f.). Bildung ist damit auch als Selbsterkenntnis zu verstehen: Bildung befähigt dazu, über sich, über die Schwierigkeiten und die brüchige Vielfalt im Inneren Bescheid zu wissen und „keine soziale Identität für bare Münze" zu nehmen (Bieri 2012, S. 236). Wenn Bildung zur Erkenntnis des Selbst und des Selbstwertes führt, befreit sie vom Zwang des Sich-Vergleichen-Müssens: „Der gebildete Mensch kann bewundern, sich begeistern, ohne Angst, sich etwas zu vergeben. Insofern ist er das genaue Gegenteil [...] des Typs, der alles klein machen muss, um sich selbst nicht klein vorzukommen. [...] Denn er zieht sein Selbstwertgefühl nicht aus dem Vergleich mit anderen" (Spaemann 2001, S. 514 f.).

Bildung ist dabei ein Prozess, der in dreifacher Perspektive zu bestimmen ist – erstens als aktiver Prozess: Der Mensch „selbst muss sich bilden, wie immer die Umstände auf ihn einwirken, ohne deren Verarbeitung er sich nicht bilden kann" (Koselleck 2012, S. 149). Zweitens ist Bildung ein ganzheitlicher Prozess und betrifft als solcher verschiedene und höchst diverse Dimensionen des Welt- und Selbstverständnisses. Bildung ist drittens ein lebenslanger, nie abgeschlossener Prozess des Menschseins. Schule und Unterricht können in einem begrenzten Maße Bildung ermöglichen und Anlässe dazu bieten. Allerdings ist aus christlich-theologischer Perspektive der Mensch als Person „schon unerreichbar viel mehr, als er in Bildungsprozessen aus sich zu machen vermag, weil er sein wahres Sein außerhalb seiner selbst bereits hat. Die Unterscheidung zwischen dem, was Sache Gottes ist, nämlich dem Menschen sein Personsein zuzueignen, und dem, was Sache des Menschen ist, nämlich sein Personsein stets neu zu realisieren, lässt sich im Hinblick auf den Bildungsvorgang selbst zur Geltung bringen“ (Biehl 2003, S. 40 ff.).[7] Eine solch religiöse Dimension trägt auch Johann Gottfried Herder in den Bildungsbegriff ein, indem die edle Bildung zur Bestimmung des Menschen beiträgt, damit das „Bild des Schöpfers unsrer Erde [im Menschen] abgedruckt lebe“ (Herder 2012, S. 91).

Dieser Bildungsbegriff ist für unsere Vorstellung von Bildung im Religionsunterricht leitend. Dass die *religiöse Dimension* zu einem ganzheitlichen Bildungsverständnis gehört, kann aus anthropologischer, gesellschaftlicher, sozialer und kultureller Perspektive ebenso begründet werden wie aus rechtlicher Perspektive als Realisierung und Wahrnehmung von positiver Religionsfreiheit als allgemeinem Menschenrecht.[8] Da wir den Begriff der religiösen Bildung für diskussionswürdig halten, nehmen wir im Folgenden einige Aspekte dieses Begriffes auf, mithilfe derer religiöse Bildung gegenwärtig in der Religionspädagogik definiert wird. Diese Aspekte scheinen uns hilfreich, um die religiöse Dimension von Bildung zu beschreiben. Unseres Erachtens ist es präziser, von der religiösen Dimension von Bildung zu sprechen, um zu verdeutlichen, dass sich Bildung nur dann als ganzheitlich und umfassend erweist, wenn sie verschiedene Dimensionen vereint. Die religiöse Dimension von Bildung stellt (im Anschluss an Jürgen Baumerts (2002) Definition von religiöser Bildung) einen Modus der Welterschließung und -begegnung dar. Insofern ermöglicht die religiöse Dimension von Bildung eine Auseinandersetzung mit Problemen konstitutiver Rationalität und damit mit den „Bedingungen menschlicher Erkenntnis und menschlichen In-der-Welt-Seins“ (Kumlehn 2015, S. 8). Sie ermöglicht „Selbstreflexion und Auseinandersetzung mit dem, was existenziell bedrängt [...] und stellt [...] Fragen nach dem Leben selbst, nach Lebenssinn, nach Verantwortung und nach sozialen ebenso wie religiösen Lebensformen“ (EKD 2020b, S. 1). Für Kumlehn (2015, S. 9) muss „insbesondere eine intensive Auseinandersetzung mit den Voraussetzungen einer Kommunikation von Geltungs- und Wahrheitsansprüchen in der Pluralität der Weltzugänge [...] Bestandteil religiöser und allgemeiner Bildung [...] sein“. Dies geschieht aus der Überzeugung heraus, dass sich „die Realisierung des Glaubens [...] nicht nur in einer Gestalt der Lebensführung und einer bestimmten Lebensdeutung“ (EKD 2020a, S. 101) äußert, sondern sachnotwendig plural ist: „Der Umstand, dass das Neue Testament vier Evangelien umfasst, die vom Glauben an Jesus als den Christus Gottes Zeugnis ablegen“ (EKD 2020a, S. 101), sei hier als exemplarischer Beleg für die innere Pluralität der christlichen Religion benannt, aus der die (äußere) Pluralismusfähigkeit von Christ:innen folgen muss. „Pluralismusfähig ist man dann, wenn man [...] die eigenen Überzeugungen [...] auslegen kann [...], in dem Wissen, dass sie fehlbar [sind] und die Wahrheit Gottes größer als die eigene Überzeugung [ist]“ (EKD 2020a, S. 101). Für Peter Bieri resultiert die Pluralismusfähigkeit aus einem Bewusstsein für die Zufälligkeit und Historizität der Welt:

7 Ausführliche Darstellungen bzw. gute Überblicksdarstellungen zu teils divergierenden Bildungsverständnissen finden sich bei Hastedt (2012: darin: Herder, Koselleck, Liessmann, Bieri), Humboldt (1960) und Spaemann (2001), sowie für den evangelisch-theologischen bzw. religionspädagogischen Bereich bei Preul (2013), Schweitzer (2014) und Dressler (2018).

8 Zu den ausführlichen Begründungen religiöser Bildung vgl. Schweitzer (2012 und 2013).

„Das aufgeklärte Bewusstsein [des Gebildeten] ist also ein Bewusstsein der Zufälligkeit. Es drückt sich aus in der Fähigkeit, die eigene Kultur aus einer gewissen Distanz heraus zu betrachten [...]. Das heißt nicht: sich nicht zu der eigenen Lebensform zu bekennen. Es heißt nur, von dem naiven und arroganten Gedanken abzurücken, die eigene Lebensform sei einem angeblichen Wesen angemessener als jede andere. [...] Bildung [...] bringt die Relativität einer jeden Lebensform zu Bewusstsein. [...] Bildung löst totalitäre Metaphysik auf und versteht Religion als Ausdruck einer Form und Fassung, die Menschen ihrem Leben geben wollen. Religion [...] hat nicht mit metaphysischer Wahrheit zu tun, sondern mit Identitätsbildung, mit der Frage, wie wir leben wollen" (Bieri 2012, S. 232 f.).

1.2.3 Lernen und Lernprozesse

Das *Lernen* in der Schule ist mit Hubrig (2010, S. 41) als „biopsychosoziales Geschehen" zu beschreiben: Alle drei Faktoren (neurobiologisch-physiologische Grundlagen, Soziales/Beziehung und Psyche/Motivation) bedingen sich gegenseitig und tragen nur gemeinsam zum Lernen bei. Lernen ist sowohl als Verhaltensänderung (im Sinne des klassischen oder operanten Konditionierens, aber auch des Lernens am Modell) als auch als Informationsverarbeitung (in kognitivistischer und sozial-konstruktivistischer Perspektive) zu beschreiben. Besonders die Einsicht konstruktivistischer (systemischer) Lerntheorien, aber auch neurobiologischer Forschung mögen hilfreich sein, um Lernen als stets aktiven Prozess der Re-Konstruktion von Wissen und somit der vom Subjekt gesteuerten Prozess der Aneignung, Anverwandlung und Integration in bestehende Konstrukte und Wissensbestände zu verstehen. Lernen kann nicht „gemacht werden", Lernen kann lediglich ermöglicht werden. Lernen ist „ohne die Mühe des Denkens" (Liessmann 2012, S. 217) schlicht nicht möglich. Lernende „müssen ihr Verständnis der Gegenstände selbst konstruieren" (Klieme 2019, S. 294).

Schließlich beschreiben *Lehr- und Lernprozesse* die „inhaltsbezogenen Interaktionsprozesse zwischen Lehrenden und Lernenden sowie den Lernenden untereinander und die Art der Auseinandersetzung der Lernenden mit Inhalten" (Kunter/Trautwein 2013, S. 64). Für Trautwein, Sliwka und Dehmel (2018, S. 10) sind die Lehr-Lern-Prozesse „Teil der Tiefenstrukturen von Unterricht". Unsere Arbeit geht davon aus, dass die Ermöglichung von (aktiven, individuellen) Lern-Prozessen die Qualität von digitalem Religionsunterricht beschreibt.

1.3 Unterrichtsqualität

1.3.1 Qualitätskriterien von (Religions-)Unterricht

Die Frage nach Qualität von Religionsunterricht beschäftigt die Religionspädagogik schon lange (Bizer 2006; Pirner 2008), aber sie ist bislang weder zentral, noch kann sie auf einer empirisch breiten Basis formulieren, welche Kriterien zu einem *guten* Religionsunterricht beitragen. Wenn es das Ziel von Religionsunterricht ist, religiöse Lernprozesse zu initiieren und zum schulischen Bildungs- und Erziehungsauftrag als ordentliches Fach beizutragen, so kann angenommen werden, dass sich die Qualität des Religionsunterrichts daran bemisst, wie gut es gelingt, dieses Ziel zu verwirklichen. Religionsunterricht ist also dann als guter Religionsunterricht zu bezeichnen, wenn es ihm gelingt, Lernenden (religiöse) Lern- und Bildungsprozesse zu ermöglichen. Dies bedeutet, dass eine religionsdidaktische Unterrichtsqualitätsforschung nach Indikatoren im Religionsunterricht fragt, die einen positiven Effekt auf Lernprozesse haben.

In der Religionsdidaktik wurde über guten Religionsunterricht lange Zeit im Sinne des *good-teaching*-Ansatzes nachgedacht. Religionsunterricht ist dann gut, wenn er normativen Vorgaben folgte, wie sie Konzeptionen wie die Evangelische Unterweisung, die Performative oder Problemorientierte Religionsdidaktik als normative Folien darstellen. Der Ansatz des *successful teaching* stellt demgegenüber einen Querschnitt dar, der alle bestehenden Konzeptionen auf Qualitätsmerkmale überprüft, die Lernen im Religionsunterricht ermöglichen. Erste umfangreiche Studien zur Qualität im Religionsunterricht, die in Ansätzen einen querschnittartigen Zugang erkennen lassen, sind die von Anton Bucher aus dem Jahr 1996 und 2000. Allerdings geht es hier um die Erhebung vor allem von Akzeptanz und Beliebtheit des Religionsunterrichts bei Lernenden, weniger um einen Blick auf die Produktebene oder die Wirksamkeit. Friedrich Schweitzer (2006) und Rudolf Englert (2006) weisen vor dem Hintergrund, mit dem die Schulleistungsstudie PISA die Unterrichtsqualität in einer eher produktorientierten Perspektive wahrnimmt, darauf hin, dass Qualität im Religionsunterricht nur als Verbindung von produkt- und prozessorientierter Perspektive erforscht werden könne. Gegenwärtig scheint die Diskussion um Qualität im Religionsunterricht an Bedeutung und Aufmerksamkeit zu gewinnen, wie die unterschiedlich weit gediehenen Forschungsvorhaben zeigen, die dazu beitragen, Qualitätskriterien speziell für den Religionsunterricht empirisch zu validieren. Sicherlich bedarf es weiterer und aussagekräftiger Studien, die „die Prozessqualität von Religionsunterricht noch deutlicher mit dem outcome, also der Produktqualität, verknüpfen" (Schambeck 2018, S. 329) und „die Prozess- und Produktqualität nicht nur theoretisch, sondern [...] empirisch validiert miteinander abgleichen", um so „empirisch auszuweisen, welche Indikatoren hilfreich sind, damit Schüler/-innen lernen" (Schambeck 2018, S. 331). Trotzdem sind bereits einige Studien zu nennen, die sich einer Verbindung von prozess- und produktorientierter Forschungsperspektive verpflichtet wissen, so beispielsweise die Kontextbezogene Unterrichtsforschung Thorsten Knauths (2018) oder die Fachdidaktische Entwicklungsforschung Claudia Gärtners (2018). Auch die beachtliche Habilitationsschrift von Susanne Schwarz ist hier zu nennen. Für Schwarz steht es außer Frage, dass nur dann überprüft werden kann, was guter Religionsunterricht ist, wenn „die AdressatInnen selbst zu Wort kommen" (Schwarz 2019, S. 576), weshalb sie in ihrer explorativ-quantitativen Resonanzstudie die Äußerungen von 2.100 Schüler:innen (in Abschlussklassen von bayerischen Mittel- und Realschulen) abbildet. Ihrem Qualitätsverständnis liegt das Angebots-Nutzungs-Modell von Andreas Helmke (2017, S. 71) zugrunde. Die Ergebnisse ihrer Daten können als Beitrag zur Formulierung von Qualitätskriterien gelesen werden. Ihres Erachtens ist „die Akzeptanz und Relevanz des Faches […] eng mit der Qualität des Binnengeschehens verbunden" (Schwarz 2019, S. 609).

Im Hinblick auf die Unterrichtsqualität ist die „religionsdidaktische Unterrichtsforschung noch lange an kein Ende gekommen" (Schambeck 2018, S. 332), weshalb gegenwärtig keine evidenzbasierten, für die Theoriebildung der Religionsdidaktik allgemein anerkannten Qualitätskriterien genannt werden können, denen guter Religionsunterricht verpflichtet ist. Auch Susanne Schwarz (2019, S. 571) kommt zu dem Schluss, dass Arbeiten, die „explizit mit der Qualitätsdebatte verbunden sind […] innerhalb der Religionspädagogik noch sehr selten" sind. Ihres Erachtens existiert die Vielzahl von Modellen zur Bestimmung der Qualität im Religionsunterricht „bisher relativ unverbunden nebeneinander" (Schwarz 2019, S. 575). Da also im religionsdidaktischen Bereich Modelle nebeneinander existieren, die sich entweder dem *good-teaching-* oder dem *successful-teaching-*Ansatz als Idee von Unterrichtsqualität verpflichtet wissen, werden im Folgenden Qualitätskriterien von der empirischen Bildungsforschung her im Hinblick auf ihre Anwendbarkeit im Religionsunterricht diskutiert.

Deshalb soll nun zuerst der Blick auf die Erkenntnisse der empirischen Bildungsforschung gerichtet werden, die auf eine lange Forschungstradition zur Unterrichtsqualität blicken kann. Sicherlich muss im Anschluss an diese Darstellung diskutiert werden, ob jene Qualitätskriterien, die vor allem auf empirischen Daten in den Fächern Mathematik, Deutsch, Physik oder Englisch basieren, auch für den Religionsunterricht plausibel erscheinen könnten – vor allem vor dem Einwand von Susanne Schwarz, dass sich vielleicht nicht alle Dimensionen des Faches (evangelische) Religion empirisch abbilden lassen können (Schwarz 2019, S. 575). Sicherlich steht eine empirische Validierung der Qualitätskriterien auch nach dieser Diskussion aus. Dennoch sollen es die nachfolgend formulierten Tendenzen ermöglichen, digitalen Religionsunterricht, wie er während der Schulschließungen 2020 stattgefunden hat, nicht nur zu beschreiben, sondern auch auf seine Unterrichtsqualität hin zu beurteilen.

Besonders anschlussfähig für die religionspädagogische Forschung in Richtung Qualität von Religionsunterricht scheint jenes von Eckhart Klieme, aber auch Frank Lipwosky und Victoria Beck (2019) vertretene Modell von Unterrichtsqualität zu sein, das die aktuellsten empirischen Erkenntnisse nationaler und internationaler Studien aufnimmt. Dieses Modell erweitert die drei Basisdimensionen von Unterrichtsqualität um eine vierte Säule der Fachlichkeit, die für die fachlich-religionsdidaktische Erforschung religionsunterrichtlicher Lernprozesse erkenntnisreich sein kann. Im Folgenden folgen wir Kliemes Darstellung der Qualitätskriterien von Unterricht und ergänzen diese ggf. um relevante Anmerkungen anderer Bildungsforscher:innen.

Klieme nimmt den Forschungsansatz des *successful teaching* „als Inbegriff eines Unterrichts [auf], der seine pädagogischen Ziele nachweislich einzulösen vermag – wobei Ergebnisse in einem sehr breiten Sinne gemeint sind, als erworbenes Wissen, Verständnis, Fertigkeiten und Fähigkeiten" (Klieme 2019, S. 395). Seines Erachtens ist der Lernerfolg „individuell oder kollektiv, kognitiv oder affektiv" zu beschreiben, in der Regel multikriteral (Klieme 2019, S. 396). Dabei geht es nicht um eine Messung des Outputs, sondern im Vordergrund steht „das Prozessgeschehen im Unterricht, das aber systematisch auf seine Folgen auf die Lernenden hin geprüft wird" (Klieme 2019, S. 396). Dieses Verständnis impliziert also zwei Sichtweisen auf Unterricht und verbindet sie: Zum einen die produktorientiert Perspektive, zum anderen die prozessorientierte. In diesem Verständnis ist *guter* Unterricht „dadurch gekennzeichnet, dass er auf der Prozessebene anerkannten Qualitätsmerkmalen entspricht und auf der Produktebene zu Lernzuwachs führt" (Trautwein/Sliwka/Dehmel 2018, S. 3). Damit wird „Unterrichtsqualität [...] verstanden als Gesamtheit der empirisch beobachtbaren Merkmale des Unterrichtsgeschehens, die nachweislich mit einer Entwicklung der Lernenden im Sinne der Realisierung von Bildungs- und Erziehungszielen einhergehen" (Klieme 2019, S. 396).

Andreas Helmke (2014) und John Hattie (2013) haben eine breite Varianz von „Merkmale[n] des Unterrichtsgeschehens betrachtet und geprüft, inwieweit diese Merkmale mit Leistungsergebnissen zusammenhängen" (Klieme 2019, S. 397). Auf besonders beeindruckend breiter empirischer Basis kann Hattie aus mehr als 800 Meta-Analysen insgesamt 138 Faktoren identifizieren, die (in unterschiedlicher Effektstärke) Auswirkungen auf Lernprozesse haben. Unter diesen Faktoren finden sich sowohl Faktoren, die als Tiefenstrukturen zu bezeichnen sind (siehe unten), als auch solche, die „in der Tradition der schweizerischen Unterrichtsforschung [...] als Sichtstrukturen des Unterrichts (Reusser/Pauli 2013) bezeichnet werden" (Klieme 2019, S. 397), wie beispielsweise Methoden wie Kooperatives Lernen (Hattie 2013, S. 252) oder Organisationsformen wie bilingualer Unterricht (Hattie 2013, S. 189). Für Trautwein, Sliwka und Dehmel (2018, S. 7 f.) sind als Sichtstrukturen Organisationsformen (z. B. Förderunterricht), Methoden (z. B. Frontalunterricht) und Sozialformen (z. B. Gruppen-, Partner- oder Einzelarbeit)" zu verstehen. „Während diese Merkmale der Oberflächenstruktur nur eine geringe Erklärungskraft für Schulleistungen aufweisen (u. a. Hattie 2009), sind Merkmale der Tiefenstruktur für das Lernen von Schülerinnen und Schülern von entscheidender Bedeutung" (Lipowsky/Bleck 2019, S. 219). Somit sind Sichtstrukturen zwar eine hinreichende Bedingung für guten Unterricht, aber keine notwendige: „Aus der empirisch-analytischen Forschung lässt sich [...] die ernüchternde Schlussfolgerung ziehen, dass methodische Arrangements an sich keine klare Wirkung haben" (Klieme 2019, S. 399 f.), weshalb Unterrichtsqualität sich (bislang) nicht anhand methodischer Arrangements und Praktiken messen lässt.

Die Tiefenstrukturen des Unterrichts können im Anschluss an die TIMSS-Videostudie (Baumert/Klieme 2001) als generische Grunddimensionen der Unterrichtsqualität beschrieben werden. „Die dort erstmals identifizierten Basisdimensionen – *Effektive Klassenführung, Konstruktive Unterstützung* und *Kognitive Aktivierung* – wurden inzwischen in zahlreichen Beobachtungs- und Befragungsstudien erforscht" (Klieme 2019, S. 397; vgl. Kunter/Trautwein 2013; Lipowsky/Bleck 2019). Vor allem für Mathematik, die Naturwissenschaften und Deutsch belegen die Pythagoras-Studie (Klieme et al. 2009), die COACTIV-Studie (Baumert et al. 2010) bzw. die IPN Videostudie (Seidel et al. 2006) die Bedeutsamkeit dieser Basisdimensionen für guten Unterricht.

Die Basisdimension *Effektive Klassenführung* fokussiert darauf, wie gut es gelingt, „den Unterricht so zu steuern, dass Schülerinnen und Schüler die Ziele des Unterrichts verstehen, möglichst wenige Störungen auftreten, alle beim Lernen beteiligt sind und Unterrichtszeit somit effektiv genutzt werden kann" (Trautwein/Sliwka/Dehmel 2018, S. 9). „Die pädagogisch-psychologische Forschung nimmt an, dass dadurch die nominelle Lernzeit besser genutzt werden kann (Kuger 2016). Den Schüler:innen wird dadurch mehr Lerngelegenheiten eröffnet [...] bzw. sie [können] diese aktiver und fokussierter nutzen" (Klieme 2018, S. 402). Eine effektive Klassenführung kann durch „klare Kommunikation von Bildungszielen, frühe Einführung und Begründung von Regeln und Routinen, konsequenten Umgang mit Störungen und gut geplante Bereitstellung von Unterrichtsmaterial" erreicht werden (Trautwein/Sliwka/Dehmel 2018, S. 9). Eine effektive Klassenführung verlangt von der Lehrperson ein hohes Maß an methodischem und didaktischem Repertoire, aber auch von, wie Kounin (1976, S. 85 ff.) es ausdrückt, Allgegenwärtigkeit, *whititness,* um souverän und adäquat auf unerwartetes Verhalten von Lernenden reagieren zu können bzw. dieses erst gar nicht auftreten zu lassen.

Die Basisdimension der *Konstruktiven Unterstützung* soll „vor allem die psychosoziale Entwicklung unterstützen, Motivation und Selbstkonzept" fördern (Klieme 2019, S. 402). Diese Basisdimension kann sich lernförderlich auswirken durch „positive, durch Respekt und Wertschätzung geprägte Beziehungen zwischen Lehrkräften und Lernenden [...], regelmäßige Erfassung des individuellen Lernfortschritts von Schülerinnen und Schülern und effektives Feedback (formatives Assessment), eine positive Fehlerkultur, die Fehler als notwendigen Teil von Lernprozessen betrachtet und konstruktiv als Lernchance nutzt [...], [sowie] strukturierende und erklärende Maßnahmen und Hilfestellungen bei Verständnisschwierigkeiten (Scaffolding) (Sliwka/Klopsch/Dumont 2019, S. 4). Nach Klieme (2019, S. 403) kann die Konstruktive Unterstützung „mitunter ausdifferenziert werden in eine sozio-emotionale Dimension (Beziehungsqualität und Unterrichtsklima) einerseits, eine eher methodisch-didaktische Dimension (differenzierender und individualisierter Unterricht) andererseits".

Als dritte Basisdimension guten Unterrichts ist das Potenzial zur *Kognitiven Aktivierung* von hoher Bedeutung für die Lernprozesse der Schüler:innen, was schon die im Mathematik-Unterricht durchgeführte COACTIV-Studie belegt hat. In der Frankfurter IGEL-Studie (Fauth et al. 2014; Decristan et al. 2015) im Sachunterricht der Grundschule konnte gezeigt werden, dass es „nicht nur auf die Qualität der Aufgaben ankommt, sondern auf die Art und Weise, wie diese im Unterricht eingesetzt werden" (Fauth/Leuders 2018, S. 7). Je kognitiv aktivierender der Unterricht gestaltet war, je mehr hatten die Grundschüler:innen verstanden und je motivierter waren sie. Kognitive Aktivierung (nicht zu verwechseln mit einer Hands-on-Aktivität) kann ermöglicht werden, indem der Lernstoff so aufbereitet wird, dass die Lernenden „sich aktiv und engagiert mit dem Lernstoff auseinander[...]setzen" (Trautwein/Sliwka/Dehmel 2018, S. 9) und „eine tiefe kognitive Verarbeitung stattfinden" (Klieme 2019, S. 402) *kann,* weshalb präziser von einem *Potenztial* der kognitiven Aktivierung gesprochen werden muss. Ein kognitiv aktivierender Unterricht kann ermöglicht werden durch „Aufgaben, die an Vorwissen anknüpfen, durch einen Diskurs, der Meinungen der Schüler aufgreift, durch Inhalte, die kognitive Konflikte auslösen sowie durch interessante, relevante Fragestellungen und Aufgaben, die attraktiv erscheinen und zum Denken herausfordern" (Trautwein/Sliwka/Dehmel 2018, S. 9). „Anspruchsvolle Aufgaben und diskursive Auseinandersetzungen können demnach kognitive Konflikte auslösen, problemlösendes Denken und metakognitive Prozesse anregen. Konzepte werden eigenständig re-konstruiert, also individuell angeeignet, Neuartiges wird elaboriert und in komplexe Denkstrukturen integriert" (Klieme 2019, S. 402 f.).

Neben der Untersuchung dieser drei Basisdimensionen weist nicht nur Nicolas Gage (2009) auf die Notwendigkeit hin, „auch und vor allem die Qualität der Inhalte und deren Aufbereitung zu untersuchen" (Klieme 2019, S. 399; vgl. Lipowsky/Bleck 2019, S. 228): Aus Perspektive der Fachdidaktik ist zu fragen, ob es einer fachlich wenig kompetenten Lehrperson gelingen kann, Fachinhalte im Hinblick auf das konkrete Vorwissen, den kognitiven Stand und den lebensweltlichen Kontext der Schüler:innengruppe aufzubereiten und damit inhaltliche Lerngelegenheiten (opportunities to learn) anzubieten und so zu einer fokussierten Informationsverarbeitung beizutragen und ob sie dies in der gebotenen (inhaltlichen) Klarheit zu leisten vermag. Weil „in der kognitiven Aktivierung […] unberücksichtigt [bleibt], welche Inhalte im Unterricht überhaupt behandelt und wie die inhaltlichen Elemente miteinander verknüpft werden, […] wie verständlich, fachlich korrekt und inhaltlich klar die Inhalte, Kernideen und Unterrichtsgegenstände von der Lehrperson präsentiert und zugänglich gemacht werden" (Lipowsky/Bleck 2019, S. 228 f.), sprechen verschiedene Arbeiten für die Aufnahme einer vierten Dimension. Bei Lipowsky/Bleck (2019, 232) werden als vier Basisdimensionen die fachbezogene Unterrichtsqualität (z. B. verständnisorientierte Behandlung zentraler inhaltlicher Elemente), die kognitive Aktivierung, die effektive Klassenführung und das unterstützende Unterrichtsklima bzw. die konstruktive Lernunterstützung genannt.

Eckhart Klieme differenziert dieses Modell, indem er die professionelle methodische Handlungskompetenz der Lehrperson gesondert ausführt und definiert im Anschluss an den gegenwärtigen Stand der (westlich-europäischen) pädagogischen Forschung, dass

> „Unterrichtsqualität
> - eine fachlich korrekte, kohärente und begrifflich gut strukturierte Auswahl und Aufbereitung von Unterrichtsinhalten voraussetzt,
> - nicht denkbar ist und vor allem nicht systematisch trainiert werden kann ohne gut bewährte Unterrichtsmethoden, die flexibel eingesetzt werden – etwa Scaffolding, explizites Lehren von Strategien, Formen des strukturierten, kooperativen Lernens, lernbegleitende Diagnostik und Feedback,
> - sich aber letztlich daran entscheidet, wie Inhalte und Methoden im Unterricht ausgewählt, sequenziert und umgesetzt werden. Die Orchestrierung (Oser/Baeriswyl 2001) aller Komponenten ist eine hoch komplexe Tätigkeit, deren

> Qualität im Kern von den generischen Grunddimensionen bestimmt wird: Klassenführung, Konstruktive Unterstützung und Kognitive Aktivierung" (Klieme 2019, S. 404 f.).

Die von Klieme et al. formulierten Qualitätskriterien basieren auf empirischen Daten in den Fächern Mathematik, Deutsch, Physik oder Englisch. Für den Religionsunterricht liegen, wie oben ausgeführt, bislang keine empirisch validierten, von der scientific community allgemein anerkannten Qualitätskriterien vor, weshalb hier die theoretischen Überlegungen Friedrich Schweitzers in die Diskussion eingebracht werden.

Für Schweitzer ist der Horizont von Qualität im Religionsunterricht gegenwärtig in dreifacher Weise zu bestimmen (Schweitzer 2020, S. 38 ff.): Zum einen gelten für Religionsunterricht als guten Unterricht eben jene Qualitätskriterien, die durch empirische Studien der empirischen Bildungsforschung und Pädagogischen Psychologie belegt sind und für andere Fächer auch gelten, eben weil auch Religionsunterricht Unterricht ist. Diese wurden hier bereits besprochen: *Effiziente Klassenführung, Kognitive Aktivierung und Konstruktive Unterstützung*, aber auch die Unterscheidung von Sicht- und Tiefenstrukturen, „wenn die Wirksamkeit der Tiefenstrukturen konsequent berücksichtigt wird" (Schweitzer 2020, S. 47). Zudem ist aus der Perspektive der Schulpädagogik und Allgemeinen Didaktik guter Unterricht „immer in einem weiteren Horizont zu sehen" (Schweitzer 2020, S. 47). Dieser Unterricht trägt im Gesamten zu einer *Unterrichtskultur* bei, die sich einem demokratischen Erziehungsauftrag verpflichtet weiß und einen „Beitrag zur *nachhaltigen Kompetenzentwicklung* aller Schülerinnen und Schüler" leistet (Meyer 2004, S. 13).

Zweitens ist die Qualität von Religionsunterricht in fachlicher Perspektive zu bestimmen: *Guter Religionsunterricht ist guter Fachunterricht,* der sich den aktuellsten Erkenntnissen der Bezugsfachwissenschaft(en) und der Fachdidaktik verpflichtet weiß, also auf neuestem Stand reflektiert, „wie bestimmte fachliche Inhalte in Prozesse des Lehrens und Lernens überführt werden können" (Schweitzer 2020, S. 50) und sich „erkennbar am übergreifenden Ziel der religiösen Bildung ausrichtet" (Schweitzer 2020, S. 52). Schweitzer schlägt das Elementarisierungsmodell als fachdidaktische Orientierung vor, weil sich seines Erachtens (Schweitzer 2020, S. 50) an ihm „die verschiedenen Dimensionen erkennen [lassen], in denen sich die fachunterrichtliche Qualität ausprägen muss" und es Qualitätskriterien impliziert, „mit deren Hilfe sich Unterricht analysieren und bewerten lässt". Unseres Erachtens lassen sich mithilfe der elementaren Strukturen, Wahrheiten oder Inhalte, aber auch der Zugänge bereits Basisdimensionen von Unterrichtsqualität in Ansätzen erkennen. Wir stimmen allerdings mit Schweitzer darin überein, dass die „erforderlichen fachdidaktischen Qualitätskriterien auch über die verschiedenen Elementarisierungsdimensionen hinausreichen" (Schweitzer 2020, S. 51). Vor allem Claudia Gärtners Ansatz der *Fachdidaktischen Entwicklungsforschung* ist hier als eine Möglichkeit zu nennen, wie fachliche und fachdidaktisch orientierte Qualitätskriterien in den Religionsunterricht eingebracht werden können.

Für Schweitzer bemisst sich die Qualität des Religionsunterrichts auch daran, wie er den Herausforderungen gerecht wird, die sich aus dem besonderen *Profil des*

Religionsunterrichts ergeben: Seines Erachtens wird „ein umfassendes Modell zur Beschreibung der Qualität von Religionsunterricht [...] über die fachlichen und fachdidaktischen Kriterien hinaus auch [...] [die] Aspekte der existenziellen Dimension, der persönlichen Repräsentanz von Glaubensüberzeugungen sowie der Zusammenarbeit mit Kirchen oder Religionsgemeinschaften einschließen müssen" (Schweitzer 2020, S. 55). In eine ähnliche Richtung formuliert auch Mirjam Schambeck, die betont, dass sich religiöse Lern- und Bildungsprozesse „aufgrund der Eigenart des Lerngegenstandes Religion und damit auch der Besonderheit [...] nicht im kognitiven Kompetenzerwerb erschöpfen" (Schambeck 2018, S. 310).

Damit werden Qualitätskriterien von Religionsunterricht formuliert, die freilich noch einer empirischen Validierung bedürfen. Sie sind aber in hohem Maße plausibel und anschlussfähig an die bereits aus der empirischen Bildungsforschung belegten Qualitätskriterien für Unterricht, wie Klieme sie (in erweiterter Form) formuliert: Fachlichkeit, Methodenrepertoire, Effiziente Klassenführung, Kognitive Aktivierung und Konstruktive Unterstützung.

1.3.2 Qualitätskriterien von digitalem (Religions-)Unterricht

Momentan sind die Publikationen zum digitalen Unterricht, wie er in Deutschland zwischen März und Juni 2020 stattfand, noch übersichtlich und nur teilweise evidenzbasiert. Während sich sowohl in Printform (Bleckmann/Lankau 2019; Heusinger 2020; Dorlgerloh/Wolf 2020; Rolff/Tunken 2020) als auch im Netz eine Vielzahl von Praxisbeispielen für digitalen Unterricht findet, sind theoretische (Grundsatz-) Überlegungen oder empirische Befunde noch rar. Letztere, wie das Schulbarometer zu Covid-19 (Huber et al. 2020), die Seneca-Studie, die JuCo-Studie oder CUNITAS-Studie werden in Kapitel 2 ausführlich dargestellt. An dieser Stelle sollen erste Veröffentlichungen skizziert werden, die auf theoretischen Überlegungen beruhen.[9] So formuliert Tim Kantereit (2020) mit einem Team praktizierender Lehrer:innen und Wissenschaftler:innen sechs Leitwerte für digitalen Fern- und Hybrid-Unterricht. Sie resultieren aus seinen theoretischen Überlegungen zu einem „zeitgemäßen Unterricht" und den praktischen Erfahrungen im „neuen digitalen Fernunterricht". Als Leitwerte nennt Kantereit (2020, S. 6) eine starke Beziehung zwischen Lehrenden und Lernenden, klare und einfache Arbeitsaufträge und Sprache, Kollaboration, um die Unterstützung innerhalb der Peergroup zu nutzen, Feedback, formative Bewertung (anstatt Tests oder Klassenarbeiten) sowie in den Präsenzphasen des Unterrichts (in der Schule oder in Videokonferenzen) eine agile, an den Bedürfnissen der Schüler:innen orientierte Didaktik.

Eine grundsätzliche Anfrage an unser gegenwärtiges Verständnis von Lernen stellt der Fernunterricht für Ulrich Herrmann (2020a und 2020b) dar. Seines Erachtens deuten die „Alltags-Erfahrungen in der aktuellen Schulkrise [...] auf eine Schul- und

9 Für die zweite Hälfte des Jahres 2021 sind eine Reihe von Veröffentlichungen angekündigt, so beispielsweise Klee/Wampfler/Krommer; Burow.

Unterrichts-Systemkrise hin, die den Kern des Schulzwecks betrifft: erfolgreiches Lernen zu organisieren“ (Herrmann 2020a, S. 25). Als problematisch am Fernunterricht bewertet Herrmann sowohl die Vernachlässigung der sozial-emotionalen Seite als auch die Struktur und damit das Format von Unterricht. Beides trägt wenig zur Lernmotivation von Schüler:innen bei, was seines Erachtens in einer Situation nicht verwundert, „in der Resonanz und Spiegelung nicht mehr gegeben sind, in der die personale Beziehung entfallen ist“ (Herrmann 2020a, S. 26). Für ihn ist „erfolgreiches Lehren und Lernen […] eingebettet in gelingende förderliche Beziehungen zwischen Lehrenden und Lernenden“ (Herrmann 2020a, S. 27). Dagegen hätten ältere Schüler:innen „häufig, ungestört von Unterricht zügig und effektiv gelernt“ (Herrmann 2020a, S. 27), weshalb man „lernende Schüler nicht durch Unterricht stören und von der Arbeit abhalten“ solle (Herrmann 2020a, S. 26). Seines Erachtens ergibt sich die

> „Didaktik und Methodik des Fernunterrichts […] nicht als Ergänzungsmodus des Präsenzunterrichts, sondern muss als Selbstinstruktion […] grundständig anders angelegt werden und zwar nach keinen anderen Grundsätzen als des Lernens von interessegeleiteter Selbsttätigkeit, weil sie Neugier und Motivation verstetigt und dadurch Aufmerksamkeit und Konzentration für Arbeits- und Lernvorhaben über längere Zeiträume trägt“ (Herrmann 2020a, S. 27).

Aus den Erfahrungen im Fernunterricht müssen strukturelle und didaktische Konsequenzen für den Präsenzunterricht gezogen werden: Seines Erachtens ist eine Didaktik zu entwickeln, die (auch unter Berücksichtigung neuester Erkenntnisse, wie Lernen neuronal funktioniert) Lernen in Sinneszusammenhängen durch Eigeninteresse und in kleineren Lerngruppen ermöglicht (Herrmann 2020b, S. 28 ff.).

Nikola Poitzmann (2020b) führt im Praxisratgeber *Digital unterrichten* ausführlich aus, wie ihres Erachtens „Live Online-Unterricht“ gelingen kann. In insgesamt zehn Grundsätzen formuliert sie, was didaktisch und methodisch beim synchronen Lernen beachtet werden muss. Ihres Erachtens ist eine sorgfältige Unterrichtsvorbereitung elementar für das Gelingen synchroner Lehre. Während des digitalen Unterrichts müssen Lehrpersonen ihre soziale Präsenz, spezielle Kommunikationsregeln, die Gestaltung des sozialen Miteinanders, die Förderung von Partizipation, Interaktion und Kooperation der Lernenden sowie die visuelle Gestaltung des Bildschirms bzw. der verwendeten Medien bedenken. Sie hält es außerdem für wichtig, Schüler:innen durch Umfragen einzubinden und Feedback zu geben und zu nehmen (Poitzmann 2020b, S. 12 ff.).

Eckhart Klieme (2020a und 2020b) führt in zwei Aufsätzen aus, wie „guter Unterricht unter den Bedingungen der Pandemie“ (2020a, S. 5) gelingen kann. Dabei geht er von den Qualitätskriterien guten Unterrichts aus, wie sie zahlreiche, auch internationale Studien definiert haben (siehe oben) und stellt in fünf Dimensionen dar, wie diese im Fernunterricht umgesetzt werden können. Weil die Gefahr besteht, dass im Fernunterricht „anspruchsvolle Inhalte wegfallen“ (Klieme 2020a, S. 5), ist es erstens wichtig, „eine klare Vorstellung davon [zu entwickeln], welche Inhalte grundlegend für weiteres Lernen sind“ (Klieme 2020a, S. 5), gegebenenfalls müssten Inhalte priorisiert werden. Zweitens muss Unterricht so strukturiert und geplant sein, dass er selbstgesteuertes und kooperatives Lernen ermöglicht sowie durch eine lernprozessbegleitende (formative) Diagnostik und Feedback flankiert wird (Klieme 2020a, S. 6). Als drittes Qualitätskriterium nennt er eine gute Klassenführung, um sicherzustellen, dass Lernzeit intensiv genutzt wird (Klieme 2020a, S. 6). Hier beschränken sich seine Konkretionen auf einen Wechsel von Online- und Präsenzphasen, den er auch für das vierte Kriterium, die konstruktive Unterstützung, im Blick hat. Er betont die Wichtigkeit einer wertschätzenden Lehrenden-Lernenden-Beziehung (Klieme 2020a, S. 6). Schließlich nennt er mit der kognitiven Aktivierung das fünfte Kriterium für guten Unterricht, die eine „elaborierte Verarbeitung von Unterrichtsinhalten“ (Klieme 2020a, S. 7) ermöglichen soll. Seines Erachtens lässt sie „sich vermutlich im Fernunterricht besonders schlecht garantieren [...], [weil] die Gefahr [besteht], dass sie mit Schüleraktivität überhaupt verwechselt wird“ (Klieme 2020a, S. 7).

Mit Klaus Zierer (Universität Augsburg 2020) ist

> „für erfolgreiches Homeschooling [!] [...] die Pädagogik [entscheidend]: Gelingt es Lehrpersonen, trotz Distanz eine vertrauensvolle Atmosphäre aufzubauen, Herausforderungen zu setzen, Rückmeldungen einzuholen und auch zu geben, mit Lernenden in einem engen Kontakt zu bleiben, dann kann Homeschooling durchaus zu respektablen positiven Effekten führen. Technik kann hier hilfreich sein, aber sie ist kein Garant und kein Selbstläufer“.

Stefanie Pfister und Matthias Roser (2021) benennen als grundlegende (An-)Frage an den digitalen Religionsunterricht, wie er didaktisch und methodisch gestaltet sein muss/kann, um Beziehungsräume zu schaffen (Pfister/Roser 2021, S. 5). Ihres Erachtens kommt den Lehrpersonen die Aufgabe zu „mit Fähigkeit zur Resonanz und „Präsenz“ (M. Meyer-Blanck) [...] nicht nur Repräsentationsfunktion zu haben, sondern auch Resonanzboden zu sein und Resonanz im Religionsunterricht zu ermöglichen“ (Pfister/Roser 2021, S. 5).

Mit Ausnahme von Pfister/Roser reflektieren alle hier skizzierten Veröffentlichungen den digitalen Unterricht als solchen im Allgemeinen und damit unabhängig seiner fachlich-didaktischen Verfasst- oder Besonderheit. Auch postulieren alle Autor:innen, wie Lernprozesse im digitalen Unterricht gelingen können, ohne dies empirisch validiert zu haben. In großer Übereinstimmung der Postulate lassen sich für digitalen Unterricht folgende Qualitätskriterien zusammenfassen: die Lehrenden-Lernenden-Beziehung (bei Klieme konstruktive Unterstützung), lernprozessbegleitende Diagnostik und Feedback, die Partizipation, Interaktion und Kooperation der Lernenden (auch durch alternative Prüfungsformen), Klarheit und Strukturiertheit von (Aufgaben, Medien und) Unterricht sowie die kognitive Aktivierung, die als Ermöglichung von aktiver Wissensaneignung verstanden werden kann. Die von Pfister/Roser benannte Ermöglichung von Resonanz speziell für den digitalen

Religionsunterricht kann durch die Beziehung zwischen Lehrenden und Lernenden, ihre Kommunikation miteinander (auch Feedback), aber auch unter den Lernenden und ihrer Partizipation erreicht werden.

1.4 Anfragen an eine Didaktik des digitalen Unterrichts

Diese Arbeit möchte (auch) einen religionspädagogischen Beitrag zu einer allgemeinen Theorie einer digitalen Didaktik formulieren. Deshalb ist zu klären, weshalb ein Nachdenken über eine digitale Didaktik notwendig ist, welche Vorteile sich aus diesen Reflexionen ergeben könnten und schließlich, welche grundlegenden Fragen eine solche Didaktik zu bearbeiten hat und in welchem Verhältnis digitale Medien zur Didaktik stehen.

Ein Nachdenken über eine digitale Didaktik ist notwendig, weil sich sowohl gesellschaftliche Rahmenbedingungen als auch technologische Möglichkeiten verändert haben: „Digital vernetzte (Kommunikations-)Technologien werden das Zusammenleben der Menschheit für die nächsten Hunderte von Jahren beeinflussen bzw. prägen; hier gilt es, anschlussfähige Konzepte und Perspektiven digitaler Bildung auf fachwissenschaftlicher und fachdidaktischer Ebene zu entwickeln" (Palkowitsch-Kühl 2019, S. 15), um eine kritische, aufgeklärte und kompetente Reflexion von gesellschaftlichen, politischen und religiösen Transformationsprozesse zu ermöglichen: „Wenn es um den Einsatz neuer Medien im Unterricht geht, dürfen weder das schiere Vorhandensein der Technik noch medienunabhängig festgelegte Zieldimensionen noch die unreflektierte Orientierung an der Lebenswelt Grundlagen der Unterrichtsplanung sein" (Krommer FN 21 zit. Palkowitsch-Kühl 2019, S. 15). Für Julian Nida-Rümelin und Klaus Zierer (2021, S. 37) ist das zentrale Ziel von Bildung und damit auch von digitaler Bildung, die Urteilskraft des Menschen zu stärken, auch und gerade angesichts exponenziell wachsender Verfügbarkeit von Daten, „sie zu ermächtigen, eigenständige Akteure in den digitalen kommunikations- und Interaktionswelten zu werden". Ihres Erachtens ist „digitale Bildung [...] keine Alternative zur humanistisch angeleiteten pädagogischen Praxis, sondern fordert deren Fortführung, ja Radikalisierung. Im Mittelpunkt hat der Mensch zu stehen, seine Urteilskraft" (Nida-Rümelin/Zierer 2021, S. 38). Für die Kultusministerkonferenz (2016) ergibt sich die Notwendigkeit einer digitalen Bildung aus dem Bildungs- und Erziehungsauftrag der Schule, der „im Kern darin [besteht], Schülerinnen und Schüler angemessen auf das Leben in der derzeitigen und künftigen Gesellschaft vorzubereiten und sie zu einer aktiven und verantwortlichen Teilhabe am kulturellen, gesellschaftlichen, politischen, beruflichen und wirtschaftlichen Leben zu befähigen" (KMK 2016, S. 12 f.). Da für die KMK die Digitalisierung einen wesentlichen Veränderungsprozess darstellt, der „auch außerhalb der Schule alle Lebensbereiche und [...] alle Altersstufen umfasst", soll schulische Bildung dazu beitragen, Schüler:innen „zu einem selbstständigen und mündigen Leben in einer digitalen Welt" zu befähigen (KMK 2016, S. 13). Das Nachdenken über eine digitale Didaktik, die eine digitale Bildung umsetzt, ist auch notwendig, weil „Lehrkräfte [mehrheitlich] in ihrer eigenen Bildungserfahrung keine tragfähigen pädagogischen Konzepte in Bezug auf die Integration digitaler Technologien erlebt haben. Das gilt sowohl für die Hochschulbildung als auch für die selbsterfahrene Schulbildung" (Palkowitsch-Kühl 2019, S. 12). „Alle Lehrkräfte müssen selbst über allgemeine Medienkompetenz verfügen und in ihren fachlichen Zuständigkeiten zugleich Medienexperten werden" (KMK 2016, S. 24), um „digitale Medien selbst einzusetzen (Mediendidaktik) und die Themen, die damit verbunden sind, aus der jeweiligen Fachperspektive zu reflektieren (Medienerziehung)" (Palkowitsch-Kühl 2019, S. 11).

Aus einer digitalen Didaktik könnten sich positive Aspekte für Lehrende und für Lernende ergeben: Als positiv für Lehrende wird vermutet, dass „digitale Technologien [...] neue Gestaltungsräume für Lehrkräfte öffnen, indem diese individuelle Rückmeldung zu einzelnen Schülerinnen und Schülern erhalten, Lernvideos zur Verfügung stellen und virtuelle Begegnungsräume schaffen" (Palkowitsch-Kühl 2019, S. 14). Für Lernende werden positive Effekte vor allem im Hinblick auf Heterogenität, Inklusion, Kollaboration und Selbstorganisation vermutet: „Digitale Lernumgebungen können [für die zunehmende Heterogenität von Lerngruppen] die notwendigen Freiräume schaffen" (KMK 2016, S. 15). Außerdem helfen „diese digitalen Lernumgebungen [...] Schülerinnen und Schülern, sich im Team zu organisieren, gemeinsam Lösungen zu entwickeln, selbstständig Hilfen heranzuziehen und ermöglichen unmittelbare Rückmeldungen" (KMK 2016, S. 16) und fördern nach Ansicht der KMK (2016, S. 11) so ihre Selbstständigkeit. Vorteilhaft wird das gemeinsame digitale Arbeiten bewertet, da es

> „aufgrund seiner Unabhängigkeit von festgesetzter Zeittaktung und physischer Anwesenheit Lernsituationen zwischen verschiedenen Lerngruppen innerhalb einer Schule oder auch zwischen verschiedenen Schulen sowie in außerunterrichtlichen Kontexten vereinfacht ermöglicht. Insgesamt bietet sich die Chance, den Schülerinnen und Schülern mehr Verantwortung für die Gestaltung des eigenen Lernens zu übertragen und damit ihre Selbstständigkeit zu fördern" (KMK 2016, S. 16).

Auch für Schüler:innen, die „aufgrund von [...] Krankheit [...] auf Haus- oder Krankenhausunterricht angewiesen sind [oder für den Unterricht von Kindern beruflich Reisender], bietet der Einsatz digitaler Medien die Chance, in weitreichender Weise an den Lernprozessen der eigenen Klasse oder Lerngruppe teilhaben zu können" (KMK 2016, S. 16).

Allerdings sind auch negative Folgen zu vermuten, die sowohl in individueller als auch gesamtgesellschaftlicher Hinsicht zu beschreiben sind. Der lernende Mensch sieht sich sowohl kognitiven als auch sozialen Auswirkungen gegenüber, die als lernschädlich einzuschätzen sind: „So ist [zum einen] belegt, dass die Zeit der Internetnutzung in einem direkten, negativen Zusammenhang zur kognitiven Leistungsfähigkeit steht" (Nida-Rümelin/Zierer 2021, S. 36). Zum anderen führen „manche digitalen Tools [...] im Schulalltag zur Vereinzelung und zum Rückzug. [...] Das *Summit Learning Project,* das von Priscilla Chan und Mark Zuckerberg in den USA umgesetzt wird, ist sein Beispiel: Im Zentrum steht eine personalisierte Lernplattform, die das individuelle Lernen und somit das gezielte Fördern ermöglichen soll. [...] Die Lehrkraft wird so zum Mentor, der die jeweils getrennt voneinander lernenden Schülerinnen und Schüler begleitet" (Nida-Rümelin/Zierer 2021, S. 37). Mehrere Schulen verließen allerdings das Projekt, weil es „den Lernenden [...] an Interaktion und direkter Kommunikation" mangelte (Nida-Rümelin/Zierer 2021, S. 37). Die Gefahr ist gegeben, dass eine so verstandene „unbedachte Form der Digitalisierung [...] zu einer Schwächung der Persönlichkeit der Lernenden durch einen Verlust der Lehrer-Schüler-Beziehung, soziale Isolation und digitale Abhängigkeit" führt (Nida-Rümelin/Zierer 2021, S. 37). Negative Folgen sind außerdem gesamtgesellschaftlich zu vermuten, wenn die „Filterblasenbildung in sozialen Netzwerken [...] Grundbedingungen politischer Kultur und demokratischer Praxis" (Nida-Rümelin/Zierer 2021, S. 37) gefährdet, weil sie statt eines gemeinsamen öffentlichen Diskurs- und Begegnungsraumes abgeschottete Kommunikationsgemeinschaften schafft.

Vor dem Hintergrund dieser (vermuteten) positiven wie auch negativen Effekte muss eine digitale Didaktik allerdings grundlegende Fragen klären. So muss sie die Rolle und das Selbstverständnis der Lehrperson reflektieren: „Eine herausfordernde Frage ist künftig die, welche Position die Lehrkraft in den Bildungsszenarien einnimmt: Moderator, Techniker, Begleiter" (Palkowitsch-Kühl 2019, S. 14). Wenn die digitale Transformation eine wie oben beschrieben derart große und umfassende Herausforderung für das Individuum, aber auch das Zusammenleben von Gesellschaften darstellt, dann ist die „Professionalisierung von Lehrkräften wichtiger denn je" (Nida-Rümelin/Zierer 2021, S. 37). Wenn Bildung nicht als Wissen und Lernen, sondern im umfassenden Sinne wie oben verstanden wird, „dann braucht der Mensch den Menschen" (Nida-Rümelin/Zierer 2021, S. 37), um am Du zum Ich zu werden (Martin Buber). Da Bildung im Kern Beziehung ist, wäre es „auf längere Sicht fatal, diesen Gedanken zu ignorieren oder digital ersetzen zu wollen" (Zierer 2020). Zu fragen ist also, welche Rolle und Form die Beziehung zwischen Lehrenden und Lernenden in einer digitalen Didaktik annimmt, um Menschen Bildung zu ermöglichen.

Auch muss sie die Ziele der didaktischen Prozesse bzw. der digitalen Bildung klären: Lassen sich die Ziele in Modellen abbilden, wie dies beispielsweise das 4K-Modell von Andreas Schleicher (2010) versucht? Er formuliert Kommunikation, Kollaboration, Kreativität und kritisches Denken als Kompetenzen, die für Lernende im 21. Jahrhundert von großer Bedeutung sind und der sich eine (digitale) Didaktik verpflichtet zu wissen hat. Für ihn sind mit den 4K überfachliche Kompetenzen benannt und ist eine allgemeine Didaktik formuliert, die eine Reaktion auf die Wissensarbeit in digitalen Kontexten darstellt. Allerdings bedeuten die 4K nicht, „die neoliberale Vorstellung von Effizienz zu verfolgen und die Tätigkeiten der verfügbaren Lernzeit anzupassen (viel Stoff in wenig Zeit von vielen Schülern büffeln zu lassen). Dann kann es nur umgekehrt heißen, Zeit zu reservieren für wissensbildendes 4K-Lernen, und davon immer mehr" (Rosa 2014).

Ähnliche Impulse für eine digitale Didaktik geben auch das SAMR-Modell (Puentedura 2006, siehe oben) oder das Dagstuhl-Dreieck der Deutschen Gesellschaft für

Informatik (GI 2016). Letzteres definiert drei Perspektiven digitaler Bildung: die technologische, die gesellschaftlich-kulturelle und die anwendungsbezogene Perspektive.

Auch das Modell des Mobile Learning Framework (Kearney et al. 2012) kann hilfreich sein, um zu klären, welche Aufgaben der Einsatz digitaler Medien im Unterricht verfolgt. Vor allem aber muss eine Didaktik klären, wann sie sich als *digitale* Didaktik bezeichnen darf. Wie verhält sich die Methode, also hier die digitalen Medien zur Didaktik? Inwiefern bestimmen die (digitalen) Medien über die Form der Didaktik? Welches didaktische Modell ist tragfähig? Wolfgang Klafkis Modell (2010), in dessen Rahmen sich Methoden der Didaktik unterordnen, Methoden also die Funktion von Mittlerinnen zukommen? Oder Heimanns (1979) Gegenentwurf zu Klafkis Modell, das als lehr-lern-theoretische Didaktik auch als Berliner Modell bekannt ist? Oder ist das (an der Ermöglichung von Kompetenzen orientierte) Berner Modell (Furrer 2009) zeitgemäßer und vielversprechender, weil integrierender für eine digitale Didaktik? Unsere Arbeit muss sich sicherlich fragen (lassen), inwiefern Unterricht, der im digitalen Raum stattfindet, für sich in Anspruch nehmen kann, Impulse für eine digitale Didaktik zu geben. Findet hier nicht einfach Unterricht statt, der zwar im virtuellen Klassenzimmer digital, aber eben doch als Unterricht stattfindet?

1.5 Forschungsfragen

Aus den Überlegungen und Diskussionen der vorangegangenen Punkte ergeben sich folgende Fragen für die vorliegende Arbeit:

- Welche Kriterien für gelingende Lernprozesse im digitalen Religionsunterricht formulieren Lernende und Lehrende?
- Inwiefern decken sich die im digitalen Religionsunterricht erfassten Kriterien mit jenen Qualitätskriterien, die die empirische Bildungsforschung im Präsenzunterricht anderer Fächer validieren konnte?
- Bewerten Religionslehrer:innen und -schüler:innen bestimmte Gelingensbedingungen bedeutsamer als andere?
- Lassen sich Qualitätskriterien empirisch belegen, die aus dem besonderen Profil des Religionsunterrichts (digital oder in Präsenz) erwachsen?
- Inwiefern bedingt das digitale Format des Religionsunterrichts eine Veränderung von Inhalten und Themen im Religionsunterricht?
- Wie können Lernprozesse im digitalen Religionsunterricht gestaltet werden, damit aktives Lernen ermöglicht wird, sodass sich Inhalte als lebensrelevant erschließen können?
- Welche Impulse lassen sich aus dem digitalen Format des Religionsunterrichts für eine digitale Didaktik des Präsenzunterrichts formulieren?
- Welche Impulse des digitalen Religionsunterrichts können als Impulse für eine allgemeine Didaktik des digitalen Unterrichts (anderer Fächer) formuliert werden?

Teil I:

Wie kann Lernen im digitalen (Religions-)Unterricht gelingen? Impulse aus Perspektive der Lernenden

2 Lernen im digitalen Unterricht aus Perspektive der Lernenden: Ergebnisse ausgewählter Studien

Im Folgenden sollen ausgewählte quantitative und qualitative Studien darüber Aufschluss geben, wie Lernende den digitalen Unterricht in der Zeit der ersten Schulschließung von 16. März bis ca. Mitte Juni 2020 erlebt haben. In einem ersten Schritt werden die Ergebnisse ausgewählter Studien dargestellt, die am Ende dieses Kapitels zu Impulsen für den digitalen Unterricht aus Perspektive der Lernenden zusammengefasst werden. Damit stellen die empirischen Daten, die vor allem im digitalen Unterricht der Hauptfächer erhoben wurden, einen Diskussionspartner dar, mit dem jene Ergebnisse diskutiert werden können, die im speziellen Kontext des Evangelischen Religionsunterrichts generiert wurden. Sicherlich eröffnen sie zudem eine andere, weil weitere Perspektive oder ergänzen bzw. untermauern jene Impulse, die in Kapitel 3 als Resultat einer qualitativen Studie formuliert werden. In Kapitel 4 werden die Impulse aus Kapitel 2 und 3 mit dem Ziel miteinander diskutiert, Impulse für gelingende Lernprozesse im digitalen Religionsunterricht aus Perspektive von Lernenden zu gewinnen.

2.1 Überblick und Auswahl

Inzwischen liegt eine Vielzahl von empirischen Studien vor, die die Wahrnehmungen der ersten pandemiebedingten Schulschließung und der damit verbundenen Herausforderungen aus der Perspektive von Lernenden, Lehrenden und/oder Eltern beschreiben. Einen systematischen Überblick über „97 Online-Befragungen, die in der Zeit vom 24. März 2020 bis 11. November 2020 durchgeführt wurden und 255.955 Fälle (Schüler:innen, Eltern, Lehrkräfte, Schulleitungen u. a.)“ in Deutschland, Österreich und der Schweiz umfassen, ist bei Christoph Helm, Stephan Huber und Tina Loisinger (2021, S. 13 ff.) zu finden.

Aus der Fülle der Studien sind beispielhaft jene zu nennen, die Ergebnisse zur Belastung von Eltern durch Schulschließungen (Huebner et al. 2020; Prosch/Prosch 2020; Zinn/Bayer 2020), zur Wahrnehmung des Fernunterrichts aus Perspektive der Eltern, Lehrenden und Lernenden (Wacker et al. 2020; Huber et al. 2020; Rathgeb 2020a), seiner Gelingensbedingungen aus Perspektive der Lehrenden (Hachfeldt et al. 2020) bzw. aller am Schulleben beteiligten Personen (Helm et al. 2021) sowie zur Reproduktion bzw. Verstärkung von Bildungsungerechtigkeit durch sozioökonomische familiale Bedingungen (Gerhardts et al. 2020; Eickelmann/Gerick 2020; Bremm/Racherbäumer 2020; Huber/Helm 2020; Huber et al. 2020) formulieren. Aus ihnen lassen sich teilweise Hinweise auf den Religionsunterricht während der Schulschließung ableiten: So belegen die Ergebnisse der quantitativen Online-Befragung von Grundschuleltern (n = 3995) im gesamten Bundesgebiet durch Porsch/Porsch (2020, S. 70), dass während des ersten Lockdowns Fernunterricht in den Fächern Deutsch (99,2 %; n = 3965), Mathematik (99,1 %; n = 3960) und Sachkunde (66 %; n = 2636) stattfand, während in weiteren Fächern nur bei einem Drittel der Grundschuleltern Aufgaben gestellt wurden (Englisch: 24,7 %, Musik: 9,5 %, Kunst: 8,4 %). Der tatsächliche oder subjektiv wahrgenommene Aufgabenumfang im Fach Religion scheint für die befragten Eltern nicht bedeutsam zu sein, was vermuten lässt, dass entweder kein Religionsunterricht im Primarbereich stattgefunden hat oder dieser nicht als solcher wahrgenommen wurde. Diese Studie mag exemplarisch aufzeigen, dass der Religionsunterricht nicht im Zentrum des Forschungsinteresses der Studien stand. Trotzdem sind die Studien, die während des ersten Lockdowns auf den digitalen Unterricht in den (zumeist) Hauptfächern fokussierten, für unser Forschungsinteresse relevant: Sie können wichtige Impulse geben, wie Lernen im digitalen Unterricht ermöglicht werden kann.

Die Ergebnisse von einigen der veröffentlichten Studien sollen im Folgenden dargestellt werden. Aus der Fülle der Studien wurden jene Studien ausgewählt, die erstens während des ersten Lockdowns (oder in unmittelbarer zeitlicher Nähe) in Deutschland entstanden sind und damit – zumindest von der zeitlichen und schulisch-strukturellen Situation her – vergleichbar mit der qualitativen Studie in Kapitel 3 und den Unterrichtsbeispielen in Kapitel 5 sind. Zweitens wurden jene Studien ausgewählt, die in publizierter Form schon 2020 vorlagen.[10] Da die Ergebnisse der CUNITAS-Studie als aufgezeichneter Vortrag (Göllner/Jaekel 2021) öffentlich zugänglich sind, haben wir uns entschlossen, einige interessante Aspekte der CUNITAS-Studien in Kapitel 2.2 darzustellen. Drittens wurden jene Studien ausgewählt, die Aufschlüsse über

10 Bedauerlicherweise lag weder die SENECA-Studie von Klaus Zierer noch die CUNITAS-Studie von Richard Göllner und Ann-Kathrin Jaekel zum Zeitpunkt der Manuskripterstellung des vorliegenden Buches (Stand 01.06.2021) in einer wissenschaftlichen Zeitschrift o. Ä. vor. Dies ist deshalb bedauerlich, weil der Fragefokus beider Studien und die daraus resultierenden Ergebnisse erhellend für unsere Forschungsfragen gewesen wären. Ann-Kathrin Jaekel war allerdings so freundlich, die Zusammenfassungen ihres Vortrages, der auch im Netz zu finden ist, zu autorisieren, wofür ihr unser großer Dank gilt.

die Wahrnehmung des digitalen Unterrichts (hauptsächlich in den Hauptfächern) und ihrer persönlichen Situation aus Perspektive der Schüler:innen ermöglichen.

Eine große Ausnahme von diesen drei Auswahlkriterien stellt die Metaanalyse von Christoph Helm, Gerhard Huber und Tina Loisinger (2021) dar: Ihre ausgewerteten Studien basieren auf Daten, die zwischen dem 24. März 2020 und dem 11. November 2020 erhoben wurden. Ihre Ergebnisse können im besonderen Maße lohnend für die vorliegende Arbeit sein, da sie dieselbe Fragestellung verfolgt, weshalb sie (kurz vor Manuskriptabgabe) aufgenommen wurde. Allerdings werten Helm et al. auch Daten von Lehrer:innen, Eltern und anderen am Schulleben beteiligten Personen aus – und dies in Deutschland, Österreich und der Schweiz, weshalb die Ergebnisse des Reviews nicht nur aus Perspektive der Schüler:innen zu lesen sind. Auch sind (wie die Ergebnisse des Schul-Barometers zeigen) die schulischen Gegebenheiten, die technische Ausstattung und Unterstützung der Lehrenden und Lernenden in Deutschland nur bedingt mit denen in Österreich, aber vor allem der Schweiz zu vergleichen.

2.2 Ergebnisse ausgewählter Studien

2.2.1 Sinus-Jugendstudie 2020 (Sonderkapitel)

Zwischen dem 27. April und dem 8. Mai 2020 wurden 50 Jugendliche im Rahmen von qualitativen Interviews (selbes Sample wie Hauptuntersuchung, Leitfadeninterviews, ca. 30 min via Telefon oder Videocall) befragt, wie sie „die Corona-Krise bislang wahrnehmen und welchen Einfluss diese Ausnahmesituation auf ihre Zukunftsperspektiven, ihre Mediennutzung, ihr politisches Interesse und ihr Gesundheitsverhalten hat“ (Calmbach et al. 2020, S. 576). Dieses Sonderkapitel wurde dem Hauptteil auf der 2020 erschienenen Sinus-Jugendstudie angefügt, der auf Interviews im Jahr 2019 basiert. Im Hinblick auf den Fokus des vorliegenden Buches sind die Aussagen der befragten Jugendlichen insofern von großem Interesse, da es sich um Wahrnehmungen während der ersten Schulschließungen, also von16. März bis ca. Mitte Juni 2020, handelt – der Zeitraum der identisch ist mit jenem Wahrnehmungszeitraum der qualitativen Studie, die in Kapitel 3 dargestellt wird. Im Rahmen dieses Kapitels sollen nur die Ergebnisse des Sinus-Sonderkapitels im Hinblick auf den schulischen Lockdown dargestellt werden. Dieser stand nicht im Hauptfokus der Interviews, sondern wird dort thematisiert, wo nach dem Erleben des Alltags und den Zukunftserwartungen gefragt wird.

„Mit dem Begriff „Corona“ werden vor allem negative Aspekte konnotiert – besonders die Einschränkung der persönlichen Freiheit (Calmbach et al. 2020, S. 578), die beispielsweise mit „sozialer Isolation“ assoziiert wird. Die wenigen positiven Assoziationen thematisieren Unterrichtsfreiheit (Calmbach et al. 2020, S. 578). Allerdings äußern sich deutlich mehr Jugendliche besorgt oder verärgert über die Schulschließungen, was sowohl die konkreten Auswirkungen auf den Alltag, aber auch auf die fehlende Transparenz oder Nachvollziehbarkeit der politischen Entscheidungen im Hinblick auf die Schulschließungen/-öffnungen anbelangt: So leidet „eine größere

Anzahl von Jugendlichen […] nach eigener Aussage unter dem „kaputten" Schlafrhythmus, der durch den Schulausfall entstanden ist. Manche fürchten den erneut harten Übergang, sobald die Schule wieder startet. Andere sprechen von schlechterer Schlafqualität, weil sie sich nicht ausgelastet fühlen, oder von einer konstanten Müdigkeit durch das Nichtstun" (Calmbach et al. 2020, S. 595). Die fehlenden Freizeitaktivitäten oder die Langeweile führten dazu, dass sich „bei der Mehrheit der Jugendlichen […] der Medienkonsum nach eigener Aussage deutlich" erhöhte (Calmbach et al. 2020, S. 596). „Einige Teenager nutzen aufgrund des Homeschoolings und/oder der Vorbereitung auf die Mittlere Reife bzw. das Abitur vermehrt digitale Medien und Geräte" (Calmbach et al. 2020, S. 597).

Sehr verantwortungsbewusst und einsichtig zeigt sich die Mehrheit der Jugendlichen, die grundsätzlich „die Schulschließungen […] als sinnvoll bzw. notwendig erachtet, wenngleich man wiederholt auf die mangelhafte Vorbereitung der Schulen und die fehlende Unterstützung für die Schüler:innen in den Abschlussklassen hinweist. Die frühzeitige Wiedereröffnung der Schulen lehnen die Jugendlichen mehrheitlich als kontraproduktiv und als Quelle von Angst und Ärger ab" (Calmbach et al. 2020, S. 618). Bei den Schulöffnungen „hätte man sich gewünscht, dass damit länger gewartet wird und dass die Betroffenen selbst (die Schüler:innen, die Lehrer:innen, die Familien) in die Entscheidung miteinbezogen und ihre Sorgen bzw. Probleme gehört werden" (Calmbach et al. 2020, S. 614). Zum Zeitpunkt der Nachbefragung (27.04.-08.05.2020) erwarten „die meisten Befragten […], dass die derzeitigen Einschränkungen im Schulalltag noch einige Zeit andauern werden. […] Einige hoffen, dass sich nach den Sommerferien 2020 alles wieder normalisiert. Die Mehrheit erwartet aber bleibende Veränderungen wie […] Reduktion der Klassengrößen und eine nachhaltige Umstellung auf Onlineunterricht. Einige rechnen damit, dass sie den Unterricht oder die Leistungsnachweise nachholen müssen, die sie während des Lockdowns verpasst haben" (Calmbach et al. 2020, S. 587). Verunsichert hinsichtlich ihrer Zukunft zeigen sich „lediglich diejenigen Befragten, die kurz vor dem Schulabschluss stehen, [sie stellen sich die Frage,] wie sich die Corona-Krise auf die bevorstehenden Übergänge auswirken wird" (Calmbach et al. 2020, S. 588).

Als positiven Effekt des Fernunterrichts prognostizieren „einige (meist bildungsnahe) Befragte […], dass die Schüler:innen, die ein Leben ohne Lehrer:innen und ohne persönlichen Unterricht in dieser Phase kennenlernten, den Präsenzunterricht mehr und mehr schätzen lernen werden" (Calmbach et al. 2020, S. 587).[11]

11 Im Hinblick auf die Inhalte des digitalen Unterrichts mögen auch die Äußerungen zu Fake News interessant sein: „Fast alle Jugendlichen sind schon mit Fake News und Verschwörungsmythen konfrontiert gewesen, […] wenige assoziieren damit im Kontext des Themas ›Corona‹ nichts" (Calmbach et al. 2020, S. 605). Nach fast zwei Monaten im Fernunterricht schildern „die Jugendlichen […], dass im Schulunterricht inzwischen auf das Phänomen Fake News eingegangen und versucht wird, den Schüler:innen ein Basisrüstzeug zur Erkennung von offensichtlichen Falschmeldungen und zum Umgang mit ihnen zu vermitteln" (Calmbach et al. 2020, S. 606).

2.2.2 JuCo-1-Studie 2020

Obwohl auch in der JuCo-Studie 1 der Hauptfokus nicht auf der Erfassung der Wahrnehmung des digitalen Unterrichts lag, sondern u. a. „nach den aktuellen Erfahrungswelten im eigenen Zuhause und in der Familie, [nach dem] Umgang mit Kontaktbeschränkungen und [der] Zufriedenheit damit“ (Andresen et al. 2020, S. 6) gefragt wurde, ist die Studie aus unterschiedlichen Gründen von Bedeutung für unsere Fragestellung. Erstens wurde auch sie in der Zeit des ersten Lockdowns durchgeführt und ist mit (der bereinigten) Teilnehmendenzahl von n = 5128 repräsentativ. Zweitens gaben „59,9 % der jungen Menschen […] an, zur Schule zu gehen“ (Andresen et al. 2020, S. 7) und können somit auch Aussagen über ihre Wahrnehmung des digitalen Unterrichts treffen. „Insgesamt liegt der Altersschwerpunkt bei 15–18 Jahren (15-Jährige 16,3 %; 16-Jährige 17,2 %; 17-Jährige 15,7 %; 18-Jährige 12,2 %). Das Altersspektrum konzentriert sich bei den unter 18-Jährigen“ (Andresen et al. 2020, S. 7). Vor allem „deutschsprachige junge (insbesondere weibliche) Schüler:innen […], die über eigene Zimmer und Rückzugsorte verfügen“ (Andresen et al. 2020, S. 8) nahmen an der Studie teil, was die kritische Anfrage aufwirft, wie und ob „junge Menschen in prekären Lebenssituationen, […] mit Fluchterfahrungen oder junge wohnungslose Menschen, durch diese Art der Erhebung erreicht werden können“ (Andresen et al. 2020, S. 8). Die quantitative Erhebung wurde durch „auffallend viele Antworten in den Fragen mit Freitextmöglichkeiten“ ergänzt: „Von den 5.128 Fällen im bereinigten Datensatz haben 566 die Möglichkeit genutzt am Ende noch etwas in das Freitextfeld zu schreiben“ (Andresen et al. 2020, S. 12). Diese Freitextantworten eröffnen weitere Perspektiven und sind sicherlich ein Zeichen dafür, dass junge Menschen die (in dieser Zeit) viel zu seltene Gelegenheit nutzen, sich zu äußern.

Die Autor:innen nennen als „hervorstechenden Befund“ ihrer Studie, „wie einseitig junge Menschen derzeit betrachtet“ und dass „die Bandbreite jugendlicher Lebenswelten, die Vielfalt ihrer Interessen und Bedürfnisse, […] aktuell auf das Homeschooling reduziert“ werden (Andresen et al. 2020, S. 4). Symptomatisch für das Erleben des Umgangs mit jungen Menschen formuliert eine befragte Person:

„Wir Jugendlichen werden doch nur als Schüler gesehen. Wir sollen lernen und lernen und lernen. Warum wird darüber diskutiert, die Sommerferien zu kürzen. Politiker denken wie Kapitalisten“ (Andresen et al. 2020, S. 4).

Vor dem Hintergrund der Ergebnisse der Studie ist es wenig verwunderlich, dass sich die Zufriedenheit der Befragten gegenüber der Zeit vor Corona verschlechtert hat. Es „zeigt sich eine deutliche Verschiebung darüber, wie zufrieden die Jugendlichen retrospektiv mit ihrer verbrachten Zeit waren (Mittelwert 7,37) und wie zufrieden sie aktuell damit sind, wie sie ihre Zeit verbringen (Mittelwert 5,06)“ (Andresen et al. 2020, S. 11). Diese Verschiebung mag zum einen darin begründet sein, dass sich „viele junge Menschen […] mit den Herausforderungen des Homeschoolings [gefordert und bisweilen überfordert sehen], dass sie nicht wissen, wie sie sich die Inhalte selber beibringen sollen, die Geschwister oder weitere Familienmitglieder unterstützen sollen. […] Viele Jugendliche und junge Erwachsene fühlen sich allein gelassen, verunsichert, einsam und psychisch belastet" (Andresen et al. 2020, S. 14). Deutlich wird dies an zwei ausgewählten Zitaten:

„Ich finde die Unsicherheit die Zukunft betreffend sehr belastend. Vor allem das Hin und Her mit den Bildungsabschlüssen (bei mir Abitur). Ich mache mir Sorgen, nicht ausreichend vorbereitet zu sein. Zwischendurch, als überhaupt nichts feststand wann und wie die Prüfungen stattfinden sollen, ist es mir schwergefallen, meine Motivation aufrecht zu erhalten.

Ich habe mich noch nie so ohnmächtig gefühlt" (Andresen et al. 2020, S. 14).

> „Viele Freitextantworten haben auf die Situation der Abiturient:innen und Abschlussklassen Bezug genommen, was darauf hindeutet, dass diese Gruppen im Sample besonders stark vertreten sind. Damit geht die Einschätzung einher, dass sich viele auf die Rolle der Schüler:innen/Studierenden reduziert sehen. Die Rolle der jungen Menschen wird aktuell stark über die Auswirkungen von Corona im Bildungssystem definiert. […] Junge Menschen verbringen einen Großteil ihrer Zeit in Organisationen, die außerhalb der schulischen Bildung liegen – wie Sportvereine, Jugendverbände oder Jugendzentren, sie engagieren sich in Vereinen und haben Freundschaftsnetzwerke. Dieses ist von jetzt auf gleich zum größten Teil weggebrochen, oftmals kann eine Umorganisation in digitale Formate nicht stattfinden oder wird als nicht ausreichend wahrgenommen" (Andresen et al. 2020, S. 12).

Die Befragten nahmen wahr, dass „nur die Jahrgänge im Fokus [sind], die kurz vor einem Schulabschluss stehen, insbesondere sich in den Abiturprüfungen befinden" (Andresen et al. 2020, S. 12). Dagegen kann für „junge Menschen, die an Förderschulen sind und/oder eine Beeinträchtigung haben, […] das Homeschooling derzeit in dieser Form gar nicht stattfinden, da es beim normalen Schulbesuch schon schwierig ist und sie der Unterstützung bedürfen" (Andresen et al. 2020, S. 16), was in der öffentlichen Diskussion nicht berücksichtigt wird.

Die Befragten äußern, dass

> „davon ausgegangen [wurde], dass in kürzester Zeit alle möglichen Lebens-, Ausbildungs- und Freizeitbereiche digitalisiert werden können: das persönliche Leben, Freundschaften und Familienbeziehungen ebenso wie Arbeit, Ausbildung, Studium und Schulen. Nicht nur die Organisationen und Bildungskonzepte konnten sich nicht so schnell umstellen, auch die technische Ausstattung ist für die meisten jungen Menschen nicht gegeben. So besitzen die meisten zwar ein Smartphone, aber nicht unbedingt einen Rechner oder die Haushalte verfügen über keine entsprechenden Internetverbindungen und ausreichend Datenvolumen" (Andresen et al. 2020, S. 13).

Auch im Hinblick auf die Kontaktbeschränkungen geht die persönliche Situation der Befragten „trotz guter sozialer Beziehungen und Kontakte […] oftmals mit Einsamkeitsgefühlen, Verunsicherung und Überforderung einher [...]. Es zeichnet sich beispielsweise ab, dass es auch für junge Menschen sehr herausfordernd ist, ausschließlich digital Kontakt zu halten und den Lebensalltag neu zu strukturieren“ (Andresen et al. 2020, S. 16).

Allerdings gibt es auch junge Menschen, die sich durch die Kontaktbeschränkungen entlastet fühlen: „Gerade jene scheinen sich entlastet zu fühlen, die an psychischen Erkrankungen leiden wie Depressionen oder sozialen Phobien. Sie müssen sich nicht gesellschaftlichen Situationen in der Schule oder anderen Alltagswelten aussetzen, die sie normalerweise als Stressmomente erfahren“ (Andresen et al. 2020, S. 15). Im Hinblick auf die Schule äußern einige, dass sie sich angesichts der „jetzt nicht mehr so komplexen Anforderungen an die eigenen Lebensgestaltungen besser auf z. B. Schulaufgaben konzentrieren können“ (Andresen et al. 2020, S. 15).

2.2.3 JIMplus Corona 2020

Zwischen dem 2. und dem 6. April 2020 nahmen 1.002 Schüler:innen von 12 bis 19 Jahren in Deutschland innerhalb eines Online-Access-Panels an der Umfrage des Medienpädagogischen Forschungsverbundes Südwest unter der Leitung von Thomas Rathgeb (2020a) teil und gaben Auskunft über ihr Leben, Lernen und ihren Medienumgang während des ersten Lockdowns.

Nach eigenen Angaben kamen die „Schülerinnen und Schüler zwischen zwölf und 19 Jahren [...] mit der ersten Phase der Schulschließung ganz gut zurecht. Insgesamt bewerten sie die Gesamtsituation mit der Note 2,5. 16 Prozent vergeben die Note 1 auf die Frage, wie „Schule zuhause“ insgesamt geklappt hat, je etwa ein Drittel benotet mit „gut“ (36 %) oder „befriedigend“ (32 %). Jede/-r Zehnte hatte eher Probleme und vergibt eine 4, fünf Prozent die Note 5 und ein Prozent eine glatte 6“ (Rathgeb 2020b, S. 1).

„Beim Lernen generell unterstützten die Schülerinnen und Schüler sich meist gegenseitig via Chat (50 %), 45 Prozent nutzten Tutorials im Internet, 43 Prozent wurde von den Eltern geholfen, jede/-r Dritte erhielt Anleitungen von der Schule (32 %), 35 Prozent probierten es einfach aus“ (Rathgeb 2020b, S. 1). Bemerkenswert ist zum einen die hohe Zahl jener (jüngeren) Schüler:innen zwischen 12 und 13 Jahren, die auf elterliche Unterstützung angewiesen waren: Rund 90 Prozent gaben an, dass ihnen beim Lernen von den Eltern geholfen wurde (Rathgeb 2020b, S. 1). Zum anderen ist bemerkenswert, dass nur 32 % von der Schule lernbegleitende Unterstützung erhielten.

Nach Angaben der Schüler:innen konnten 82 % auf ein Handy und 80 % auf einen PC oder Laptop für den Fernunterricht zurückgreifen. Allerdings mussten sich 26 % den Computer mit jemandem teilen. Im Umgang mit der Software für den digitalen Unterricht wurden 35 % von den Eltern und (nur) 21 % von der Schule unterstützt (Rathgeb 2020b, S. 1).

„Die Sondersituation mit Kontaktsperre und Schulschließung hatte auch deutliche Auswirkungen auf den Alltag und die Mediennutzung [...]. Im Schnitt verbrachten

Jugendliche pro Tag etwa zwei Stunden (121 Min.) mit Lernen" und insgesamt etwa 6,5 Stunden mit Medien (Streaming-Dienste, Musikhören, YouTube-Videos, Fernsehen) (Rathgeb 2020b, S. 1).

> „Jungen und Mädchen zeigten hier deutliche Unterschiede, insbesondere beim Aufwand für die Schule. Bei Mädchen wurde mit 141 Minuten die meiste Zeit mit Lernen verbracht […]. Jungen hingegen verbrachten nach eigenen Angaben die meiste Zeit mit YouTube-Videos (105 Min.), Computerspielen mit Freunden (104 Min.) sowie Streaming-Diensten und Lernen (je 100 Min.)" (Rathgeb 2020b, S. 2).

Für Rathgeb zeigt sich insgesamt, „dass die Jugendlichen mit der aktuellen Situation auf ihre „privaten" Erfahrungen mit digitaler Kommunikation zurückgreifen können und zumindest nach eigenen Angaben mit der aktuellen Schulsituation meist gut zurechtkommen" (Rathgeb 2020b, S. 2).

2.2.4 Schul-Barometer 2020

Zwischen dem 24. März und dem 5. April 2020 wurden insgesamt 7.116 am Schulleben im weitesten Sinne[12] beteiligte Personen, davon 2.152 Schüler:innen im Rahmen einer quantitativen Fragebogenerhebung mit einigen offenen Fragen befragt. „Ziel des Schul-Barometers ist die Beschreibung der aktuellen Schulsituation in Deutschland, Österreich und der Schweiz aus Sicht verschiedener Personengruppen" (Huber et al. 2020, S. 16).

Im Folgenden werden vor allem die Aussagen der Schüler:innen aufgeführt, auch wenn es nicht immer möglich war, zu differenzieren, welche Aussagen nur von Schüler:innen getroffen wurden. Aus der Fülle der Themen der Erhebung interessieren uns die aktuelle häusliche Lebenssituation sowie die Betreuungssituation von Schüler:innen, ihre Wahrnehmung der digitalen Lehr-Lern-Formate sowie die Bedarfe, Bedürfnisse und Wünsche aus Sicht von Schüler:innen (Huber et al. 2020, S. 17). Die Antworten auf die offenen Fragen sind besonders im Themenfeld „Aktuelle Lernsituation – Gründe für erfolgreicheres Lernen" (Huber et al. 2020, S. 17) aus Perspektive der Lernenden für die vorliegende Arbeit interessant.

Nach drei Wochen Schulschließung (Stand 06.04.2020) gibt „die Hälfte der Schülerinnen und Schüler […] an, dass sie beginnen, die Schule (eher) zu vermissen" (Huber et al. 2020, S. 24). Im Hinblick auf den Lernerfolg denkt die „Mehrheit der Schülerinnen und Schüler (51 %) […] (eher) nicht, dass sie jetzt mehr als im normalen Unterricht lernen und dass man in Zukunft, wenn die Schule wieder öffnet, mehr online und zuhause lernen sollte" (Huber et al. 2020, S. 24). Allerdings ist ein Viertel der befragten Schüler:innen davon überzeugt, „dass sie in der aktuellen Situation mehr

12 Schüler:innen, Eltern, Schulleitung, Lehrer:innen, Sonderpädagog:innen, Sozialpädagog:innen, Erzieher:innen sowie Vertreter:innen der Schulverwaltung/Schulaufsicht und Personen aus Unterstützungssystemen (z. B. Fort-/Weiterbildung, Schulentwicklungsbegleitung).

lernen als im normalen Unterricht" (Huber et al. 2020, S. 25). Diese Einschätzung lässt sich aufgrund der qualitativen Aussagen vor allem unter Berücksichtigung des individuellen Lerntyps erklären. Allerdings ist auch hier, ebenso wie bei der JuCo-Studie kritisch anzufragen, ob „bestimmte Teile der Befragungsgruppen eventuell nicht oder nur zu sehr kleinen Teilen im Schul-Barometer repräsentiert sind" (Huber et al. 2020, S. 25), die zu Hause kaum oder wenig familiär unterstützt werden und denen das selbstständige und selbstverantwortliche Lernen Mühe bzw. Schwierigkeiten bereitet. Die Lernenden können in zwei Gruppen unterschieden werden: „1. Schülerinnen und Schüler, die sich sehr positiv über das Homeschooling und die damit verbundenen Chancen äußern" (Huber et al. 2020, S. 107). Obwohl sicherlich nicht alle Lernendentypen mit dieser Befragung erreicht werden konnten und deshalb „von positiven Befragungseffekten aus[zu]gehen ist" (Huber et al. 2020, S. 25), ist es bemerkenswert, dass diese Schüler:innen der ersten Gruppe „angeben, dass sie in der aktuellen Situation mehr lernen als im normalen Unterricht, [weil sie] [...] im häuslichen Umfeld die Möglichkeit [haben], sich das Lernen nach ihrem individuellen Lern- und Bio-Rhythmus einzuteilen, das eigene Lerntempo gewählt und eigene Lernwege und -methoden entwickelt werden [können], [...] [sie] zuhause auf eine ungestörtere Lernatmosphäre [treffen], [...] sich aufgrund von mehr Ruhe und weniger Ablenkung besser konzentrieren könnten und wegen eines angenehmeren Arbeitsumfelds zuhause in der aktuellen Situation mehr lernen würden" (Huber et al. 2020. S. 25).[13]

Andere Schüler:innen können der zweiten Gruppe zugeordnet werden: „2. Schülerinnen und Schüler, die sich über die Situation des Homeschooling kritisch äußern und sie als hohe Belastung erleben (und mehr Unterstützung von den Lehrerinnen und Lehrern benötigen)" (Huber et al. 2020, S. 107).

Huber et al. (2020, S. 107) begründen diese Divergenz mit einem „Zusammenspiel von verschiedenen Merkmalen wie technische[n] Bedingungen (schlechte Ausstattung mit Geräten und aktueller Software), räumliche Situation (mit vielen Personen auf engem Raum), geringe zeitliche und emotionale Ressourcen der Eltern oder der Geschwister" oder der Kompetenz, sich in schulischen Belangen selbst regulieren zu können, was sich auch in der mit Computerspielen verbrachten Zeit niederschlägt. „Insgesamt ist der Aufwand für die Schule mit durchschnittlich rund 15–17 Stunden in der Woche deutlich niedriger als die reguläre schulische Präsenzzeit", wobei „diese schulische Zeit unterschiedlich intensive Lernzeit ist und Schülerinnen und Schüler mit mehr Vorwissen, mehr Lernmotivation und höher[er] Selbstorganisation und

13 Interessant sind diese Beobachtungen im Frühjahr 2020 vor dem Hintergrund der durchgeplanten, von der Schule vorgegebenen Stundenpläne der weiterführenden Schulen, vor allem der Gymnasien, ab Dezember 2020. Es stellt sich die Frage, inwiefern die oftmals im 45-Minuten-Takt wechselnden Unterrichtsstunden via synchroner Videokonferenz in jenem Sinne auf jenes Viertel der Befragten lernförderlich wirken. Zu fragen ist weiter, ob und inwiefern jene, die auf keine familiäre Unterstützung zurückgreifen können und deren Kompetenz zur Selbstregulation eher gering ausgeprägt ist, von den vorgegebenen Stundenplänen und der unmittelbaren Unterstützung durch die Lehrperson (oder auch nur von der vorgegebenen Tagesstruktur) im Hinblick auf ihren Lernerfolg profitieren.

demzufolge mehr Strukturierungskompetenz in den Arbeitsweisen einen stärkeren Nutzen aus dieser Zeit ziehen“ (Huber et al. 2020, S. 108). Differenziert betrachtet lässt sich konstatieren, dass „31 Prozent der Schülerinnen und Schüler 25 Stunden und mehr für schulische Belange [arbeiten], 69 Prozent arbeiten weniger. Ein Drittel der Schülerinnen und Schüler arbeitet 15 Stunden und weniger in der Woche, was in einer Fünftageswoche einem durchschnittlichen Tagespensum von rund zwei Stunden entspricht“ (Huber et al. 2020, S. 106). Besonders besorgniserregend sind 18 Prozent jener letzten Gruppe, die Lern- und Arbeitszeiten von neun Stunden und weniger angeben (Huber et al. 2020, S. 106).

Bemerkenswert sind die Ergebnisse im Hinblick auf die hohe Nicht-Erreichbarkeit der Schüler:innen. So geben „27 Prozent der Mitarbeitenden der Schule [...] an, dass alle Schülerinnen und Schüler digital erreichbar sind. 25 Prozent geben an, dass etwa fünf Prozent digital nicht erreichbar sind. Weitere 14 Prozent geben an, dass zehn Prozent der Schülerinnen und Schüler digital nicht erreichbar sind. Weitere zwölf Prozent geben an, dass 15 bis 20 Prozent digital nicht erreichbar sind. Weitere 14 Prozent geben an, dass 25 bis 50 Prozent digital nicht erreichbar sind“ (Huber et al. 2020, S. 26). Deshalb kommen Huber et al. (2020, S. 109) zu dem Schluss, dass

> „nicht alle Schülerinnen und Schüler [...] mit digitalen Lehr-Lern-Formen erreicht werden [können], weil sie beispielsweise aufgrund ihrer häuslichen Situation nicht oder kaum in der Lage sind, die an sie gestellten schulischen Anforderungen aktuell zu erfüllen, weil sie z. B. über keine oder kaum technische Ausstattung verfügen (technische Geräte wie Laptop oder PC und Aktualität der Software), die nötig ist für E-Learning-Konzepte oder die räumlichen Verhältnisse kein oder kaum ungestörtes Arbeiten zulassen“.

Umgekehrt geben „nur zwölf Prozent der Schülerinnen und Schüler [...] nach der zweiwöchigen Befragung an, dass die Absprachen mit der Lehrerin, dem Lehrer nicht gut funktionierten. Nach einer Woche waren dies noch 17 Prozent gewesen“ (Huber et al. 2020, S. 26). Die Kommunikation fand vor allem via E-Mail-Kontakt (Huber et al. 2020, S. 26), kaum via „institutionalisierte[r] Live-Kommunikation zwischen Lehrern bzw. Lehrerinnen und Schülern sowie Schülern untereinander statt“ (Huber et al. 2020, S. 106). „Dagegen ist aber – wo vorhanden – eine wertschätzende Lehrer-Schüler-Kommunikation attestiert“ (Huber et al. 2020, S. 106).

Deutlich optimierbar ist der digitale Unterricht im Hinblick auf seine Potenziale zur kognitiven Aktivierung und Lernunterstützung (Huber et al. 2020, S. 26) sowie Differenzierung: So könnte die „Digitalisierung [...] Differenzierung ermöglichen: Die Lehr-Lern-Formen, die durch Digitalisierung möglich sind, bedeuten nicht nur, dass es für Schülerinnen und Schüler verschiedene Aufgaben und Lernwege geben kann. Die digitalen Lehr-Lern-Formen erlauben darüber hinaus auch eine bewusstere Differenzierung“ (Huber et al. 2020, S. 106).

Für die Autor:innen der Studie benötigen jedoch „alle Schülerinnen und Schüler [...] klare Lernziele, eine transparente Struktur, regelmäßige Rückmeldungen zum

Lernergebnis und Lernerfolg – eben all dies, was guten (digitalen) Unterricht ausmacht" (Huber et al. 2020, S. 107). Ihres Erachtens „können hier Schülerinnen und Schüler [im besten Fall] stärker bereits bei der Planung und Organisation von Homeschooling eingebunden werden" (Huber et al. 2020, S. 107).

2.2.5 Schüler:innenbefragung von Wacker, Unger und Rey

In der Zeit vom 9. bis zum 19. April 2020 befragten Albrecht Wacker, Valentin Unger und Thomas Rey (2020) insgesamt 169 Lernende aller Schularten und Klassenstufen mit zumeist offenen Fragen zum (neuen) „Fernunterricht". Da sich in Pre-Tests gezeigt hatte, „dass manche Schüler:innen mit einem Paper-Pencil-Format nicht erreichbar gewesen wären" (Wacker et al. 2020, S. 13), wurde die Erhebung als Online-Befragung durchgeführt, deren übergreifende Forschungsfrage lautete: Welche Wirkhoffnungen und Befürchtungen äußern Schüler:innen unterschiedlicher Schularten in Bezug auf den „Fernunterricht?" (Wacker et al. 2020, S. 12).

„In der Stichprobe [sind] alle Schularten des baden-württembergischen Bildungssystems vertreten, […] von der Grundschule über das Sekundarschulwesen bis in das berufliche Schulwesen", wenngleich „ein deutliches Übergewicht von älteren Schüler:innen, insbesondere aus allgemeinbildenden und beruflichen Gymnasien, festzustellen" ist (Wacker et al. 2020, S. 13). Selbstkritisch machen die Autoren der Studie auf die limitierenden Faktoren der Verallgemeinerung ihrer Studienergebnisse aufmerksam, indem sie zum einen auf die geografische Lokalisierung der Proband:innen auf Baden-Württemberg (mit seiner vielgliedrigen Schulstruktur (Werkrealschule, Realschule, Gemeinschaftsschule, allgemeinbildende und berufliche Gymnasien) hinweisen, zum anderen auf die überdurchschnittlich hohe Teilnahme von älteren Gymnasiast:innen. Sie erklären sich dies damit, dass „mit dem von uns eingesetzten digital und sprachlich agierenden Instrument bestimmte Schülergruppen nicht zu erreichen waren" (Wacker et al. 2020, S. 23).

„Die Selbsteinschätzungen der Schüler:innen […] zeigen insgesamt eine hohe Varianz der aufgewendeten Arbeitsstunden im ›Fernunterricht‹" (Wacker et al. 2020, S. 15). Gefragt, „ob die Lernenden mehr, weniger oder gleich viel Arbeitszeit im Vergleich mit dem schulischen Lernen aufwenden […], geben mehr als die Hälfte der Schüler:innen an, in der ›Corona-Zeit‹ weniger für die Schule zu arbeiten. Dagegen äußert jeweils knapp ein Viertel der Schüler:innen, mehr als sonst oder gleich viel zu arbeiten" (Wacker et al. 2020, S. 15). „Die Befunde zeigen eine breite Varianz bei der täglichen Arbeitszeit der Schüler:innen auf, die jedoch insgesamt geringer zu sein scheint als beim schulischen Präsenzunterricht" (Wacker et al. 2020, S. 22).

Die Kommunikation zwischen Lehrenden und Lernenden verläuft am häufigsten „per E-Mail […], gefolgt von Lernplattformen, Clouds oder Homepages" (Wacker et al. 2020, S. 15). „Neben den digitalen Verfahren gaben die Schüler:innen an, dass auch (teil-)analoge Verfahren (Postversand, Ausfahren der Aufgaben etc.) praktiziert werden. Insgesamt wird aus den Statements eine beträchtliche Varianz der Kommunikationswege sowohl zwischen als auch innerhalb der Schulen ersichtlich" (Wacker et al. 2020, S. 16).

Eine hohe Varianz zeigt sich auch in Bezug auf die Rückmeldungen, die Lehrende Lernenden geben:

> „Über alle Aussagen hinweg lässt sich feststellen, dass Feedback und Kontrolle in hohem Maße vom Engagement der Lehrperson und vom jeweiligen Fach abhängig sind. Wenngleich einige Lehrkräfte versuchen, zügig für einen Großteil der Aufgaben Rückmeldung zu geben, finden sich demgegenüber auch andere Vorgehensweisen, beispielsweise die Aufgaben im Präsenzunterricht „nach Corona" zu besprechen" (Wacker et al. 2020, S. 17).

Als ein Hauptvorteil des digitalen Unterrichts erscheint „die flexible Einteilung der Arbeitszeit […], den die Lernenden in der neuen Situation erkennen. Mehrheitlich werden in den Antworten jedoch Nachteile benannt, zu denen mangelnde Kommunikation, unzureichende Rückmeldungen und fehlende Unterstützung als gewichtigste Punkte gehören" (Wacker et al. 2020, S. 22).

Zusammenfassend halten Wacker et al. (2020, S. 22) fest, dass sich „die Lernenden […] für den künftigen „Fernunterricht" mehr Videokonferenzen und Erklärvideos, häufigeres Feedback sowie eine bessere Organisation des Fernunterrichts" wünschen.

2.2.6 CUNITAS-Studie

Richard Göllner und Ann-Kathrin Jaekel (Hector-Institut Tübingen) stellten am 09.02.2021 unter der Überschrift „Erfolgreicher Unterricht während der Schulschließung im Frühjahr 2020: Auf die Beziehung kommt es an!" erste Ergebnisse ihrer CUNITAS-Studie vor. Diese beruhen auf einer Online-Erhebung an 13 Schulen, an der insgesamt 3.159 Schüler:innen sowie 1.688 Eltern und 459 Lehrer:innen teilgenommen haben.[14] Im Fokus der Fragen stand der digitale Unterricht in den Fächern Deutsch, Mathematik und Englisch. Von Interesse waren drei Themenbereiche: Erstens das digitale Unterrichtsangebot (Was wird im Unterricht wie gemacht?), zweitens die Unterrichtsqualität (Welche Rolle spielen Qualitätsmerkmale wie kognitive Aktivierung, Klassenführung und konstruktive Unterstützung im digitalen Unterricht?) und drittens der Lernerfolg (Was ist [aus der subjektiven Einschätzung] bei Schüler:innen angekommen?).

Göllner und Jaekel (2021, Folie 10) können belegen, dass die Kommunikation zwischen Lehrenden und Lernenden im digitalen Unterricht in den Fächern Englisch, Mathematik und Deutsch fast zu 90 % via Mail stattgefunden hat. Bei ca. 50 % der Schüler:innen fand kein synchroner Unterricht (via MS Teams, BigBlueBut-

14 Da die Ergebnisse der CUNITAS-Studie auf Befragungen von Schüler:innen, Lehrer:innen und Eltern basieren, ist nicht (immer) trennscharf eine Darstellung der Wahrnehmung des digitalen Unterrichts (nur) aus Perspektive der Schüler:innen möglich, was eigentlich Auswahlkriterium der von uns vorgestellten Studien war. Wir haben uns aufgrund des Fragefokus sowie des zeitlichen und geografischen Erhebungszeitraums dafür entschieden, diese Studie trotzdem aufzunehmen und bemühen uns um eine transparente Darstellung.

ton etc.) statt. Vor allem im Fach Mathematik wurden viele Lernvideos als Medien genutzt, wovon 55 % Eigenproduktionen der Lehrer:innen waren. In allen Fächern fand kaum bzw. extrem wenig Interaktion wie Gruppenarbeit oder Schüler:innenpräsentationen statt.

Im Hinblick auf die Unterrichtsqualität im digitalen Unterricht verglichen Göllner und Jaekel die Daten der CUNITAS-Studie mit jenen der UNITAS-Studie. Die UNITAS-Studie belegt aus dem Jahr 2018 die Wahrnehmung der Qualität des Präsenzunterrichts aus Perspektive der Schüler:innen. Im Fach Mathematik führte der Vergleich beider Studien zu keinen Unterschieden im Mittel, was für beide Autor:innen sehr bemerkenswert ist. Allerdings können im digitalen Unterricht (anders als in der UNITAS-Studie) sehr hohe Unterschiede zwischen einzelnen Lehrpersonen festgestellt werden: Es scheint, dass es sehr guten Lehrenden im digitalen Unterricht gelingt, eine hohe Unterrichtsqualität zu garantieren, während es andererseits Lehrende gibt, die im digitalen Unterricht im Hinblick auf die Qualität des Unterrichts als sehr schlecht wahrgenommen werden. Diese große Bandbreite und die Bedeutung der einzelnen Lehrperson scheint im digitalen Unterricht (des ersten Lockdowns) relevanter zu sein als im Unterricht in Präsenz.

Der Lernerfolg wurde in der subjektiven Einschätzung erfragt: Im Fach Mathematik gaben die Schüler:innen im Schnitt an, dass sie zeitlich viel mehr gearbeitet hatten als im Präsenzunterricht, wenngleich der digitale Unterricht weniger Spaß machte als der Präsenzunterricht. Gegenüber der UNITAS-Studie wurde das eigene Kompetenzerleben von den Schüler:innen geringer als im Präsenzunterricht wahrgenommen. Die effektive Lernzeit (Time on Task) als wichtige Zielgröße wurde von den Lehrer:innen anders wahrgenommen als von den Schüler:innen: Während die Lehrpersonen 4,6h als Arbeitszeit für die Schüler:innen geplant hatten, haben die Schüler:innen (nur) 3,8h aufgewendet.

Göllner und Jaekel fragen weiter nach dem Zusammenhang von Lernerfolg und Unterrichtsqualität mit verschiedenen Faktoren des digitalen Unterrichts. Aus Perspektive der Lehrenden und Lernenden besteht ein geringer statistischer Zusammenhang zwischen Unterrichtstools auf der einen Seite und Unterrichtsqualität und Lernerfolg auf der anderen. Ein eher positiver Zusammenhang kann zwischen all jenen Medien und dem Lernerfolg/Unterrichtsqualität festgestellt werden, die eine Kommunikation zwischen Lehrenden und Lernenden ermöglichen (Telefonate, Messengerdienste, Videokonferenztools). Dies wird auch bestätigt durch die Korrelation von Unterrichtsmethoden mit Unterrichtsqualität und Lernerfolg: Positiv tragen Videokonferenzen und Sprechstunden, also die synchrone bzw. direkte Kommunikation, ebenso wie die Bereitstellung eigener (!) Lernvideos zur Unterrichtsqualität und zum Lernerfolg bei. Die Bereitstellung fremder Lernvideos ist dagegen wenig bis nicht lernförderlich.

Allerdings geben die Forscher:innen zu bedenken, dass der erweiterte Rahmen für den Lernerfolg berücksichtigt werden muss, da sich der digitale Unterricht in anderen Kontexten abspielt als der Präsenzunterricht. Vor allem die familiäre Unterstützung scheint dann positiv bedeutsam für den Lernerfolg zu sein, wenn sie als konstruktive

Unterstützung (gemeinsamer Plan, Ansprechbarkeit) wahrgenommen wird. Auch die Unterstützung durch die Lehrperson ist relevant für den Lernerfolg, wenngleich die Ergebnisse hier nicht eindeutig sind: Während die Häufigkeit der Materialpakete und die Rückmeldehäufigkeit der Lehrperson kaum systematische Zusammenhänge mit der Unterrichtsqualität und dem Lernerfolg zulassen, scheinen Wochenpläne einen eher positiven Effekt zu haben. Die Erreichbarkeit der Lehrperson kann als Voraussetzung für die Unterrichtsqualität und den Lernerfolg gesehen werden.

Für Göllner und Jaekel belegen die Ergebnisse der CUNITAS-Studie, dass physische Distanz keine soziale Distanz bedeuten muss: Für den Lernerfolg sind synchrone Video-Meetings vorteilhaft sowie Sprechstunden und eigene Lernvideos. Die Unterrichtsqualität ist im Mittel vergleichbar mit dem Präsenzunterricht, allerdings fallen im digitalen Unterricht hohe individuelle Unterschiede zwischen einzelnen Lehrpersonen auf, die für die Unterrichtsqualität bedeutsam sind.

2.2.7 Review von Helm, Huber und Loisinger

Der Review von Christoph Helm, Stephan Huber und Tina Loisinger mit dem Titel „Was wissen wir über schulische Lehr-Lern-Prozesse im Distanzunterricht während der Corona-Pandemie?" (Helm et al. 2021) „gibt einen systematischen Überblick über den quantitativen Forschungsstand zur Schulsituation und zum Lehren und Lernen während der Corona-Pandemie […] [und] umfasst 97 Online-Befragungen [u. a. Huber et al. 2020; Rathgeb 2020; siehe oben], die in der Zeit vom 24. März 2020 bis 11. November 2020 durchgeführt wurden" (Helm et al. 2020, S. 1). Insgesamt werten Helm et al. die Antworten von 255.955 am Schulleben beteiligten Personen aus, davon „60.468 Schüler: innen, 151.660 Eltern und 41.350 Lehrkräften sowie 2.339 Schulleitungen. Dabei verteilen sich die erfassten Fälle wie folgt auf die Länder: 124.485 (Deutschland), 36.417 (Österreich), 84.497 (Schweiz), 10.322 (DACH)" (Helm et al. 2020, S. 57).

Im Hinblick auf den Lernerfolg erwarten „etwa ein Fünftel bis die Hälfte [der Schüler:innen] negative Auswirkungen des Fernunterrichts auf den eigenen Lernerfolg" (Helm et al. 2020, S. 57). Allerdings zeigen die untersuchten Studien, dass die Einschätzungen „zu negativen Einflüssen des Fernunterrichts auf den Lernerfolg […] stark vom Schulfach ab[hängen]" (Helm et al. 2020, S. 27).

Ebenfalls ist auch der „Forschungsstand zum Lernaufwand der Schüler:innen während des Fernunterrichts […] von hoher Heterogenität geprägt. Der Anteil an Schüler:innen, die weniger als 2h pro Tag für das Lernen aufwenden, variiert je nach Befragung zwischen rund einem Fünftel und etwas mehr als der Hälfte der Schüler:innen. Darüber hinaus geben in den Schülerbefragungen rund ein Drittel bis knapp die Hälfte an, dass ihr Workload während des Fernunterrichts geringer als vor dem Lockdown war" (Helm et al. 2020, S. 57).

Gefragt nach der Lernmotivation berichten 37 %–70 % „gerne oder sehr gerne im Fernunterricht zu lernen" (Helm et al. 2020, S. 57 und S. 31). Allerdings berichten „etwa ein Viertel bis ein Drittel der Schüler:innen von Schwierigkeiten, Konzentrationsproblemen und Überforderung beim selbstgesteuerten Lernen" (Helm et al. 2020, S. 57). „Etwas mehr als einem Drittel der Schüler:innen fällt die Selbstorganisation ihres Tagesablaufes (z. B. früh aufstehen) schwer" (Helm et al. 2020, S. 57). Damit korreliert vermutlich auch die familiäre Unterstützung, derer Schüler:innen beim Fernunterricht bedürfen. Gerade für „junge Kinder mit noch gering ausgeprägten Selbstlernfähigkeiten im Fernunterricht" ist „die elterliche Unterstützung [...] zentral. [...] Aus Schülersicht erhalten je nach Befragung ein Fünftel bis ein Drittel der Schüler:innen zuhause nicht die notwendige Lernunterstützung von ihren Eltern (Helm et al. 2020, S. 58).

> „Je nach Befragung berichten rund 3 % bis ein Viertel der Schüler:innen [...], dass die technische Ausstattung zuhause eine Herausforderung für das Lernen im Fernunterricht darstellt. Es ist sehr wahrscheinlich, dass dieser Befund den tatsächlichen Anteil an Schüler:innen mit mangelhafter technischer Ausstattung zuhause unterschätzt, da anzunehmen ist, dass gerade diese Schülergruppe mit Online-Befragungen [...] nur bedingt erreicht wird" (Helm et al. 2020, S. 57).

Jene Fehlerquote mag auch zugrunde liegen, wenn „je nach Befragung [...] Lehrkräfte [berichten], dass sie mit ihrem Unterrichtsangebot zwischen 70 und 90 % ihrer Schüler:innen im Fernunterricht erreichen", wohingegen „nur ein Fünftel bis rund die Hälfte der Schüler:innen von regelmäßigem" Kontakt zu ihren Lehrer:innen berichten (Helm et al. 2020, S. 62).

> „Auch deuten die Befragungen darauf hin, dass Lehrkräfte – zumindest in der ersten Phase der Schulschließungen – kaum digitale Lehr-Lern-Formate (z. B. Videokonferenztools zur Live-Kommunikation, Erklärvideos) eingesetzt haben. So berichten zwischen rund 40 % und rund 70 % der Schüler:innen, keinen digitalen Unterricht gehabt zu haben" (Helm et al. 2020, S. 62).

Allerdings ist ein Drittel der Lernenden der Meinung, dass ihre „Lehrpersonen [über eine] hohe Kompetenz und Motivation für den Einsatz digitaler Lehr-Lern-Formen" verfügen. (Helm et al. 2020, S. 64).

Im Hinblick auf die konstruktive Unterstützung vonseiten der Lehrenden berichten je „nach Fach und Befragung [...] rund 80–90 % der Schüler:innen [...], dass der Unterricht und die Arbeitsaufträge klar und verständlich sind. Die regelmäßige Kontrolle der von den Schüler:innen zu bearbeitenden Lernaufgaben durch die Lehrperson erfolgt aus Schülersicht in etwa der Hälfte bis rund 70 % der Fälle" (Helm et al. 2020, S. 63).

Die ausgewerteten Studien lassen den Schluss zu, dass die „zentrale[n] Merkmale der kognitiven Aktivierung (z. B. kognitiv anregende und herausfordernde Lernaufgaben, kooperatives Lernen) [...] im Fernunterricht bisher eher selten eingesetzt [werden]. Dies berichten abhängig vom Fach rund 60 bis über 70 % der Schüler:innen" (Helm et al. 2020, S. 63). Auch eine „Differenzierung und Individualisierung im Fernunterricht durch Aufgaben (60–80 %) und durch Arbeitsgruppen (über 90 %) finden laut der überwiegenden Mehrheit (60–100 %) der Schüler:innen [...] eher selten bis nie statt. [...] Aus Schüler[:innen]sicht empfindet ein hoher Anteil [etwa 50–70 %] die Lernaufgaben als nicht (zu) schwer“ (Helm et al. 2020, S. 63).

Im Hinblick auf eine professionelle Beziehung zur Lehrperson und ihre individuelle Lernunterstützung im Fernunterricht „berichten etwa ein Drittel bis die Hälfte der Schüler:innen, dass ihnen der Kontakt zu ihren Lehrer:innen fehlt“ (Helm et al. 2020, S. 63). Bemerkenswert ist vor diesem Hintergrund, dass „nur 5–20 % der Schüler:innen [angeben], kein Feedback zu erhalten“ (Helm et al. 2020, S. 63).

2.3 Wie gelingt Lernen im digitalen Unterricht? Impulse aus Perspektive der Lernenden

2.3.1 Wahrnehmung des digitalen Unterrichts aus Perspektive der Lernenden

Auch wenn die Autor:innen der Studien darauf hinwiesen, dass ihre Ergebnisse nur bedingt repräsentativ sind, weil manche Lernendengruppen und -typen aufgrund des Erhebungsdesigns oder der Erhebungsinstrumente nicht erreicht werden konnten, können aus den Daten doch einige Impulse für die Wahrnehmung des digitalen Unterrichts aus Perspektive der Schüler:innen gewonnen werden. Sie werden im Folgenden geordnet nach Kategorien dargestellt.

Wegfall von Schule als Lebensraum und daraus resultierende Konsequenzen

Der digitale Unterricht findet nicht in einem luftleeren Raum statt, sondern ist eingebettet in den Wegfall von Schule als sozialem Lebensraum, den Schüler:innen teilweise positiv als Unterrichtsfreiheit (Calmbach et al. 2020, S. 578), mehrheitlich aber negativ als soziale Isolation erleben. In der Mehrzahl zeigen sich Schüler:innen sehr verantwortungsbewusst und einsichtig bei den Einschränkung ihrer Freiheiten und den Schulschließungen, sind aber auch verärgert bzw. besorgt hinsichtlich der fehlenden Transparenz von (politischen) Entscheidungsträger:innen im Hinblick auf Schulschließungen und/oder (verfrühten) Schulöffnungen. Im Wunsch, in diesen Prozessen beteiligt, gehört oder gefragt worden zu sein, spiegelt sich die Überzeugung deutlich wider, dass sich Schüler:innen als Expert:innen ihrer Bildungsprozesse verstehen und Schule (mit-)gestalten wollen und können. Einige Antworten und die Fülle der (qualitativen) Freitextantworten (in der quantitativen JuCo-1-Studie) lassen darauf schließen, dass sich Schüler:innen viel zu selten als Individuen mit Hobbies und ihren vielfältigen Lebenswelten, sondern meist als Lernende von Politiker:innen wahrgenommen und auf den Fernunterricht reduziert fühlen. Interessanterweise nehmen einige (meist bildungsnahe) Schüler:innen an, dass die Zeit des digitalen Unterrichts die Wertschätzung des Unterrichts in Präsenz erhöhen wird. Die befragten Schüler:innen haben schon in der dritten Woche nach Beginn des ersten Lockdowns die Schule (eher) vermisst.

Als Konsequenzen der Schulschließung werden (erhebliche) Schlafstörungen, Müdigkeit (vom Nichtstun), Langeweile und fehlende soziale Kontakte zu Freund:innen oder Familienmitgliedern sowie eine Verschlechterung ihrer Zufriedenheit gegenüber der Zeit vor Corona beschrieben. Die befragten Schüler:innen berichten auch von Einsamkeitsgefühlen, Verunsicherung und Überforderung bzw. der Herausforderung, ihre sozialen Kontakte digital zu pflegen und den Tagesablauf ohne Schule zu strukturieren. Im Schnitt kompensieren die befragten Schüler:innen ihre Langeweile mit 6,5 h Medienkonsum pro Tag, allerdings verbringen die weiblichen Schülerinnen mit 141 min am Tag mehr Zeit mit Lernen/für die Schule als die Jungen. Der Durchschnittswert von Rathgeb (2020b, S. 2) kann differenziert werden durch die Schüler:innenbefragung von Wacker et al. (2020, S. 15) und die Metaanalyse von Helm et al. (2020, S. 57), die eine große Heterogenität aufzeigen: So gibt es auf der einen Seite Schüler:innen, die mehr als 5 h am Tag für die Schule aufwenden, auf der anderen Seite aber auch Schüler:innen, die weniger als 2 h/Tag angeben. Insgesamt arbeiten Schüler:innen eher weniger als in der regulären schulischen Präsenzzeit.

Fehlende Unterstützung während des digitalen Unterrichts

Als problematisch am digitalen Unterricht wird aus Lernendenperspektive die fehlende Unterstützung wahrgenommen, die sich im Folgenden differenziert beschreiben lässt als a) fehlende Unterstützung bestimmter Klassenstufen und Schularten, b) fehlende technische Unterstützung, c) fehlende inhaltlich-konstruktive Unterstützung in Form von Lernbegleitung sowie d) fehlende Unterstützung beim Erwerb von Selbstregulation/-organisationskompetenzen:

a) bestimmte Klassenstufen und Schularten

Zum einen problematisieren einige Schüler:innen die fehlende Unterstützung bestimmter Schulstufen, insbesondere der Abschlussschüler:innen, während andere wahrnehmen, dass nur die Schüler:innen der Abschlussklassen, vor allem der gymnasialen, im Fokus der schulischen Bemühungen stehen. Weiter wird die fehlende Unterstützung bestimmter Schularten als kritisch benannt, so der „Förderschulen" (Andresen et al. 2020, S. 16), deren Schüler:innen mit dem digitalen Unterricht überfordert seien.

b) technische Unterstützung: Hardware-Ausstattung und Umgang mit Software

Die Schüler:innen problematisieren außerdem die fehlende Unterstützung im Hinblick auf die technische Ausstattung (Hardware). So berichten bis zu 25 % der Lernenden (und aufgrund der befragten Lernendentypen ist davon auszugehen, dass diese Zahl erhöht werden muss durch jene, die durch die Studien nicht erreicht wurden), dass die technische Ausstattung zuhause eine Herausforderung für das Lernen im Fernunterricht darstellt. Die meisten (älteren) Schüler:innen besitzen „zwar ein Smartphone, aber nicht unbedingt einen Rechner oder die Haushalte verfügen über keine entsprechenden Internetverbindungen und ausreichend Datenvolumen" (Andresen et al. 2020, S. 13). 26 % der Schüler:innen müssen sich den Computer mit anderen Familienmitgliedern teilen, nicht wenige Schüler:innen verfügen über keinen Raum, in dem sie ungestört arbeiten können. Auch im Hinblick auf den Umgang mit der für den Fernunterricht relevanten Software scheinen die Schüler:innen in hohem Maße auf sich und den familiären Background gestellt zu sein: 35 % erhalten für den Umgang mit der Fernunterrichtssoftware von den Eltern Unterstützung, (nur) 21 % werden von der Schule unterstützt (Rathgeb 2020b, S. 1).

c) inhaltlich-konstruktive Unterstützung in Form von Lernbegleitung
Weiter mahnen die befragten Schüler:innen die fehlende Lernbegleitung durch die Lehrenden an: So sehen sich viele Lernende mit dem digitalen Unterricht allein gelassen und überfordert. Vor allem jene Schüler:innen beschreiben dies, die über keine Kompetenzen verfügen, sich die Inhalte eigenständig zu erarbeiten oder keine familiäre Lernunterstützung bekommen (können). Die fehlende inhaltlich-konstruktive Unterstützung zeigt sich auch darin, dass die meisten Schüler:innen von Mitschüler:innen unterstützt werden, während nur jede:r Dritte Unterstützung von der Schule bekommt. Je jünger die Schüler:innen sind, je mehr bedürfen sie einer Unterstützung: So geben 90 % der 12–13jährigen an, auf elterliche Unterstützung angewiesen zu sein, nur 32 % erhielten von der Schule lernbegleitende Unterstützung. Insgesamt bekommen „ein Fünftel bis ein Drittel der Schüler:innen zuhause nicht die notwendige Lernunterstützung von ihren Eltern" (Helm et al. 2020, S. 58) oder Geschwistern, was sowohl mit den geringen zeitlichen wie auch emotionalen Ressourcen der Eltern oder der Geschwister begründet werden kann. Dieser Befund ist deshalb bemerkenswert, weil er verdeutlicht, dass Eltern (und/oder Geschwister) Aufgaben von Lehrer:innen übernehmen mussten und sollten, was in hohem Maße (aus unterschiedlichen Gründen) offensichtlich nicht leistbar war. Etwa die Hälfte der befragten Schüler:innen vermissen den Kontakt zu ihren Lehrer:innen (Helm et al. 2020, S. 63).

Die Bereitschaft oder Fähigkeit zur Kommunikation oder Kontaktaufnahmen von Lehrenden zu Lernenden wird von den Schüler:innen als optimierbar beschrieben: Die „mangelnde Kommunikation, unzureichende Rückmeldungen und fehlende Unterstützung" (Wacker et al. 2020, S. 22) werden als bedeutsamste Punkte genannt. Zu vielen Schüler:innen besteht während des ersten Lockdowns kein Kontakt: Sie werden von ihren Lehrer:innen nicht erreicht, was sicherlich unterschiedliche Gründe haben mag, beispielsweise die fehlende technische Ausstattung der Schüler:innen. In manchen Kontexten konnten 25–50 % der Schüler:innen mit digitalen Lehr-Lern-Formen nicht erreicht werden (Huber et al. 2020, S. 26).

Interessant ist, dass hier eine Divergenz zwischen der Wahrnehmung der Lehrer:innen und der Wahrnehmung der Schüler:innen besteht: So berichten „Lehrkräfte, dass sie mit ihrem Unterrichtsangebot zwischen 70 und 90 % ihrer Schüler:innen im Fernunterricht erreichen", wohingegen „nur ein Fünftel bis rund die Hälfte der Schüler:innen von regelmäßigem" Kontakt zu ihren Lehrer:innen berichtet (Helm et al. 2020, S. 62). Allerdings scheint dieser Befund signifikant mit dem Engagement der Lehrer:innen während der Schulschließung zu korrelieren: Die Bedeutung der einzelnen Lehrperson und ihre Bereitschaft, vielleicht auch Kompetenz, mit Schüler:innen zu kommunizieren und (regelmäßig) in Kontakt zu treten, scheint für die Qualität und die Beziehungsgestaltung im digitalen Unterricht (des ersten Lockdowns) relevanter zu sein als im Unterricht in Präsenz. Auf der einen Seite gelingt es jenen Lehrenden eine hohe Unterrichtsqualität zu garantieren, die als „sehr gut“ wahrgenommen werden. Auf der anderen Seite berichten die Schüler:innen von Lehrenden, die im digitalen Unterricht im Hinblick auf die Qualität des Unterrichts als „sehr schlecht“ wahrgenommen werden. Diese hohe Varianz unterstreichen auch Wacker et al. (2020, S. 17) und Helm et al. (2020, S. 63) im Hinblick auf das Engagement von Lehrer:innen: Die Bereitschaft zu Feedback und [Aufgaben-]Kontrolle ist in hohem Maße vom Engagement der Lehrperson und vom jeweiligen Fach abhängig. So kommunizieren Lehrer:innen mit ihren Schüler:innen in den allermeisten Fällen via E-Mail, in einigen Fällen telefonisch, per Clouds, Lernplattformen, Postversand oder über einen Messengerdienst. Während des ersten Lockdowns findet der Kontakt zwischen Lehrenden und Lernenden kaum via „institutionalisierte[r] Live-Kommunikation [...] statt“ (Huber et al. 2020, S. 106). Auch der digitale Unterricht findet kaum bis wenig synchron statt: Helm et al. (2020, S. 6) geben an, dass insgesamt zwischen 37–70 % der Schüler:innen keinen synchronen Unterricht hatten (vgl. Göllner/Jaekel 2020, F 10). Dieser Befund ist deshalb bemerkenswert, weil Schüler:innen während des ersten Lockdowns teilweise über Wochen keinen Face-to-Face-Kontakt zu ihren Lehrer:innen hatten und lediglich beispielsweise durch Mails etc. unterstützt wurden.

Unterricht im synchron-digitalen Setting wirkt sich positiv auf den Lernerfolg aus. Fand eine lernbegleitende Unterstützung statt, so berichteten je „nach Fach und Befragung [...] rund 80–90 % der Schüler:innen [...], dass der Unterricht und die Arbeitsaufträge klar und verständlich sind“ (Helm et al. 2020, S. 63). Dennoch weisen die Studien darauf hin, dass im digitalen Unterricht eine konstruktive Lernunterstützung, die (auch) zur zielgerichteten und adäquaten differenzierenden Förderung einzelner Schüler:innen beiträgt, ebenso optimierbar ist, wie die Verwendung von Lehr-Lern-Formaten, die zur kognitiven Aktivierung beitragen (Huber et al. 2020, S. 26). Mehrheitlich nehmen die Schüler:innen wahr, dass im digitalen Unterricht eine „Differenzierung und Individualisierung [...] durch Aufgaben (60–80 %) und durch Arbeitsgruppen (über 90 %) [...] eher selten bis nie“ stattgefunden haben (Helm et al. 2020, S. 63). Auch kognitiv anregende und herausfordernde Lernaufgaben, kooperatives Lernen, aber auch weitere interaktive Methoden zur Förderung des kollaborativen Arbeitens der Lernenden werden „eher selten eingesetzt [...]: Dies berichten abhängig vom Fach rund 60 bis über 70 % der Schüler:innen“ (Helm et al. 2020, S. 63).

d) Erwerb von Selbstregulation/Selbstorganisationskompetenzen

Die Schüler:innen problematisieren schließlich die fehlende Hilfestellung zum selbstorganisierten Lernen. „Ein Viertel bis ein Drittel der Schüler:innen [berichtet] von Schwierigkeiten, Konzentrationsproblemen und Überforderung beim selbstgesteuerten Lernen“ (Helm et al. 2020, S. 57). Einem Drittel der Schüler:innen fällt es schwer, ihren Tag zu strukturieren: Ihnen fehlen Kompetenzen der Selbstregulation und -organisation. Vor allem jene Schüler:innen erleben die Situation des digitalen

Unterrichts als belastend, deren Selbstregulationskompetenz gering ist und die keine Unterstützung vonseiten der Lehrer:innen und Eltern bzw. Geschwister erhalten.

Positive Wahrnehmung des digitalen Unterrichts

Immerhin 37–70 % der Schüler:innen geben an, „gerne oder sehr gerne im Fernunterricht zu lernen" (Helm et al. 2020, S. 57 und S. 31). Besonders jene Schüler:innen nehmen den digitalen Unterricht als positiv wahr, die über Selbstregulations-, Selbstorganisations- und Strukturierungskompetenz sowie über genügend Vorwissen verfügen und damit die Voraussetzungen erfüllen, sich Inhalte eigenständig erarbeiten und strukturieren zu können. Jene Schüler:innen geben auch an, über eine höhere Lernmotivation zu verfügen. Es ist zu vermuten, dass diese Schüler:innen über die räumlichen und technischen Ressourcen verfügen, um ungestört arbeiten zu können, sowie eine konstruktive Lernbegleitung vonseiten der Lehrenden, Eltern und/ oder Mitschüler:innen erhalten. Positiv wird der digitale Unterricht auch von jenen Schüler:innen wahrgenommen, die sich vom sozialen Druck bzw. Leistungsdruck des schulischen Präsenzkontextes befreit fühlen und im geschützten Raum lernen oder ihr eigenes Lerntempo und ihre Lernzeiten und Lernwege nutzen können.

Einen positiven Beitrag zum Lernerfolg leisten aus Perspektive der Lernenden eine direkte, synchrone (und verlässliche) Kommunikation zwischen Lehrenden und Lernenden, die Bereitstellung von (für die Lerngruppe individualisierten) Lernvideos und eine konstruktive Lernunterstützung (durch Lehrende, u. U. die Familie und strukturierende Elemente wie beispielsweise Wochenpläne).

2.3.2 Wie kann Lernen im digitalen Unterricht gelingen? Impulse aus Perspektive der Lernenden

Die Studien[15] belegen eindrücklich, dass Lernende Unterstützung auf unterschiedlichen Ebenen benötigen, damit Lernen gelingen kann. So bedürfen sie zuallererst und grundlegend einer technischen Ausstattung und eines Raumes bzw. Rückzugortes zum (ungestörten) Lernen sowie der Unterstützung beim Umgang mit der für den digitalen Unterricht verwendeten Software.

Schüler:innen benötigen außerdem Unterstützung beim Erwerb von Selbstorganisationskompetenz, damit es ihnen gelingt, ihre Tage und schulischen Aufgaben zu strukturieren. Dem Problem des (übermäßigen) Medienkonsums zur Kompensation von Langeweile aufgrund des Wegfalls der (schulischen) Tagesstruktur muss durch strukturierende Angebote (wie Wochenpläne) und/oder synchrone Lernformate begegnet werden, um Lernzeit zu ermöglichen, die höher ist als 2 h/Tag.

15 Nur eine Studie (Göllner/Jaekel 2021) erforschte dezidiert die Faktoren für einen (von den Schüler:innen subjektiv wahrgenommenen) Lernerfolg im digitalen Unterricht. Dennoch lassen sich die Ergebnisse der anderen Studien in aller gebotenen Vorsicht und Vorläufigkeit so interpretieren, dass aus ihnen formuliert werden kann, was es braucht, damit Lernen ermöglicht wird. Ob Lernen dann gelingt, müsste verifiziert werden.

Eine breite Basis an Daten untermauert auch das Ergebnis von Göllner und Jaekel (2021) im Hinblick auf die lernbegleitende Unterstützung: Lernen kann im digitalen Unterricht gelingen, wenn Lehrer:innen den direkten Kontakt zu ihren Schüler:innen suchen und pflegen. Als lernförderlich sind die synchrone bzw. direkte Kommunikation (Videokonferenzen, Sprechstunden, Telefonate, Messengerdienste) zwischen Lehrenden und Lernenden anzusehen, weitaus weniger der Einsatz von bestimmten Tools. Aus Perspektive der Schüler:innen kann Lernen dort gelingen, wo Lehrende den direkten Kontakt zu Schüler:innen suchen und diese durch klare Arbeitsaufträge, (regelmäßige und zeitnahe) lernprozessbegleitende Rückmeldungen unterstützen. Lehrende müssen erreichbar sein und als Kommunikationspartner:innen für Lernende zur Verfügung stehen. Vor allem synchrone Formate des digitalen Unterrichts sind als besonders lernförderlich anzusehen. Im Fach Mathematik waren auch auf die spezielle Lerngruppe individualisierte, von den Lehrenden selbst erstellte Lernvideos lernförderlich. Lernen kann im digitalen Unterricht gelingen, wenn die Aufgaben kognitiv anregend, herausfordernd und damit nicht zu leicht, möglichst differenzierend und auf die Kooperation bzw. Interaktion mit Mitschüler:innen hin gestaltet sind.

Die Studien zeigen im Hinblick auf alle bisher genannten Formen der Unterstützung (technische/räumliche Infrastruktur, Selbstorganisation, Kommunikation und synchrone Gestaltung des digitalen Unterrichts) deutlich, dass Schüler:innen dieser Unterstützung bedürfen, um lernen zu können – je jünger die Schüler:innen sind, je mehr Unterstützung brauchen sie. Zum anderen belegen die Studien eindrücklich, in welch hohem Maße Schüler:innen keine Unterstützung vonseiten ihrer Lehrer:innen erhalten und nicht auf familiäre Unterstützung zurückgreifen können. Dieser Befund stellt eine ernstzunehmende Anfrage dar, wie digitaler Unterricht gestaltet werden kann, damit er Bildungs- und Teilhabegerechtigkeit ermöglicht und Lernen nicht nur jenen Schüler:innen gelingt, deren Familie (emotional, finanziell oder kognitiv) in der Lage ist, sie beim Lernen zu unterstützen.

Aus den Studien lässt sich als bedeutsamer Impuls formulieren, dass Schule in den Augen der Schüler.innen mehr ist als ein Lernraum, sondern ein Lebensraum, in dem soziale Begegnungen stattfinden. Dies muss auch im digitalen Setting berücksichtigt werden, indem Interaktion und Kooperation angebahnt werden – nicht nur mit dem Ziel, Lernaufgaben zu bearbeiten, sondern soziale Begegnungen, Gespräche, Freundschaften und sicher auch Konflikt- und Problemlösung zu ermöglichen.

Deutlich lässt sich aus den Studien auch interpretieren, dass Schule und damit Präsenzunterricht Druck auf Schüler:innen ausübt. Einige Schüler:innen fühlen sich in der Schule mitunter in ihrem Lernen gestört oder Stressmomenten ausgesetzt und schätzen deshalb das selbstbestimmte, ungestörte Lernen zu Hause im individuellen Lerntempo, mit eigenen Lernwegen und flexibler Einteilung der eigenen Arbeitszeit sehr. Weitere Schüler:innen können sich angesichts der Kontaktbeschränkungen und der weggefallenen komplexen Anforderungen an die eigene Lebensgestaltung während des Lockdowns besser auf die Schule konzentrieren. Es ist die Frage, wie jenen Schüler:innen diese positive Lernerfahrung im Präsenzunterricht ermöglicht werden kann. Im Hinblick auf den Präsenzunterricht ist zu bedenken, wie dafür sensibilisiert werden kann, welchem Druck sich Schüler:innen in der Schule ausgesetzt fühlen, wie angefüllt ihre Tage und ihr Leben sind (tatsächlich oder subjektiv wahrgenommen) und sie darin zu unterstützen oder es strukturell zu ermöglichen, dass sowohl der Präsenzunterricht als auch der Alltag so gestaltet werden können, dass sich Schüler:innen nicht überfordert fühlen und sie lernen können und möchten.

Zusammenfassend lässt sich aus den Studien, die den digitalen Unterricht (vor allem in den Hauptfächern) aus Perspektive der Lernenden untersuchten, formulieren: Lernen kann dort gelingen, wo engagierte Lehrende agieren und motiviert und kompetent sind, digitalen Unterricht zu gestalten und/oder wo familiäre Ressourcen vorhanden sind, um fehlende schulische Lernunterstützung zu kompensieren. Es kommt nicht auf die Tools an, sondern auf das Engagement der Lehrenden, in welchem Maße sie bereit sind, ihren Schüler:innen Lernen zu ermöglichen. Lernen kann im digitalen Unterricht gelingen, wenn Lehrende mit Lernenden kommunizieren und sie auf verschiedenen Ebenen unterstützen (Lern-Infrastruktur, Hilfe beim Erwerb von Selbstorganisationskompetenz). Lehrkräfte sollten des Weiteren den digitalen Unterricht so gestalten, dass Lernprozesse durch Lernbegleitung in Form von klaren Aufgaben, transparenter Strukturierung des Lernprozesses, Bewerkstelligung von Interaktion, Differenzierung, Feedback, anregenden Aufgaben und vor allem synchronem digitalen Unterricht ermöglicht werden. Die Studien zeigen, dass Lernen gelingen kann, wenn Lehrende dazu bereit und kompetent sind: Auf die Lehrer:innen kommt es also an!

Trotzdem: Digitaler Unterricht hat seine Grenzen, nicht nur in den technischen, räumlichen, familiär-unterstützenden Ressourcen zu Hause, sondern auch im Wegfall eines sozialen Lebensraumes, der nicht im digitalen Unterricht kompensiert werden kann.

3 Lernen im digitalen Religionsunterricht aus Perspektive der Lernenden: Ergebnisse einer qualitativen Studie

Im folgenden Kapitel beschreibt Andrea Dietzsch die Ergebnisse ihrer qualitativen Studie. Sie stellt dar, wie Schüler:innen den Religionsunterricht während der Covid-19-bedingten Schulschließungen von März bis (zum Teil) Juni 2020 wahrgenommen haben. Die Wahrnehmungen, Erfahrungen und Bewertungen der Religionsschüler:innen sollen Aufschluss geben, wie Lernprozesse im digitalen Religionsunterricht gelingen können.

3.1 Forschungsdesign der Studie

Zu Beginn der Sommerferien, nach Abschluss des Schuljahres 2019/20 (Juli und August 2020) wurden insgesamt 13 Schülerinnen und Schüler von Andrea Dietzsch an sechs verschiedenen Schulen in Baden-Württemberg zu ihren Erfahrungen im und mit dem Fernunterricht von März bis Juni 2020 befragt, deren Wahrnehmungen mithilfe qualitativer, teilstandardisierter Interviews erfasst wurden. Als Interviewform wurde das problemzentrierte Interview nach Andreas Witzel (1982) gewählt; die Auswertung der Interviews orientierte sich am qualitativ-inhaltsanalytischen Vorgehen nach Philipp Mayring (2008).

Die Fallauswahl der Interviewpartner:innen wurde mit den Prinzipien der maximalen Varianz begründet, deren Ziel die Abbildung von kontrastierenden Feldtypen ist. Als Varianzmerkmale bei den Lernenden wurden Alter/Klassenstufe, Schulart sowie die Häufigkeit des digitalen Religionsunterrichts definiert. Um die Heterogenität der Wahrnehmungsmuster von Lernenden falltypologisch zu repräsentieren, wurde eine bewusste Fallauswahl getroffen, die vor Beginn der Interviews festgelegt wurde. Allerdings wurde diese Fallauswahl hinsichtlich der Schulartenvarianz durch strukturell-organisatorische Gegebenheiten eingeschränkt: Nicht an allen Schulen, Jahrgangsstufen bzw. Schularten fand während der Covid-19-bedingten Schulschließung Religionsunterricht statt. Außerdem waren auch nicht alle angefragten Schüler:innen zu einem Interview bereit, weshalb hier nur Ergebnisse aus der Perspektive von Zehntklässler:innen an Realschulen und Gymnasien sowie Oberstufenschüler:innen an allgemein- und berufsbildenden Gymnasien vorgestellt werden können. Alle befragten Schüler:innen waren der Forscherin zuvor persönlich bekannt. Nur in einem Fall hat eine Kollegin den Kontakt zu einem Schüler am beruflichen Gymnasium vermittelt. Es liegen von allen Schüler:innen die Einverständniserklärungen der Eltern und Schüler:innen vor. Die Befragungen fand während der Sommerferien in der Freizeit der Schüler:innen via Videokonferenz statt. Eine anonymisierte Auswertung wurde ihnen zugesichert.

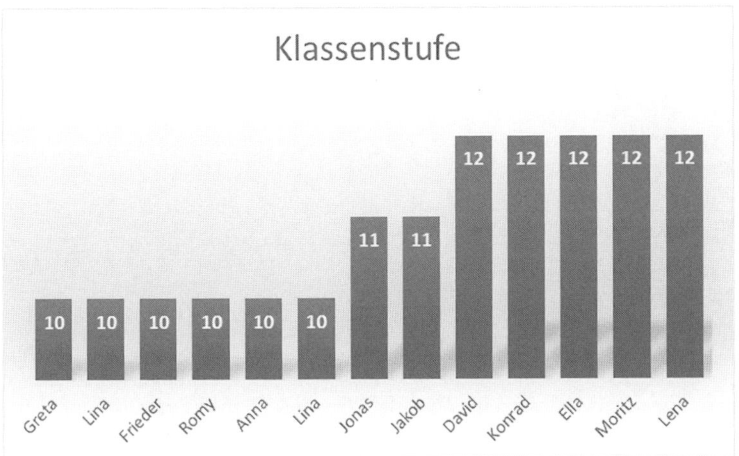

Von den 13 Schüler:innen besuchen zwei Schüler:innen die 10. Klasse einer Realschule, eine im ländlichen, die andere im städtischen Raum. Elf Schüler:innen besuchen verschiedene Gymnasien: Zwei Schülerinnen und zwei Schüler besuchen die 10. Klasse zweier unterschiedlicher allgemeinbildender Gymnasien im ländlichen Raum. Zwei Schüler besuchen die 11. Klasse, einer an einem berufsbildenden Gymnasium im städtischen Raum, der andere an einem allgemeinbildenden Gymnasium im ländlichen Raum. Zwei Schülerinnen und drei Schüler besuchen die 12. Klasse zweier allgemeinbildender Gymnasien im ländlichen Raum: Sie wurden nach bestandenem Abitur interviewt. Die im Folgenden verwendeten Namen sind nicht die Klarnamen der Interviewpartner:innen. Die (anonymisierten) Interviewtranskripte können bei der Autorin eingesehen werden.

Folgende Fragestellungen sollen Aufschluss über die Bewertung des Religionsunterrichts im digitalen Format aus Perspektive der Lernenden geben:

- Wie wurde der Religionsunterricht didaktisch, methodisch und inhaltlich gestaltet?
- Wie bewerten die Lernenden diese Form des „digitalen" Religionsunterrichts?
- Welche methodische, didaktische und inhaltliche Gestaltung des digitalen Religionsunterrichts wünschen sich Lernende?
- Wann lernen Schüler:innen? Wie muss Religionsunterricht gestaltet werden, dass Lernprozesse aus der Perspektive von Schüler:innen gelingen?

Die befragten Schüler:innen unterscheiden sich sowohl in der Häufigkeit des Religionsunterrichts als auch in dessen Asynchronität oder Synchronität, den sie während der Schulschließung erlebt haben und bilden die Bandbreite dessen ab, was an Unterrichtsgestaltung möglich war.

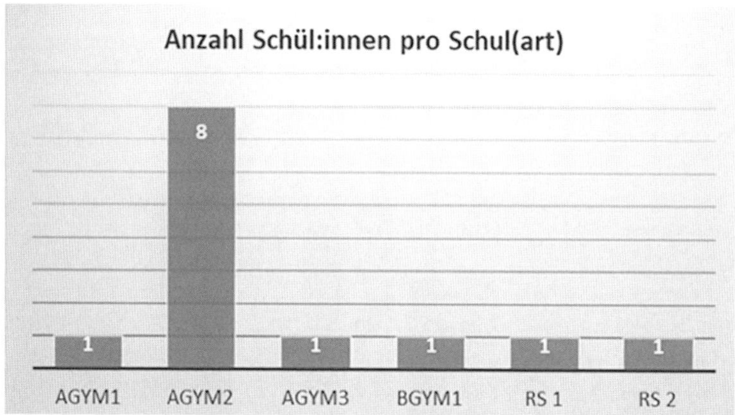

So hatte Jonas, der die 11. Klasse eines berufsbildenden Gymnasiums (bGym1) im städtischen Raum besucht, wöchentlich Religionsunterricht. Seine Religionslehrerin stellte jeden Montag auf der schulischen (passwortgeschützen) Webpage Aufgaben zur Verfügung, die er bearbeiten musste. Am Freitag einer jeden Woche wurden diese Aufgaben in einer Videokonferenz diskutiert und besprochen. Dagegen hatte Jakob, der die Jahrgangsstufe 1 eines ländlichen allgemeinbildenden Gymnasiums (aGym 2) besucht, durchgängig Religionsunterricht, der ausschließlich per Videokonferenz stattfand. Zur Vorbereitung wurden keine Aufgaben gestellt. Die Abiturient:innen Ella, David, Konrad und Moritz (aGym2) hatten vor Beginn der schriftlichen Abiturprüfungen für insgesamt drei Doppelstunden Aufgaben bekommen, die sie schriftlich bearbeiten und abgeben mussten. Diese Aufgaben wurden montags per Mail sowie auf der schulischen (passwortgeschützen) Webpage zur Verfügung gestellt. Sie erhielten von ihrer Religionslehrerin ein schriftliches Feedback per Mail. Außerdem fand eine Doppelstunde per Videokonferenz statt, in der sie über einen (in asynchroner Einzelarbeit) gelesenen Text diskutierten. An einem anderen allgemeinbildenden Gymnasium (aGym3) bekam die Abiturientin Lena Aufgaben für eine Stunde zur Verfügung gestellt, die sie freiwillig hätte abgeben können. Eine Besprechung oder Feedback waren nicht vorgesehen. Die Zehntklässler:innen Romy, Anna und Lukas, die alle denselben Religionsunterrichtskurs an einem allgemeinbildenden Gymnasium (aGym2) im ländlichen Raum besuchen, bekamen wöchentlich Aufgaben, die sie schriftlich bearbeiten und abgeben mussten. Diese Aufgaben wurden per Mail und auf der schulischen (passwortgeschützen) Webpage zur Verfügung gestellt. Sie erhielten von ihrer Religionslehrerin ein schriftliches Feedback per Mail, es fanden keine Videokonferenzen statt. Kein Religionsunterricht fand für den Zehntklässler Frieder an einem allgemeinbildenden Gymnasium (aGym1) sowie für die beiden Zehntklässler:innen Greta (RS1) und Lina (RS2) an zwei unterschiedlichen Realschulen im ländlichen Raum während der Schulschließung statt. Die Religionslehrpersonen hatten weder Aufgaben zur Verfügung gestellt noch Kontakt zu ihnen aufgenommen.

3.2 Wahrnehmungen des digitalen Religionsunterrichts aus Perspektive der Lernenden

3.2.1. Wie wurde der Religionsunterricht didaktisch, methodisch und inhaltlich gestaltet?

Fand Religionsunterricht in Form synchroner *Videokonferenzen* statt, so dienten die Videokonferenzen mehrheitlich der Zusammenfassung jener Aufgaben, die die Schüler:innen „montags […] bekommen [hatten …] und während der Woche machen mussten" (Jonas, #00:00:40–3#). Unabhängig davon, ob sich die Schüler:innen mithilfe von Aufgaben auf die Videokonferenzen vorbereitet haben, berichten sie, dass in den Videokonferenzen keine Diskussionen stattgefunden haben. Dies erklären sie zum einen mit dem Verhalten der Lehrperson, die entweder einen sehr hohen Redeanteil hatte, weil sie „viel geredet" (Jakob, #00:00:40–7#) und „Frontalunterricht […] durchgezogen" (Jakob, #00:03:50–8#) hat oder der es nicht gelungen ist, Videokonferenzen methodisch-didaktisch so zu gestalten, dass es zu einem Austausch von Meinungen unter den Schüler:innen kam. Für Jakob ist „die Mitarbeit von den Schülern [im normalen Religionsunterricht] viel besser als in […] den Videokonferenzen", was vielleicht auch daran lag, dass „man […] im normalen Unterricht viel mehr Möglichkeiten" wie Gruppenarbeit habe als in Videokonferenzen (Jakob, #00:03:50–8#).

Die Schüler:innen erklären die Monotonie der Videokonferenzen aber auch mit ihrem eigenen Verhalten: Sie berichten, dass „da niemand redet" (Ella, #00:02:06–2#), „sich alle angeschwiegen haben" (Ella, #00:32:53–0#) und die „Schüler [...] immer still waren, [...] nur zugeschaut und zugehört haben" (Moritz, #00:16:58–1#). Da „dieses Online-Meeting [ein] bisschen distanzierter ist und man auch nicht so gut aufeinander eingehen [...] wie man es jetzt im Klassenzimmer" kann (David, #00:01:07–8#), „haben sich auch wenige Leute gemeldet und dann hat sie irgendwelche Leute aufgerufen" (Jakob, #00:00:40–7#). Die Schüler:innen „haben währenddessen irgendwas anderes gemacht [...]. Oder sich irgendwie gedrückt davor in Form von ‚Video ging nicht, Mikrofon ging nicht', [...] genau in dem Moment, wo sie aufgerufen worden sind, ging es dann plötzlich nicht mehr" (Jakob, #00:11:49–7#). Die Schüler:innen begründen das Verhalten ihrer Mitschüler:innen damit, dass die Videokonferenzen für sie ein „ungewohntes Umfeld gewesen" sind (David, #00:01:07–8#). Für sie war es „komischer [...], wenn man da [online] spricht, da hört einem so richtig jeder zu und es ist auch irgendwie unangenehm, sich irgendwie zu Wort zu melden. Weil im Unterricht kann man manchmal auch einfach so reden oder man sieht halt die anderen Leute, also man checkt dann schon, ok, die andere Person will gleich was sagen, aber im Online-Unterricht ist es so gewesen, dann redet man, dann fangen irgendwie drei Leute an gleichzeitig an zu reden und dann will gar niemand sprechen" (Ella, #00:04:59–7#). Die Schüler:innen problematisieren das Fehlen von *Diskussionen* im digitalen Religionsunterricht, „weil eben genau das gefehlt hat, was im normalen Reliunterricht wichtig ist. Dieser Kontakt zu der Lehrerin, zu den anderen Schülern und eben die Gespräche, die man zu den Themen führt" (Moritz, #00:13:28–3#; vgl. Anna, #00:00:52–7#).

Aus der Perspektive der befragten Schüler:innen hat die Religionslehrperson während des Fernunterrichts „versucht, möglichst gleich zu sein" (Jakob, #00:01:57–9#). Allerdings wurde dieser Versuch unterschiedlich bewertet: So hat Jonas die *Beziehung* zu ihr „wie immer" (Jonas, #00:01:57–3#) wahrgenommen, während andere Schüler:innen sie anders empfanden, was sie mehrheitlich strukturell erklären: Durch „die [digitalen] Kommunikationskanäle ist es schon eine andere Kommunikation" (Jonas, #00:01:57–3#), bei der „natürlich viel, viel weniger [...] rüber[kam]" (Konrad, #00:03:29–9). Für die Zehntklässlerin Anna war die Beziehung zur Religionslehrperson während der Fernlernzeit nicht vergleichbar im Sinne einer Andersartigkeit, sondern vielmehr nicht existent. Sie begründet das damit, dass sie sich „als Klasse und auch mit der Lehrerin ja richtig gut kennengelernt haben im Unterricht und auch eine persönliche Beziehung eben aufgebaut haben und wenn das fehlt und man nur die Aufgaben bekommt, [...] sind es halt Aufgaben, die man abarbeitet" (Anna, #00:06:26–8#), aber von einer Beziehung oder Unterricht kann ihres Erachtens dann nicht gesprochen werden. Obwohl sich für die Abiturientin Ella (#00:04:59–7#) die Religionslehrerin „nicht arg anders verhalten" hat, beschreibt sie die Beziehung während des Fernlernunterrichts als „distanzierter", weil „man sich halt nicht mehr so oft sieht" und es „irgendwie natürlicher [ist], mit Lehrern zu sprechen, wenn man in der Schule ist" als ihnen eine Mail zu schreiben (Ella, #00:10:08–3#). Ihres Erachtens führt die alltägliche Begegnung im Schulhaus dazu, dass man „sich halt öfters austauschen" kann (Ella, #00:10:08–3#). Übereinstimmend stellen die befragten Schüler:innen fest, dass das persönliche Gespräch als bedeutsames Element einer gelungenen Beziehung zwischen Lehrenden und Lernenden im digitalen Religionsunterricht gefehlt hat (vgl. Lukas, #00:02:35–7#; David, #00:02:50–9#; Jonas, #00:04:12–5#; Anna, #00:05:03–2#; Romy, #00:02:12–8#). Für Jakob (#00:08:31–3#) ist das fehlende persönliche Gespräch der Grund, weshalb die Beziehung zur Lehrperson „auf jeden Fall schwieriger" war. Zwei Schüler:innen berichten, dass sich die Religionslehrer:innen schriftlich nach dem persönlichen Wohlbefinden der Schüler:innen erkundigten: Die Schülerinnen haben es sehr geschätzt, dass die Religionslehrerin nachgefragt hat, „wie es einem selber geht" (Romy, #00:03:50–1#; vgl. Anna, #00:05:03–2#). Zwei Schüler hätten sich gewünscht, dass die Religionslehrperson häufiger den Kontakt zu ihnen sucht (David, #00:02:50–9#; Jakob, #00:02:40–0#).

Die befragten Schüler:innen haben mehrheitlich *Feedback* zu den schriftlichen Aufgaben erhalten, die sie per Mail abgegeben hatten (Romy, #00:03:50–1#; Moritz, #00:04:22–5#; Lukas, #00:05:05–1#; Jonas, #00:04:39–4#; Konrad, #00:04:52–6#; David, #00:09:19–2#; Anna, #00:03:38–7#). Das Feedback wurde regelmäßig, meist wöchentlich gegeben – analog zur Häufigkeit der gestellten Aufgaben. Diese regelmäßige Form der Rückmeldung scheint nicht in allen Fächern normal gewesen zu sein, wie Ella betont: Die Religionslehrerin habe ihr „öfters [Feedback] geschrieben als Lehrer, in deren Fächer ich Abi geschrieben habe" (Ella, #00:05:52–8#). Religionslehrer:innen gaben sowohl schriftlich als auch mündlich Feedback. Die mündliche Form des Feedbacks wurde als „relativ nah an dem, wie es im Unterricht wäre" empfunden (Konrad, #00:04:52–6#). Das schriftliche Feedback bewertet Jonas als „direkter [...] als im Präsenzunterricht", weil es im Hinblick auf den „Einzelschüler" spezifischer und persönlicher formuliert war (Jonas, #00:05:19–1#). Für David (#00:09:19–2#) war das Feedback „eher schlechter", was nicht an den Äußerungen der Lehrperson oder deren Form der Rückmeldung lag, sondern an seinen Leistungen, die im Unterschied zu seinen Leistungen im Religionsunterricht in Präsenz Anlass zu negativeren Rückmeldungen gegeben hatten. Übereinstimmend fanden es die Schüler:innen wichtig und gut, dass die Lehrenden Feedback gegeben haben: Zum einen aus dem Grund, dass die Schüler:innen an den Rückmeldungen spüren konnten, „dass sie sich mit [...] meinen Lösungen beschäftigt hat" (Lukas, #00:05:05–1#). Zum anderen aus dem Grund, dass sie kommentierte, „wie man es gemacht hat, was geht besser, was [...] jetzt nicht so optimal" war" (Jonas, #00:04:39–4#; vgl. Anna, #00:03:38–7#; David, #00:09:19–2#).

Für einige Schüler:innen waren die *Aufgaben* während der Fernlernzeit sehr klar formuliert (Konrad, #00:07:14–5#; Jonas, #00:05:52–9#; Ella, #00:08:58–0#; Anna, #00:04:08–5#). Zudem konnten die Schüler:innen, „wenn es Fragen gab, [...] nachfragen, auch vom Sinn der Aufgaben war es schon leicht ersichtlich und hat jetzt nicht wirklich zu Problemen geführt" (Jonas, #00:05:52–9#). Für zwei Schüler dagegen waren die Aufgaben zumindest manchmal missverständlich oder schwierig zu verstehen (vgl. Moritz, #00:04:11–1#; David, #00:11:02–3#). Interessanterweise hatten jene

Schüler:innen, denen die Aufgabe nicht klar waren, und jene Schüler:innen, denen die Aufgaben klar waren, dieselbe Religionslehrperson: Es scheint also andere Gründe gegeben zu haben, weshalb Ella und Konrad die Klarheit der Aufgaben bejahten, Moritz und David hingegen nicht. David vermutet, dass es „an [s]einer Mühe" lag (David, #00:11:02–3#), während es für Moritz schwierig war, „weil man eben nur Kontakt über Mail hatte" (Moritz, #00:04:11–1#) und nur in dieser Form nachfragen konnte. Die Schüler:innen bewerten die Aufgaben als asynchrone Elemente des digitalen Religionsunterrichts positiv, da sie ihnen eine zeitlich flexible Bearbeitung, „auch um 21 Uhr mal in meinem Bett" (Ella, #00:02:06–2#) ebenso wie eine intensive(re) Auseinandersetzung ermöglicht haben: So schätzt Konrad (#00:02:24–1#) es, „Zeit zu haben, auch wirklich zu recherchieren, [...] Sachen nachzuschauen und [...] sauber dann auch auszuformulieren". Am Beispiel der selbstständigen, kreativen Auseinandersetzung mit einem Logbuch zum Zusammenhang von Nachhaltigkeit und Digitalisierung würdigt Anna es sehr, dass sie sich über einen Zeitraum von drei Wochen mit Inhalten in einer Form beschäftigen konnte, die „im normalen Reliunterricht nicht" möglich gewesen wäre (Anna, #00:13:42–6#).

3.2.2. Wie bewerten die Lernenden den „digitalen" Religionsunterricht?

Die Bewertung des digitalen Religionsunterrichts während der Covid-19-bedingten Schulschließung fiel unterschiedlich aus. Als angemessen nehmen die Schüler:innen die *Häufigkeit* des Unterrichts wahr, vor allem jene, die vor Abschlussprüfungen standen (Konrad, #00:07:01–3#; Greta, #00:13:11–2#; Lina, #00:00:56–7#). Dezidiert war Frieder froh, dass er keinen Religionsunterricht hatte, denn „bei dem Lehrer ist es jetzt auch nicht so wichtig" (Frieder, #00:01:02–5#).

Mehrheitlich bedauerten die Lernenden, dass kein Religionsunterricht in Präsenzform stattgefunden hat. Für David ist dies deshalb bedauerlich, weil er die neuen Lernumstände herausfordernd fand, aber auch weil die „Einflüsse, die jetzt nicht zur Schule zählen, die einen bedrückt und belastet haben, [...] das Lernen nicht so einfach gemacht haben" (David, #00:10:16–3#). Deshalb bewertet er es als positiv, dass Religionsunterricht im digitalen Format stattfand, weil er ihm die Möglichkeit bot, die Corona-Situation zu reflektieren: „Sich durch andere Impulse mit der Situation auseinanderzusetzen und das aus einer anderen Perspektive zu betrachten [...], hat sehr viel geholfen (David, #00:11:38–9#). Auch Anna (#00:18:54–8#) fand „Religion vor allem jetzt in der Zeit [...] sehr wichtig": Sie empfindet es als positiv, dass sie im Rahmen des digitalen Religionsunterrichts „das Corona-Problem ethisch oder literarisch, aber auch in Form eines Dankbarkeitstagebuchs von einer anderen Seite nochmal an[ge]schaut" hat (Anna, #00:18:54–8#). Negativ am Religionsunterricht im digitalen Format bewertet ein Schüler das Fehlen des „Gemeinschaftsgefühls", des „Unterrichtsgefühls", weshalb man „sich nicht so wohl gefühlt hat wie normalerweise" (David, #00:01:47–1#).

Die *Motivation* sowohl zur Mitarbeit in den Videokonferenzen als auch zur (asynchronen, selbstregulierten) Aufgabenbearbeitung wird von den Schüler:innen als ein bedeutsamer Aspekt beschrieben, der in seiner Bewertung allerdings stark variiert. Zwei Schüler:innen berichten, dass sie ihre Aufgaben diszipliniert bearbeitet und abgegeben haben (David, #00:13:03–3#; Romy, #00:04:24–7#), während andere „nur die Aufgaben gemacht [haben], die bewertet wurden" (Ella, #00:08:51–1#). Für Lukas (#00:00:50–2#) war es besonders schwer, sich zu motivieren, da „niemand dahinter sitzt". Dass „keiner [...] die Aufgabe am Ende gemacht hat" begründet Lena mit der Freiwilligkeit der Aufgaben: „Weil sie nicht verpflichtend waren, [...] war es halt irgendwie so wischiwaschi" (Lena, #00:01:37–5#). Als motivierend für die Bearbeitung der Aufgaben empfindet Moritz die Videokonferenzen: „Letztendlich hat man ja auch dadurch eine Motivation gehabt, dass man die Aufgaben erledigt hat und sich später in den Meetings auch einbringen konnte" (David, #00:13:03–3#).

Als strukturelle Probleme des digitalen Religionsunterrichts, teilweise auch des Fernunterrichts allgemein, beschreiben die Schüler:innen die *Kommunikation* mit der Lehrperson und die Herausforderungen des Homeoffice. Als beschwerlich fanden zwei Schüler den großen Kommunikations-„Aufwand", angesichts des für sie (und ihre Generation) ungewohnten Kommunikationsweges per Mail, um in Kontakt mit der Lehreperson zu treten, weshalb sie oftmals darauf verzichteten und „Freunde gefragt" oder Aufgaben „eben so interpretiert" (Lukas, #00:07:33–4#) und geschaut haben, „ob es so halbwegs richtig ist" (Jonas, #00:01:32–4#). Lukas beschreibt als Problem, dass es ihm nicht gelungen ist, zwischen Privat- und Schulleben zu trennen: „Ich saß halt die meiste Zeit am Schreibtisch und [habe] meine Aufgaben gemacht. Aber an dem Schreibtisch habe ich auch irgendwann angefangen zu essen und halt [...] zu leben" (Lukas, #00:07:03–9#). Auch David beschreibt die Herausforderungen als problematisch: „Am Anfang fand ich's schwer, weil man so plötzlich auf sich allein gestellt war [...], es war auch unterschiedlich, weil man halt von einigen Lehrern komplett allein gelassen wurde" (David, #00:10:16–3#).

3.2.3. Welche Ideen formulieren Schüler:innen für einen digitalen Religionsunterricht?

Fast alle Schüler:innen formulierten konkrete Impulse für die didaktische Gestaltung eines digitalen Religionsunterrichts. Lernprozesse im Religionsunterricht in digitaler Form können aus Perspektive dann gelingen, wenn die Lehrperson bereit ist, „auch mal neue *Methoden* anzuwenden" (David, #00:30:09–1#). Die Lernenden nennen eine Kombination von Videokonferenzen, Textarbeit, Diskussionen, Gruppenarbeit sowie „Videos [...], die der Lehrer erstellt, dass die Schüler was Visuelles haben und was Persönliches" (David, #00:31:06–4#; vgl. Konrad, #00:25:40–2#; Anna, #00:10:11–05#). Die befragten Schüler:innen bewerten „Reliunterricht, der nur Aufgaben [beinhaltet], die man per Mail zugesendet bekommt" als schwierig (Moritz, #00:16:58–1#), weswegen Videokonferenzen als sinnvoll erachtet werden. Allerdings sind *Videokonferenzen* nur unter bestimmten Voraussetzungen sinnvoll: Erstens sollte die Lehrperson „vor allem motiviert sein [...], weil wenn die Lehrer nicht motiviert für Videokonferenzen sind, dann macht das natürlich den Schülern auch keinen Spaß" (Anna, #00:10:11–05#). Zweitens muss schulisch-strukturell dafür Sorge getragen werden, dass Videokonferenzen für die Lernenden zeitlich möglich sind. Ella schlägt ein Konzept „mit Online-Stundenplänen [vor], dass man halt auch wirklich weiß, wann save Online-Unterricht ist" (Ella, #00:31:00–3#), damit sich Videokonferenzen nicht überschneiden oder zu zahlreich sind (Anna, #00:02:00–0#). Drittens müssen schulische Akteur:innen dafür sorgen, dass Lernende über die technischen Voraussetzungen verfügen, um an Videokonferenzen teilnehmen zu können. Dabei müssen Hardware-Probleme, wie ein „schlechtes Mikrofon [...] oder eine schlechte Verbindung" (Lukas, #00:24:46–5#), gelöst sowie Software-Lösungen (Plattformen oder Meeting-Programme) gefunden werden, „die für alle gut funktionieren und [...] alle benutzen können" (David, #00:31:06–4#). Aus Sicht der Lernenden ist es wichtig, „genug Zeit auf[zu]wenden, um [...] sicherzustellen, dass jeder Schüler gleich teilnehmen kann, also dass nicht irgendjemand da außen vor bleibt [...] und auch die Möglichkeit hat teilzunehmen" (David, #00:31:06–4#). Viertens sind für die befragten Schüler:innen Videokonferenzen nur dann sinnvoll, wenn sie didaktisch abwechslungsreich gestaltet sind und man „nicht immer nur irgendwelche Aufgaben bespricht" (Anna, #00:10:11–05#). Vor dem Hintergrund ihrer Erfahrungen beurteilen es die Schüler:innen als bedeutsam, dass „man bei diesen Videokonferenzen versuchen muss, die Schüler miteinzubeziehen" (Moritz, #00:16:58–1#) und sich die Lehrperson „einfach ein System überlegt, wie man sich meldet" (Ella, #00:32:53–0#) oder wie alle dran kommen (Jakob, #00:12:41–6#). Indem sich David für die didaktische Gestaltung des Online-Unterrichts wünscht, dass „die Schüler viel nach *Feedback*" gefragt werden (David, #00:30:09–1#), betont er, dass Lernende seines Erachtens als Expert:innen ihres Lernens begriffen werden können, indem auch sie Impulse für die Gestaltung von digitalen Lernsettings formulieren können.

Von den Lernenden werden auch asynchrone *Aufgaben* als Teil des digitalen Religionsunterrichts gewünscht. Allerdings ist auch ihre didaktische Sinnhaftigkeit an Voraussetzungen gebunden: Die Schüler:innen wünschen sich, dass sie die Aufgabenbearbeitung eigenständig planen und in ihr Wochenarbeitspensum integrieren können. Zu diesem Zweck müssen Lehrende den Schüler:innen „montags die Aufgaben" zur Verfügung stellen, damit „man auch am Anfang der Woche planen kann, wann man was macht" (Jonas, #00:20:08–6#). Hilfreich finden sie außerdem eine Varianz in der Bearbeitung der Aufgaben: So schlägt Lukas vor, Aufgaben als „multiple choice oder [ein] bisschen spielerisch [zu] gestalten, [...] oder [dass man] Aufgaben direkt auf diesem Arbeitsblatt ausfüllen kann, was man geschickt bekommt, weil das [...] deutlich einfacher ist und Zeit spart" (Lukas, #00:24:15–2#). Vor allem aber sollen Lehrende solche Inhalte bearbeiten lassen, die „den Schülern auch am Herzen" liegen (David, #00:30:09–1#) und die „auf jeden Fall einen Reiz bieten, [...] [weil es] die Schüler interessiert und was sie vielleicht aktuell sehen, worin es irgendwie ein Problem gibt oder was praktisch wirklich gerade passt" (Konrad, #00:25:40–2#). Die Schüler:innen halten also sowohl die Subjektorientierung und Lebensweltrelevanz als auch die Planbarkeit der Aufgaben für bedeutsam.

Großen Optimierungsbedarf sehen die befragten Schüler:innen in der *zeitnahen Kommunikation mit Religionslehrenden.* Während der Schulschließung von März bis Juni 2020 ist „eigentlich alles über Mail gelaufen", was eine zeitnahe Beantwortung einer kurzen Verständnisfrage aus Perspektive der Lernenden erheblich erschwert hat. Jonas schlägt vor, einen „Messenger [zu nutzen], dass man die Lehrer halt auch kurzfristig erreichen [...] und Fragen stellen kann [...] und dann die Antwort bekommt, wie es gemeint ist und es dann einfach in einem Block erledigen kann und nicht nochmal auf die Antwort warten muss" (Jonas, #00:20:08–6#). Romy hält es für sinnvoll, dass man sich „in allen Fächern vielleicht einmal im Monat zehn Minuten [...] in irgendeinem Online-Meeting trifft und kurz austauscht, wenn es irgendwelche Fragen oder Probleme gab, dass da irgendwie noch Rückmeldungen ausgetaucht werden" (Romy, #00:21:21–0#). Da es sich bei Romy um eine Gymnasiastin der 10. Klasse handelt, deren Religionslehrerin wöchentlich Aufgaben zur Verfügung stellte und in regelmäßigem Mailkontakt mit der Schülerin stand, aber keine Videokonferenz anbot, ist entweder zu vermuten, dass sich Romy Videokonferenzen in Religion gewünscht hätte oder aber dass die Zeitangabe *einmal im Monat* all jene Fachlehrer:innen betrifft, die weniger Kontakt zu Romy gesucht haben als es im Fach Religion der Fall war.

Klärungsbedarf sehen die beiden Abiturient:innen Ella und Konrad hinsichtlich des verbindlichen Charakters des Online-Unterrichts. Ella beobachtet, dass „manche [...] ja [...] nicht zum Online-Unterricht [kommen], weil das halt auch nicht so ernst war" und fragt weiter, ob es denn rechtlich möglich sei, „Menschen dazu [zu] zwingen [...], ihren Bildschirm anzumachen (Ella, #00:32:53–0#). Konrad problematisiert die vom Land Baden-Württemberg im März 2020 getroffene Entscheidung, dass Leistungen, die von Lernenden während der Schulschließung angefertigt wurden, nicht benotet werden durften. Seines Erachtens „sollte [es] auf jeden Fall immer *möglich* sein, sie zu benoten" (Konrad, #00:26:48–3#). Gleichzeitig sieht er das Problem der Bildungsteilhabe, wenn er weiter ausführt: „Im Digitalen finde ich es schwierig, wenn man sagt, sie *müssen* benotet werden, weil ich denke, dazu ist da einfach die Chancen- und [...] Startgleichheit bei jedem im Digitalen noch weniger gegeben, als im Präsenzunterricht sowieso schon" (Konrad, #00:26:48–3#).

3.2.4. Wann lernen Schüler:innen? Wie muss Religionsunterricht gestaltet werden, dass aus der Perspektive von Schüler:innen Lernprozesse gelingen?

Im Rahmen der Interviews wurden die Schüler:innen auch dazu befragt, wann sie im Religionsunterricht Lernprozesse als gelungen bewerten, weil sie durch sie einen (subjektiv wahrgenommenen) Lernzuwachs hatten.

Die befragten Schüler:innen nennen als Voraussetzung gelingender Lernprozesse das Kriterium der *Schüler:innenorientierung.* Damit beschreiben sie zweierlei: Erstens, dass die Lehrperson es schafft, in der didaktischen Gestaltung des Unterrichts „auf die Bedürfnisse der Schüler ein[zu]geh[en]" (David, #00:29:06–1#), mit dem Ziel, den Unterricht spannend, anregend, interessant und vielseitig zu gestalten, sodass der Religionsunterricht Spaß macht (vgl. Jakob, #00:25:28–2#; Lena, #00:25:42–8#; Moritz, #00:15:38–6#). David (#00:29:06–1#) präzisiert, was er darunter versteht, den Unterricht spannend zu gestalten: „Nicht spannend, was [die Lehrperson] für spannend hält, sondern was seine Schüler spannend finden" (David, #00:29:06–1#). Die befragten Schüler:innen verwenden „Spaß machen" synonym mit einer guten Lernatmosphäre: „Spaß haben im Unterricht, dass eben auch die Atmosphäre stimmt" (Lena, #00:25:42–8#). Diese Lernatmosphäre ist elementar für ihr Lernen im Religionsunterricht (Konrad, #00:08:03–8#; Lena, #00:10:08–2#; Anna, #00:16:00–4#).

Zweitens beschreibt das Kriterium der Schüler:innenorientierung auch die für sie lebensrelevante Auswahl und Aufbereitung der Unterrichtsthemen. Können die Schüler:innen aus den Unterrichtsthemen Erkenntnisse für ihr eigenes Leben gewinnen, so beschreiben sie ihren Lernzuwachs als sehr hoch: „Mein Lernzuwachs im Religionsunterricht war bestimmt immer dann am höchsten, wenn [...] ich nach der Stunde gedacht habe, jetzt habe ich was gelernt, was ich konkret auf ein politisches oder ein gesellschaftliches Phänomen, das ich selbst zur heutigen Zeit erleben kann" anwenden kann (Konrad, #00:21:38–4#). Die Lernenden betonen, dass sie dann am meisten im Unterricht lernen, wenn sie die Inhalte als für ihr Leben relevant empfinden (Lukas, #00:12:34–2#; Lina, #00:18:12–1#; David, #00:29:06–1#; Lena, #00:10:08–2#): „Ich muss einen Sinn darin sehen, was ich lerne" (Konrad, #00:20:46–6#). Die Unterrichtsthemen „sollten immer irgendwie eine Aktualität und eine politische [...] oder gesellschaftliche [...] Dimension [...] haben" und die Möglichkeit zur wissenschaftlichen Reflexion bieten (Konrad, #00:24:14–7#) oder „was Spannendes, was Neues, [...] das so anregend [ist], dass man sich nach der Stunde noch mit dem Thema beschäftigt und [...] drüber nachdenkt" (Lena, #00:25:42–8#; David, #00:25:29–6#) oder zu Hause daran weiterarbeitet (Lina, #00:10:32–1#). Lehrende „können die blödesten Aufgaben schön verpacken, sodass die Schüler Lust darauf haben" (Anna, #00:17:44–9#; vgl. Lukas, #00:13:35–6#; Greta, #00:06:23–9#).

Um im Religionsunterricht etwas für sich zu lernen, ist es für die Schüler:innen zum einen wichtig, dass die Lehrperson „die Schüler miteinbezieht [und] die Schüler viel selbstständig arbeiten lässt" (Moritz, #00:15:38–6#; vgl. Ella, #00:24:14–1#), zum anderen, dass sie mit ihren Mitschüler:innen kooperieren und sich austauschen können. Für die Schüler:innen stellen die Diskussionen das Kernelement des Religionsunterrichts dar, wenn sie konstatieren, dass Religionsunterricht ohne Diskussionen „halt kein richtiger Unterricht" ist (Ella, #00:01:21–7#; vgl. Lukas, #00:17:38–8#; Moritz, #00:13:28–3#; Anna, #00:00:52–7#). Für sie bedeutet Religionsunterricht, „sich Sachen zusammen [zu] erarbeiten" (Ella, #00:01:21–7#), der Austausch von Meinungen und „Ideen von anderen Menschen" (Konrad, #00:22:41–2#; vgl. Romy, #00:01:01–9#; Jonas, #00:01:32–4#). Dass Diskussionen und andere Möglichkeiten des kollaborativen oder kooperativen Lernens die Voraussetzung für gelingende Lernprozesse darstellen, kann durch zwei Aussagen unterstrichen werden: So empfindet Konrad (#00:20:46–6#) es für sein Lernen im Religionsunterricht als hilfreich, „dass andere das Gleiche lernen wollen und dass das tatsächlich ein Miteinanderlernen ist", während es für Romy (#00:05:59–7#) ohne Diskussionen „nicht so verfestigt im Kopf" ist.

Weiter bewerten die Schüler:innen Formen der *Unterstützung* durch die Religionslehrperson für ihren Lernzuwachs als relevant: Als hilfreich nehmen sie zum einen Feedback wahr, wenn es im direkten Gespräch (Konrad, #00:06:12–3#) als „richtig tiefgehendes Feedback" (Konrad, #00:22:41–2#) stattfindet und wenn die Lernenden durch eine präzise und zielorientierte Rückmeldung klar erkennen können, „wie man steht im Unterricht, ob man mehr machen muss" (Moritz, #00:05:06–1#; vgl. Lukas, #00:06:06–0#). Weiter wird auch die Klarheit der Aufgabenstellung als relevanter Faktor für den eigenen Lernzuwachs bewertet: So findet Moritz es wichtig zu wissen, „ob es jetzt richtig ist oder ob man nicht doch was Unnötiges macht, was gar nicht die Aufgabe ist", weil er „diese Sicherheit braucht […], um wirklich mit hundert Prozent […] dabei zu sein und […] was davon mitzunehmen" (Moritz, #00:05:59–2#). Hingegen findet es Konrad (#00:08:03–8#) „natürlich wichtig, dass man eine Aufgabe hat und weiß, wie man die angehen muss", aber er bewertet die Klarheit der Aufgabenstellung für seinen persönlichen Lernertrag als „nicht so wichtig wie eine gute Lernatmosphäre […] und eine gute Diskussion". Schließlich geben die Schüler:innen an, dann etwas zu lernen, wenn die Lehrperson „als Unterstützung dabei ist und […] und […] zur Seite steht" (Moritz, #00:15:38–6#; vgl. Ella, #00:24:14–1#).

Als elementar für ihren Lernzuwachs bewerten die Lernenden ihre *eigene Motivation und Arbeitshaltung:* Die Schüler:innen differenzieren zwischen Eigenmotivation und extrinsischer Motivation durch Noten, die mit zunehmendem Alter auch zu intrinsischer Motivation werden kann. So stellen sie fest, dass je älter sie werden „die Leistung [wichtiger wird], die man selber erreichen will" (David, #00:20:04–8#), „um halt persönliche Ziele zu erreichen, nicht nur für das spätere Leben, sondern vielleicht auch für Alltagssituation […] und mehr Erfahrungen zu gewinnen (Romy, #00:11:27–7#; vgl. Lena, #00:10:08–2#; Anna, #00:16:00–4#). Vor allem jene Schüler:innen, die ein Gymnasium besuchen (und in der Regel älter sind als die befragten Realschüler:innen) geben an, dass sie für sich, für ihr Wissen und nicht (nur) für die Noten oder für die Lehrperson lernen (Lukas, #00:12:34–2#; Moritz, #00:09:09–3#; Jakob, #00:25:28–2#; David, #00:20:04–8#; Frieder, #00:15:06–4#). Dennoch ist die Motivation von Schüler:innen und ihr Engagement im Unterricht eben auch von Noten beeinflusst: So melden sich Schüler:innen im Unterricht gezielt und/oder regelmäßig, um eine gute Note zu bekommen (Lina, #00:18:12–1#; Lukas, #00:06:06–0#), „dass ich da halt auch gut zweistellig mitnehmen kann, so für meinen Abischnitt" (Ella, #00:24:14–1#) und weil „ich Reli auch […] etwas leichter empfand als jetzt ein anderes Fach" (Greta, #00:11:00–8#). Außerdem spielt es für gelingende Lernprozesse eine entscheidende Rolle, wie wichtig die Schüler:innen das Fach für sich erachten: Lernen „hängt auch […] von der Wichtigkeit des Faches ab. Wenn ich jetzt zum Beispiel ein Fach habe, das […] ich […] im Abitur nicht habe, dann lerne ich dafür auch weniger" (Lukas, #00:11:46–8#; vgl. Romy, #00:12:27–8#).

Die Interaktion zwischen Lehrenden und Lernenden wird für den Lernzuwachs von den Schüler:innen als wichtig bis sehr wichtig eingeschätzt. Sie begründen dies zum einen damit, dass die *Beziehung zwischen Lehrenden und Lernenden* die Grundlage für die Motivation der Schüler:innen zur Mitarbeit im Unterricht ist. So macht es mit „einem netten Lehrer […], mit dem ich mich gut verstehe, […] mehr Spaß zu lernen“ (Lukas, #00:11:46–8#; vgl. Moritz, #00:09:09–3#). Wenn Lena „mit dem Lehrer auskomm[t], dann […] gehe ich da auch gleich viel motivierter in den Unterricht rein und habe dann auch viel mehr Lust […] richtig mitzuarbeiten und […] gute Arbeit abzuliefern“ (Lena, #00:10:36–0#; vgl. Jakob, #00:19:47–9#; Jonas, #00:15:40–8#). Ist die Beziehung zur Lehrperson gut, so konzentrieren sich die Lernenden „viel besser […] und [betreiben] viel mehr Aufwand für den Unterricht an sich […] und dementsprechend ist natürlich auch der Lernzuwachs größer“ (Moritz, #00:08:50–0#; vgl. Jonas, #00:12:03–1#). Für die Lernenden resultiert aus ihrem Engagement im Unterricht ein höherer Lernzuwachs. Umgekehrt stellt Jonas (#00:11:40–1#) fest, dass er bei Lehrenden, mit denen er „nicht klarkomm[t], weil sie sich halt nicht kooperativ verhalten, beziehungsweise ihren Unterricht durchziehen wollen“, weniger im Unterricht lernt. Eine als sehr negativ eingeschätzte Beziehung hat sogar zur Folge, dass Frieder für sich entschied, „dass ich das halt auch nicht lernen wollte, was er uns gesagt hat“ (Frieder, #00:25:23–5#). Gelingt es Lehrenden also, eine gute Beziehung zu den Lernenden aufzubauen, so sind die Schüler:innen bereit, sich am Unterricht zu beteiligen, was sogar dazu führen kann, „dass du richtig dumme Sachen lernen musstest, aber den Lehrer so gemocht hast, dass du halt trotzdem gelernt hast“ (Lina, #00:12:58–7#). Die befragten Schüler:innen bewerten die Lehrenden-Lernenden-Beziehung als motivationales Anfangsmoment für ihren Lernzuwachs: Als jüngere Schüler:innen lernten sie „eher für den Lehrer“ (Frieder, #00:15:06–4#), denn „bei Lehrern, die ich mochte, da wollte ich was machen, […] wenn man ein gutes Verhältnis hat, macht man auch für den Lehrer […] lieber was“ (David, #00:20:04–8#; vgl. Frieder, #00:15:06–4#). Differenziert bewerten die Lernenden die Art des Lernens, die mit der Qualität der Lehrenden-Lernenden-Beziehung korreliert: „Bei einer guten Beziehung ist es eher so ein dauerhaftes Lernen, dass ich schon im Unterricht die Zusammenhänge verstehe, […] eher ein nachhaltigeres Lernen“ (Jonas, #00:16:31–9#; vgl. Romy, #00:17:02–1#; vgl. Lena, #00:19:00–4#). Bei einer schlechten Beziehung „wäre [es] eher so ein Bulimielernen“ (Jonas, #00:16:31–9#).

Die Bedeutung der Beziehung zwischen Lehrenden und Lernenden wird im Fach Religion von den Schüler:innen für ihren Lernzuwachs eindeutig höher als in anderen Fächern bewertet, „weil eben im Reliunterricht […] mehr geredet […] als jetzt still gelernt wird, ist es auf jeden Fall wichtig, dass man eine gute Beziehung zwischen Schüler und Lehrer hat, weil sonst hat der Schüler auch nicht wirklich Lust mit dem Lehrer zu reden“ (Lukas, #00:16:07–9#). David bestätigt ebenfalls, dass

> „das Entscheidende am Religionsunterricht […] gar nicht die Klausuren [sind], wo man was wissen und abspulen muss, sondern die Motivation teilzuhaben und sich auch einzulassen und dann was Persönliches mitzunehmen aus dem Unterricht […]. Und wenn man eine gute Beziehung hat zu dem Lehrer, dann bleibt es einem auch ganz anders im Kopf und man ist offener und setzt sich dann vielleicht auch außerhalb des Unterrichts damit auseinander“ (David, #00:25:29–6#).

Drei Schüler bewerten die *Fachkompetenz der Lehrperson* als Voraussetzung für gelingende Lernprozesse. So findet Moritz (#00:10:06–2#) „die Fachkompetenz [...] sehr wichtig, weil man als Schüler merkt [...], ob der Lehrer von dem, was er spricht eine Ahnung hat oder nicht und wenn er merkt [...], der kennt sich da jetzt auch nicht so aus, in dem was er uns beibringen will, dann ist die Aufmerksamkeit auch nicht mehr so da und dann hört man ihm auch nicht mehr so zu". Für Jonas ist die Fachkompetenz die Voraussetzung für die Fähigkeit der Lehrperson, (unvorhergesehen) auftretende theologische Fragen im Unterricht „zu erörtern", zu „erklären" und so „einen interessanten Unterricht" zu gestalten (Jonas, #00:14:15–1#; vgl. Greta, #00:06:23–9#). Konrad betont, dass die Lehrperson „fähig sein [muss], auch tastsächlich fachlichen Input liefern zu können, im Sinne von Quellen oder Texten, die praktisch über das, jetzt ganz primitiv gesagt, was in der Bibel steht hinausgehen und [...] einen wissenschaftlichen Flair reinbringen können" sollte (Konrad, #00:24:14–7#).

Lernen wird aus Perspektive der Lernenden im digitalen Religionsunterricht also ermöglicht, wenn Kriterien der Unterrichtsgestaltung verwirklicht werden, die sich mit den Stichworten Schüler:innenorientierung, kognitive Aktivierung, konstruktive Unterstützung (Klarheit, formatives Feedback), eigene Motivation und Arbeits-/Lernhaltung, Beziehung und Interaktion zwischen Lehrenden und Lernenden sowie Fachkompetenz der Lehrperson zusammenfassen lassen. Allerdings beeinflussen diese Faktoren ihren Lernzuwachs im Religionsunterricht nach Angaben der Befragten in unterschiedlicher Intensität.

3.2.5. Digitaler Religionsunterricht und Religionsunterricht in Präsenz – ein Vergleich

Im Folgenden werden die Erfahrungen der Schüler:innen im digitalen Religionsunterricht während der ersten Schulschließung und ihre Wahrnehmungen, wie Lernen im Religionsunterricht in Präsenz gelingen kann, miteinander in Beziehung gesetzt. Dabei soll aus den Erfahrungen im „digitalen" Religionsunterricht während der Schulschließung und ihren Einschätzungen, wann sie im „analogen" Religionsunterricht lernen können/wollen, geschlossen und als Thesen formuliert werden, wie aus Perspektive der Schüler:innen Lernen im digitalen Religionsunterricht gelingen kann. Grundlegend soll die Frage beantwortet werden: Welche Impulse lassen sich aus den Wahrnehmungen und Erfahrungen der Lernenden im digitalen Religionsunterricht und im Religionsunterricht in Präsenz für gelingende Lernprozesse im digitalen Religionsunterricht formulieren?

Fand Religionsunterricht während der Schulschließung statt, so wurde dieser mit asynchronen und/oder synchronen Elementen gestaltet. Synchrone Videokonferenzen wurden aufgrund ihrer didaktischen Gestaltung von den Schüler:innen als wenig anregend zur aktiven Mitarbeit empfunden, weil sie wenig bis keine Partizipation ermöglichten. Den im Religionsunterricht besonders als relevant empfundenen Diskussionen, dem gemeinsamen (Er-)Arbeiten und dem Austausch von Meinungen wurde kein bzw. kaum Raum gegeben. Videokonferenzen wurden mehrheitlich als

Frontalunterricht wahrgenommen, in dem die Lehrperson einen großen (oder alleinigen) Redeanteil hatte.

Die Bewertung der synchronen Aufgaben hängt eng mit der Klarheit der Aufgabenstellung zusammen: Während einige Schüler:innen Probleme hatten, zu verstehen, was sie tun sollten, war es für andere (auch aus derselben Lerngruppe) leicht ersichtlich. Bei Verständnisfragen wurde die Nachfrage per Mail als problematisch bewertet, weil sie für die Schüler:innen eine ungewohnte und zeitaufwändige Kommunikationsform darstellt und ihnen die ausbleibende zeitnahe Reaktion der Lehrperson den Arbeitsfluss erschwerte. Einige Schüler:innen bewerten die Aufgaben als positiv, da sie ihnen eine zeitlich flexible und selbstständige Auseinandersetzung mit einem Thema ermöglicht, das inhaltlich und von der Intensität her im Unterschied zum Religionsunterricht in Präsenz hervorgehoben wird.

Unterschiedlich wird die Beziehungsgestaltung der Religionslehrperson zu ihren Schüler:innen wahrgenommen. Für einige war sie identisch zum Religionsunterricht in Präsenz, für andere durch die Kommunikationsformen schwieriger oder aufgrund der fehlenden alltäglichen Begegnungen im Schulhaus distanzierter, für andere schließlich nicht existent, weil kein Unterricht stattfand (und die Lehrperson keinen Kontakt zu den Schüler:innen suchte) oder der Fernunterricht nicht als Unterricht empfunden wurde, weil er nur mit asynchronen Elementen (Aufgaben) gestaltet wurde. Übereinstimmend stellen die befragten Schüler:innen fest, dass das persönliche Gespräch als bedeutsames Element einer gelungenen Beziehung zwischen Lehrenden und Lernenden gefehlt hat, was auch in den Videokonferenzen nicht stattfinden konnte. Sehr geschätzt wurde die (schriftliche) Nachfrage der Religionslehrerin nach dem persönlichen Wohlbefinden der Schüler:innen. Wie wichtig die individuelle Wahrnehmung des Einzelnen durch die Lehrperson ist, zeigen auch Äußerungen zum Feedback, das die Lehrperson gab: Positiv wird das Feedback dann bewertet, wenn es im Hinblick auf die Leistungen der:s Einzelnen spezifisch und persönlich formuliert war und die Schüler:innen an den Rückmeldungen spüren konnten, dass sich die Lehrperson mit ihren eingereichten Aufgaben inhaltlich beschäftigt hatte. Übereinstimmend fanden es die Schüler:innen wichtig und gut, dass die Lehrenden formatives Feedback als Form der konstruktiven Unterstützung gaben – besonders deshalb, weil die regelmäßige Form der Rückmeldung nicht in allen Fächern normal gewesen zu sein scheint.

Mehrheitlich bedauerten die Lernenden, dass kein Religionsunterricht in Präsenzform stattgefunden hat und schätzen es deshalb (sehr), dass Religionsunterricht im digitalen Format angeboten wurde, weil er die Möglichkeit bot, sowohl die Corona-Situation als auch andere Themen aus anderen Perspektiven zu reflektieren und neue Impulse zu erhalten. Aus den Äußerungen der Schüler:innen kann geschlossen werden, dass Religionsunterricht für sie wichtig ist. Die multiperspektivische Bearbeitung von gesellschaftlichen, aber auch als persönlich-existenziell empfundenen Herausforderungen braucht im schulischen Kontext einen Raum, den der Religionsunterricht ihres Erachtens bereitstellt. Negativ am Religionsunterricht im digitalen Format bewerten die Schüler:innen das Fehlen des Gemeinschaftsgefühls, das sie im Religionsunterricht in Präsenz wahrnehmen.

Als problematisch am Fernunterricht beschreiben die Schüler:innen ihre Homeoffice-Situation sowie ihre Motivation. Die (ungewohnte) Erfordernis der Selbstregulation und -organisation und der Trennung zwischen Freizeit und Arbeitszeit stellte für einige Schüler:innen eine besondere und nicht zu bewältigende Herausforderung dar. Während einige motiviert waren, um eigenständig und diszipliniert ihre Aufgaben zu bearbeiten, berichten andere, dass sie nur die Aufgaben gemacht haben, die bewertet oder in der Videokonferenz besprochen wurden. Wieder andere machten keine Aufgaben – vor allem dann, als die Aufgaben von den Schüler:innen als freiwillig wahrgenommen wurden, weil das Land Baden-Württemberg im Frühjahr 2020 verfügt hatte, dass Schüler:innenleistungen im Fernunterricht nicht benotet werden dürften. Diese vom Land verfügte Entscheidung, die allen eine Teilhabe an Bildung ermöglichen und nicht aufgrund fehlender familialer Unterstützung mit schlechten Zensuren verwehren sollte, kann aus Sicht der Schüler:innen dahingehend gewertet werden, dass sie Noten als zur systemimmanenten Konditionierung von Schule gehörend empfinden. Die Aussagen weisen darauf hin, dass Lernende nicht ohne Notendruck innerhalb weniger Wochen zu einer intrinsischen Motivation finden (und Lehrende zu einer darauf abzielenden Didaktik innerhalb dieser Zeitspanne in der Lage sind).

Für die didaktische Gestaltung eines digitalen Religionsunterrichts formulieren die Schüler:innen konkrete Impulse: Lernende möchten als Expert:innen ihres Lernens begriffen und zur Weiterentwicklung von (digitalem) Religionsunterricht nach Feedback gefragt werden. Sie wünschen sich eine Kombination von asynchronen Elementen wie Lern- bzw. Erklärvideos, Textarbeit und Aufgaben und synchronen Elementen, wie Videokonferenzen, Diskussionen und Gruppenarbeit. Damit betonen sie, dass Religionsunterricht, der digital und nicht in Präsenz stattfindet, didaktisch sorgfältig geplant sein muss. Die Vielfalt und Varianz an Methoden und Sozialformen, aber auch die Lebensweltrelevanz und Subjektorientierung der Inhalte muss die aktiven Lernprozesse aller Religionsschüler:innen ermöglichen und evozieren. Die Schüler:innen betonen die sorgfältige didaktische Planung vornehmlich im Hinblick auf die Videokonferenzen, damit alle Lernenden mitarbeiten können und wollen. Besonders Diskussionen bewerten Schüler:innen als zentrales Element in Videokonferenzen. Die Schüler:innen weisen außerdem darauf hin, dass die didaktische Gestaltung (Sinnhaftigkeit, Lebensweltrelevanz, Klarheit, aber auch methodische Bearbeitungsvarianz) von Aufgaben ausdrücklich bedacht werden muss, denn sie schätzen gerade die Möglichkeit, sich kreativ(er), intensiv(er) und zeitlich flexibel mit ausgewählten Inhalten zu beschäftigen.

Strukturell muss im Hinblick auf Videokonferenzen dafür Sorge getragen werden, dass technische und strukturelle Probleme gelöst werden, um allen Lernenden eine Teilhabe an Bildung zu ermöglichen. Dies sind technische Probleme wie beispielsweise die Bereitstellung von Hardware oder von Videokonferenzsystemen für alle Lernenden. Außerdem schlagen die Schüler:innen einen Online-Stundenplan vor, der Videokonferenzen und Selbstlernzeiten fest verankert und planbar werden lässt. Strukturell muss aus Perspektive der Schüler:innen außerdem die Möglichkeit und

Form einer zeitnahen, transparenten (und an der Lebenswelt nahen) Kommunikation mit ihren Lehrenden optimiert werden. Weiter betonen die Schüler:innen, dass sie sich den regelmäßigen Austausch mit ihren Lehrer:innen wünschen, beispielsweise durch regelmäßige Online-Meetings.

4 Gelingende Lernprozesse im digitalen Religionsunterricht aus Perspektive der Lernenden – Impulse aus Kapitel 2 und 3

Im Folgenden sollen die Ergebnisse der quantitativen und qualitativen Studien (Kapitel 2 und 3) mit dem Ziel miteinander diskutiert werden, Impulse für gelingende Lernprozesse im digitalen Religionsunterricht zu formulieren.

Die Studien, die in Kapitel 2 dargestellt wurden, basieren auf einem breiten empirischen Datensatz und erforschen den digitalen Unterricht (hauptsächlich) in den Hauptfächern, wie ihn Lernende während des ersten Lockdowns (März bis Juni 2020) wahrgenommen haben. In Kapitel 3 konnten Impulse für den digitalen Religionsunterricht formuliert werden, die auf einer qualitativen Studie basieren. Die Diskussion der Ergebnisse beider Kapitel soll den Blick auf gelingende Lernprozesse im digitalen Religionsunterricht schärfen, aber auch korrigieren und differenzieren. In der Diskussion werden Impulse für den speziellen Kontext des digitalen Religionsunterrichts herausgearbeitet, einerseits in der Hoffnung, Gemeinsamkeiten benennen zu können, wie Lernen im digitalen Unterricht generell gelingen kann, andererseits, um durch differenzierende Aussagen das Spezifikum von Gelingensbedingungen von Lernprozessen im digitalen Religionsunterricht zu erfassen.

4.1 Wie kann Lernen im digitalen Religionsunterricht gelingen?

4.1.1 Ermöglichung und Unterstützung des individuellen Lernprozesses

Sowohl die empirischen Studien in Kapitel 2 als auch die qualitative Studie in Kapitel 3 zeigen, dass Lernen im digitalen Unterrichtssetting gelingen kann, wenn Lernende auf unterschiedlichen Ebenen unterstützt werden. Im weitesten Sinne kann hier von einer konstruktiven Unterstützung gesprochen werden: Lehrende müssen Lernende unterstützen, um Lernen zu ermöglichen. Dies muss aus Perspektive der Lernenden in unterschiedlicher Hinsicht geschehen und ist von umso größerer Bedeutung je jünger die Schüler:innen sind und je weniger familiäre Unterstützung sie bekommen (können):

Unterstützung bei technischer/räumlicher Infrastruktur: Lernen kann im digitalen Religionsunterricht gelingen, wenn technische und strukturelle Probleme gelöst werden, um allen Lernenden eine Teilhabe zu ermöglichen, so beispielsweise durch die Bereitstellung von Hardware oder von Videokonferenzsystemen für alle Lernenden und durch Strukturvorgaben, die synchrone und asynchrone Lernformate sinnvoll miteinander verknüpfen. Unabhängig vom Unterrichtsfach betonen alle befragten Schüler:innen, dass sie nur dann lernen können, wenn sie über eine technische Ausstattung und einen Raum bzw. Rückzugort zum (ungestörten) Lernen verfügen sowie Unterstützung beim Umgang mit der für den digitalen Unterricht verwendeten Software erhalten.

Unterstützung beim Erwerb von Selbstorganisationskompetenz: Lernen kann im digitalen Religionsunterricht gelingen, wenn Lehrende Strategien der Arbeitsplatzorganisation sowie der Trennung von Freizeit und Arbeitszeit vermitteln, damit Schüler:innen eigenständig arbeiten können. Sowohl für den Religionsunterricht als auch für andere Unterrichtsfächer geht aus den Daten hervor, dass Lernende Unterstützung beim Erwerb von Selbstorganisationskompetenz benötigen, damit es ihnen gelingt, ihre Tage und schulischen Aufgaben zu strukturieren. Hilfreich sind strukturierende Angebote (wie Wochenpläne und Stundenpläne) und synchrone Lernformate, um den Wegfall der (schulischen) Tagesstruktur zu kompensieren. Dies stellt vor allem für jene Schüler:innen die Voraussetzung zum Lernen dar, die ihre Selbstregulationskompetenz als gering einschätzen und keine Unterstützung vonseiten der Lehrer:innen und Eltern bzw. Geschwister erhalten. Die Kompetenz zur Selbstregulation und -organisation stellt immer, aber sicherlich in besonderer Weise im digitalen Format eine wichtige Voraussetzung dafür dar, dass Lernen stattfinden kann.

Unterstützung durch Lernbegleitung in Form von Kommunikation, Klarheit der Aufgaben und formativem Feedback: Lernen kann aus der Perspektive der befragten Schüler:innen im digitalen Religionsunterricht gelingen, wenn Lehrer:innen den direkten und synchronen Kontakt zu ihren Schüler:innen suchen und pflegen. Das untermauern auch die Ergebnisse der Studien im digitalen Unterricht anderer Fächer. Lehrende müssen erreichbar sein und als Kommunikationspartner:innen für Lernende zur Verfügung stehen. Weiter kann Lernen dort gelingen, wo Lehrende Schüler:innen durch klare Arbeitsaufträge unterstützen. Für den digitalen Religionsunterricht formulieren die Schüler:innen die Klarheit der Aufgabenformulierung dezidiert als (eine) Voraussetzung für gelingende Lernprozesse. Auch benötigen Lernende bei der Bearbeitung der Aufgaben individuelle Unterstützung, weshalb Lehrende über die Kompetenz verfügen müssen, die Leistungsfähigkeit jedes:r Schüler:in einschätzen zu können, um den Lernprozess zielgerichtet zu unterstützen und so aktives Lernen zu ermöglichen.

Lernen kann im digitalen Religionsunterricht gelingen, wenn Lehrende ein formatives Feedback geben (können). Auch die Ergebnisse der Studien in anderen Fächern belegen dies eindrücklich: Lernende benötigen individuelle, klare, zielorientierte, regelmäßige und zeitnahe, also lernprozessbegleitende Rückmeldungen, um ihre Leistungen und ihr Leistungspotenzial sowie Möglichkeiten, letzteres zu erreichen, einschätzen zu können. Schüler:innen müssen wissen, was sie aus Perspektive der Lehrperson schon können und wo Lehrpersonen Entwicklungsbedarf sehen und müssen dies mit ihrem Selbstbild in Beziehung setzen (lernen). Aus Perspektive der Religionsschüler:innen leistet formatives Feedback einen wichtigen Beitrag zur (Selbst-) Motivation der Schüler:innen.

4.1.2 Synchrone Form des Religionsunterrichts

Lernen kann im digitalen Religionsunterricht gelingen, wenn regelmäßig synchrone Lernformate stattfinden, die mit asynchronen Elementen wie Lern- bzw. Erklärvideos, Textarbeit und Aufgaben kombiniert werden. Synchrone Lernformate sollen Diskussionen und Gruppenarbeit beinhalten und müssen didaktisch sorgfältig geplant sein, damit alle Lernenden mitarbeiten können und wollen. Zu einem ähnlichen, etwas weniger differenzierten Ergebnis kommen auch die Schüler:innen in anderen Fächern: Als lernförderlich ist die synchrone bzw. direkte Kommunikation (Videokonferenzen, Sprechstunden, Telefonate, Messengerdienste) zwischen Lehrenden und Lernenden anzusehen, weitaus weniger der Einsatz von bestimmten Tools.

Synchrone Formate ermöglichen nicht nur den direkten Austausch zwischen Lehrenden und Lernenden bzw. Lernenden und Lernenden, sondern tragen auch dazu bei, dass Lernende eine Tagesstruktur erhalten.

4.1.3 Eigenständige, aktive Erarbeitung der Unterrichtsinhalte

Lernen kann im digitalen Religionsunterricht gelingen, wenn dieser didaktisch so gestaltet ist, dass sich Schüler:innen die Unterrichtsinhalte selbstständig, aktiv und in Kooperation mit ihren Mitschüler:innen erarbeiten können. Lernen kann im digitalen Unterricht gelingen, wenn die Aufgaben kognitiv anregend, herausfordernd und damit nicht zu leicht, möglichst differenzierend und auf die Kooperation bzw. Interaktion mit Mitschüler:innen angelegt sind, was auch die Studien in anderen Unterrichtsfächern belegen.

Für den spezifischen Kontext des digitalen Religionsunterrichts kann dieses Ergebnis differenziert dargestellt werden: Die Religionsschüler:innen benennen als zentrales Kriterium für die kognitive Aktivierung die Schüler:innenorientierung der Unterrichtsinhalte. Lehrende müssen Unterrichtsthemen didaktisch so aufbereiten, dass sich deren Relevanz für das Leben der Schüler:innen erschließt und sie für die Schüler:innen herausfordernd, gedanklich anregend und „spannend" sind. Lernen kann im digitalen Religionsunterricht gelingen, wenn die Unterrichtsinhalte Bezüge zu aktuellen persönlichen, gesellschaftlichen oder politischen Fragestellungen aufweisen. Zur Vorbereitung des Unterrichts und damit zur Initiierung von Lernprozessen muss die Lehrperson die Perspektive der Lernenden einnehmen und „mit den Augen" der Lernenden die Unterrichtsthemen und deren Gestaltung betrachten. Aus der Perspektive der Schüler:innen kann Lernen im digitalen Religionsunterricht dann gelingen, wenn durch die Vielfalt und Varianz an Methoden und Sozialformen, die Transparenz und Struktur des Unterrichtsaufbaus, aber auch die Lebensweltrelevanz und Subjektorientierung der Unterrichtsthemen eine aktive Kognitivierung evoziert wird.

4.1.4 Partizipation, Interaktion und Kooperation der Lernenden

Lernen kann im digitalen Religionsunterricht gelingen, wenn Lernende als Expert:innen ihres Lernens begriffen und zur Weiterentwicklung von (digitalem) Religionsunterricht befragt werden. Dieses Ergebnis deckt sich mit der in Kapitel 2 formulierten Beobachtung, dass junge Menschen sich bei Entscheidungen im Hinblick auf Schulöffnungen oder die Gestaltung des (digitalen) Schulalltags übergangen fühlten: Schüler:innen wollen und können bei schulischen bzw. unterrichtlichen Entscheidungen partizipieren.

Weiter ist Schule in den Augen der Schüler.innen mehr als ein Lernraum, wie die Studien in Kapitel 2 eindrucksvoll belegen: Schule ist ein Lebensraum, in dem soziale Begegnungen stattfinden. Dies muss auch im digitalen Setting berücksichtigt werden, indem Interaktion und Kooperation angebahnt werden. Interaktion und Kooperation sind auch für gelingende Lernprozesse im digitalen Religionsunterricht bedeutsam, wie in Kapitel 3 belegt wurde: Lernen kann im digitalen Religionsunterricht gelingen, wenn Interaktion, kooperatives bzw. kollaboratives Arbeiten sowie Diskussionen und der Austausch von Ideen und Meinungen im Religionsunterricht ermöglicht werden. Dies scheint aus Perspektive der Religionsschüler:innen für den Religionsunterricht weitaus bedeutsamer zu sein als in anderen Fächern, um aktiv zu lernen, zu einer eignen Positionierung zu finden und Inhalte artikulieren, bewerten und ihre Bedeutung (für sich) erschließen zu können.

4.1.5 (Eigenständig) lernen lassen

Lernen kann im digitalen Religionsunterricht auch in asynchronen Formaten gelingen, weil Schüler:innen eigenständig lernen können. Dies gilt vor allem für Schüler:innen, die über ausreichend Selbstorganisations- und -regulationskompetenz verfügen oder für Schüler:innen, die Schule als Stress empfinden. Religionsschüler:innen schätzen die Möglichkeit, sich kreativ(er), intensiv(er) und zeitlich flexibl(er) mit ausgewählten Inhalten zu beschäftigen als dies im Präsenzunterricht möglich ist. Mitunter fühlen sich Schüler:innen in der Schule in ihrem Lernen gestört oder Stressmomenten ausgesetzt und schätzen deshalb das selbstbestimmte, ungestörte Lernen zu Hause im individuellen Lerntempo, mit eigenen Lernwegen und flexibler Einteilung der eigenen Arbeitszeit sehr. Lernen konnte im digitalen Unterricht während des (ersten) Lockdwons auch deshalb gelingen, weil sich Lernende angesichts der Kontaktbeschränkungen und der weggefallenen komplexen Anforderungen an die eigene Lebensgestaltung besser auf die Schule konzentrieren konnten.

4.2 Spezifika des digitalen Religionsunterrichts im Vergleich zu den Studien in anderen Fächern

Aus Kap 3 kann ein differenzierter Blick auf (weitere) Voraussetzungen für gelingende Lernprozesse im spezifischen Setting des digitalen Religionsunterrichts formuliert werden. Die differenzierten Ergebnisse mögen aus dem Forschungsdesign und der Fokussierung der Forschungsfragen der qualitativen Studie resultieren, die sich von den Studien in Kapitel 2 zum Teil deutlich unterscheiden. In Kapitel 3 wurden die Schüler:innen dezidiert einerseits nach ihrer vergleichenden Wahrnehmung von Religionsunterricht im digitalen Format und als Präsenzunterricht befragt, andererseits von Religionsunterricht und anderem Fachunterricht. Diese Fragestellung könnte der Grund für die im Folgenden formulierten Impulse sein. Vielleicht resultieren die differenzierten Ergebnisse aber auch tatsächlich aus dem Spezifikum des Religionsunterrichts – dies muss in Teil III diskutiert werden.

4.2.1 Beziehungsgestaltung

Lernen kann im digitalen Religionsunterricht gelingen, wenn Lehrende Lernende individuell wahrnehmen und wertschätzen. Dies mag auch für den digitalen Unterricht in anderen Fächern im Hinblick auf die Wahrnehmung des Leistungspotenzials von Lernenden zutreffen, muss aber aufgrund der Daten für den digitalen Religionsunterricht dezidiert betont und erweitert werden. Für gelingende Lernprozesse im digitalen Religionsunterricht ist es von entscheidender Bedeutung, dass Lehrer:innen ihre Schüler:innen als Individuum wahrnehmen, das sich nicht in der Rolle der Schüler:in erschöpft. Als elementar für das Lernen-Wollen der Schüler:innen beschreiben die Lernenden die Beziehungsgestaltung zwischen Lehrenden und Lernenden. Die Aussagen der Schüler:innen weisen darauf hin, dass eine wertschätzende Beziehung zwischen Lehrer:innen und Schüler:innen einen bedeutsameren Faktor für den Lernzuwachs im Religionsunterricht darstellt als in anderen Fächern: Sie ist die Voraussetzung für Lernprozesse im Religionsunterricht, sowohl im digitalen Format als auch in Präsenz.

Aus Perspektive der Religionsschüler:innen stellt die Beziehungsgestaltung sowohl die Voraussetzung für die kognitive Aktivierung als auch für die konstruktive Unterstützung von Schüler:innen dar. Lehrende müssen Schüler:innen individuell mit ihren Interessen, lebensweltlichen Fragen, Erfahrungen und ihrem Vorwissen wahrnehmen, um schüler:innenorientierte Lernprozesse zu initiieren und damit ihre kognitive Aktivierung anzubahnen und um Lernende in ihrem je eigenen Lernprozess konstruktiv zu unterstützen. Insofern kann für den digitalen Religionsunterricht die Bedeutsamkeit der Beziehung zwischen Lehrenden und Lernenden betont werden, als dass sie die Voraussetzung für die Schüler:innenorientierung, kognitive Aktivierung und konstruktive Unterstützung darstellt. Anders als im Präsenzunterricht sind Lehrende im digitalen Format vor große Herausforderungen gestellt, diese Beziehung zu gestalten, weil sie sich anderer Formate und Kommunikationswege bedienen und auf das persönliche Gespräch im oder nach dem Unterricht und die alltägliche Begegnung im Schulhaus verzichten müssen.

4.2.2 Fachkompetenz der Lehrperson

Lernen kann im digitalen Religionsunterricht gelingen, wenn Religionslehrer:innen über eine hohe Fachkompetenz verfügen. Aus Perspektive der Lernenden ist die Fachkompetenz erstens elementar, um Unterrichtsinhalte fachlich korrekt und didaktisch angemessen aufzubereiten, sodass sie die kognitive Aktivierung der Schüler:innen ermöglicht. Zweitens ist die Fachkompetenz bedeutsam, um die Schüler:innen in ihren individuellen Lernprozessen konstruktiv zu unterstützen. Lernende benötigen fachlich kompetente Lehrende, die auf (unvorhergesehene) Lernwiderstände oder Fragen reagieren können: Durch Erklären von Hintergründen oder Inhalten, durch das Formulieren vertiefender oder provozierender Fragen und durch die Anleitung zur kooperativen Bearbeitung durch zielführende Arbeitsfragen/-aufgaben können Lernprozesse konstruktiv begleitet werden.

Auch formatives Feedback ist nur jenen Religionslehrenden möglich, die über eine hohe Fachkompetenz verfügen, damit sie diagnostizieren können, was Lernende fachlich (schon) beherrschen und welche Entwicklungspotenziale sie haben. In diesem Sinne bildet die Fachkompetenz der Religionslehrperson in ähnlicher Weise wie deren Beziehungsgestaltung die Voraussetzung für die kognitive Aktivierung, die Schüler:innenorientierung sowie die konstruktive Unterstützung der Schüler:innen, um Lernprozesse zu ermöglichen. Allerdings bewerten die Schüler:innen eine wertschätzende Lehrenden-Lernenden-Beziehung bedeutsamer für gelingende Lernprozesse im digitalen Religionsunterricht als die Fachkompetenz der Religionslehrperson oder die Inhalte des Religionsunterrichts.

Teil II:

Wie kann Lernen im digitalen Religionsunterricht gelingen? Impulse aus Perspektive der Lehrenden

Der Blick in die Praxis stellt in Kapitel 5 erprobte Best-Practice-Beispiele aus unterschiedlichen Schularten und Klassenstufen vor und reflektiert sie hinsichtlich der Frage, wie Lehrende Lernprozesse im digitalen Format gestalten, die sie für gelungen erachten, weil sie annehmen (oder überprüften), dass Schüler:innen durch sie einen Lernertrag verzeichnen konnten. Die jedem Kapitel angefügten Arbeitsfragen ermöglichen auch eine hochschuldidaktische Umsetzung, da hier Lehrende und Studierende die Methoden erproben, reflektieren, evaluieren und modifizieren können. Ausführliche und weiterführende Informationen sowie Materialien zu den Best-Practice-Beispielen sind jeweils auf einer Webseite zu finden, die via QR-Code aufgerufen werden kann. In Kapitel 6 werden aus diesen Beispielen Impulse formuliert, wie Lernprozesse aus Perspektive der Lehrenden gelingen können.

5 Qualitative Perspektiven aus Perspektive der Lehrenden: Best-Practice-Beispiele

Im Folgenden stellen Religionslehrer:innen Beispiele aus ihrem digitalen Religionsunterricht vor. Die insgesamt 14 Beispiele sind für die Religionslehrer:innen Ausdruck dessen, wie es ihnen ihres Erachtens gelungen ist, aktives Lernen im digitalen Religionsunterricht zu ermöglichen.

Um die Perspektive der Religionslehrer:innen auf gelungene Lehr-Lern-Prozesse im digitalen Religionsunterricht abzubilden, wäre auch ein anderer Zugang denkbar gewesen: Wir hätten die Lehrenden auch mittels quantitativen oder qualitativen Erhebungen um ihre Wahrnehmungen und subjektiven Theorien bitten können. Wir haben uns stattdessen für die Analyse der Best-Practice-Beispiele entschieden, die wir nach der qualitativen Inhaltsanalyse (Philipp Mayring) induktiv-deduktiv auswerteten. Als vorteilhaft stellt sich dieser Zugang dar, weil er es Leser:innen zum einen ermöglicht, konkrete Einblicke in die religionsunterrichtliche Praxis während der Schulschließung zu erhalten, zum anderen von Impulsen dieser Beispiele für die eigene Unterrichtspraxis zu profitieren.

Wir haben Religionslehrer:innen, die von März bis Juni 2020 regelmäßig digitalen Religionsunterricht erteilten, gebeten uns ihre Vorstellung von gutem digitalen Religionsunterricht anhand eines konkretes Unterrichtsbeispiels zu veranschaulichen. Unsere Vorgaben waren bewusst offen, weil wir Religionslehrende als Expert:innen für ihren Religionsunterricht und für die Ermöglichung von Lernen verstehen. Einige Religionslehrer:innen haben ihre Idee von gutem digitalem Religionsunterricht anhand einer konkreten Unterrichtsstunde dargestellt, andere Best-Practice-Beispiele umfassen eine Unterrichtseinheit oder eine konkrete methodische bzw. didaktische Herangehensweise. Die Auswahl der Religionslehrer:innen wurde nicht bewusst im Sinne einer falltypologischen Auswahl getroffen. Unser Ziel war es, schulartspezifische Aussagen treffen zu können, weshalb wir Lehrer:innen aller Schularten angefragt hatten. Eine bewusste Auswahl im Sinne einer evidenzbasierten Auswahl der „besten Religionslehrer:innen" Deutschlands haben wir nicht getroffen, um einen repräsentativen Querschnitt von Ideen für guten digitalen Religionsunterricht abbilden zu können.[16]

Aus diesen Beispielen werden in Kapitel 7 herausgearbeitet,

- wie Lehrende digitalen Religionsunterricht gestalten.
- wie aus Perspektive der Lehrenden Lernen im digitalen Religionsunterricht ermöglicht wird.
- welche Kriterien oder didaktische Prinzipien sich erkennen lassen, denen sich Lehrende verpflichtet wissen, um Lernen zu ermöglichen.
- welche Impulse sich für gelingende Lernprozesse im digitalen Religionsunterricht formulieren lassen.

In Kapitel 8 werden die vorliegenden Impulse mit den Impulsen aus Lernendenperspektive diskutiert, in Kapitel 9 mit den Qualitätskriterien für guten (Religions-) Unterricht.

5.1 Allgemeine Impulse der Unterrichtsgestaltung

5.1.1 „Störer und Drama-Queens erwünscht" – Gesprächsführung in Videokonferenzen *(Stefanie Pfister)*

Allgemeine Beschreibung

Gesprächsführung in digitalen Kontexten unterliegt neuen Gegebenheiten, worauf nicht nur im schulischen Kontext hinzuweisen ist, sondern auch im hochschulischen:

> „Die Erfahrung zeigt, dass Studierende im Vergleich zu Dozierenden ca. die dreifache Zeit für Arbeitsaufträge (Lesen und Schreiben) benötigen. Ihre Planung sollte daher Lektüre und Schreibaufträge in entsprechendem Umfang vorsehen. Bedenken Sie auch, dass die Studierenden aktuell bisweilen mit besonders

16 Wir gehen aber natürlich davon aus, dass alle Praktiker:innen hier(-mit) zu den „besten" Religionslehrer:innen Deutschlands gehören!

> schwierigen Lebens- und Lernumständen konfrontiert sind (Kinderbetreuung, Jobverlust, beengte Wohnsituation, mangelhafte technische Ausstattung etc.)" (Diabalick et al. 2020).

Umso wichtiger ist es, die veränderte Situation in Bezug auf die Schule zu berücksichtigen. Auch Schüler:innen sehen sich bisweilen sehr herausfordernden Lebenssituationen gegenüber – die veränderte schulische Lernumgebung trägt sicherlich dazu bei. Mimik und Gestik erscheinen in Videokonferenzen zeitverzögert. Sprecher:innen fehlen die unmittelbar bestätigenden Bemerkungen. Wenn es doch (unerwartet) Wortbeiträge gibt, die den Redefluss der Lehrperson unterbrechen, wird das neue Mikro zusätzlich aktiviert, sodass man oft beide Beiträge nicht mehr verstehen kann, wodurch die:der erste Sprecher:in gezwungen ist, seinen Part zu wiederholen, was wiederum wenig der Spannung und dem Erzählfluss dienlich ist. Daher halten sich die Schüler:innen im Allgemeinen mit ihren Äußerungen direkt zurück.

In vielen Ratgebern für Online-Konferenzen wird empfohlen, dass sämtliche Zuhörer:innen ihre Mikrofone stumm schalten. Selbstredend wird dadurch zwar die Rede- bzw. Vortragsqualität gesteigert, für unterrichtliche Settings allerdings fehlen die wichtigen kommunikativen Muster, denn der Unterricht „lebt" geradezu vom Miteinander von Sprechen, Mimik, Gestik, Unterbrechen, Nachfragen, Bestätigen etc. Selbst Störungen sind ja für die Lehrkraft als Irritation oft wertvolle Hinweise, dass hier etwas falsch, gar nicht oder missverständlich verstanden wurde oder dass die Aufmerksamkeitsspanne erreicht wurde, daher sollte man deren Potenzial nutzen.

Insgesamt wird deutlich, dass digitale Gesprächssituationen im Unterricht anders strukturiert und aufgebaut sein müssen. Deshalb werden im Folgenden einige Aspekte genannt, die lebendige unterrichtliche Settings im digitalen Raum ermöglichen können:

Tipps für eine digitale Gesprächsführung

1. *„Störer:innen" und „Wächter:innen" einsetzen:*

Anstatt wie sonst oft empfohlen wird, dass alle stumm geschaltet werden, sollten zu Beginn eines Lehrervortrags immer zwei bis drei Schüler:innen bestimmt werden, denen es für diesen Zeitraum gestattet ist, Fragen zu stellen, zu unterbrechen, bestätigende Bemerkungen einzuwerfen und ggf. auch zu „stören". Man kann diese Schüler:innen „sinnvolle Störer:innen" oder „Rede-Wächter:innen" nennen, sodass sie motiviert sind, diese Aufgabe zu übernehmen. Sie sollen auch sofort Rückmeldung geben, wenn es zu schnell oder zu langsam geht. Andere Schüler:innen können „Mimik-Expert:innen", „Drama-Queens", ein:e „Show-Man:Woman" oder ein:e „Gestik-Expert:in" werden: Sie erhalten die Aufgabe die Redebeiträge der Lehrkraft mit Mimik und Gestik zu unterstützen, ggf. auch zu hinterfragen, kritisch zu beäugen bzw. lächelnd abzuwinken. Sie können auch die Emojis passend einsetzen, ein großes Fragezeichen auf einem Plakat einblenden oder einen Minifilm mit tosendem Applaus einspielen. Kurz: Der Fantasie sind keine Grenzen gesetzt. Wichtig ist, dass auch der digitale Unterricht dramatische Elemente hat. Diese Aufgabe bereitet allen Beteiligten große Freude, die Expert:innen hören viel besser zu, weil sie ja genau den Text der Lehrkraft wiedergeben müssen und die anderen hören und schauen besser zu, weil es spannend ist, wie die Mitschüler:innen das umsetzen. Man muss aber auch darauf hinweisen, dass es nicht nur darum geht, tatsächlich zu stören oder zu hinterfragen oder gar den Lernprozess zu unterbinden, sondern dass man so zu einem kommunikativen Miteinander kommt, aber nach ein oder zwei Videositzungen dieser Art, spielt sich das schnell ein.

2. *Co-Moderator:in an den Übergangsstellen des Unterrichts:*
Nichts ist einschläfernder als der Moment, in dem die Lehrkraft die Aufgabe geklärt hat, alle sind startbereit, aber die Lehrkraft findet weder die PPP mit der weiterführenden Folie noch den passenden Link für den Film. Daher ist es immer wichtig, einen oder zwei Co-Moderator:innen zu haben, welche die gleichen Rechte wie die Lehrkraft haben und bereits vor der Unterrichtsstunde die Abfolge mit den Links kennen, die PPP ebenfalls geladen haben etc. Damit ist ein reibungsloser Ablauf auch an den Übergangsstellen des Unterrichts gewährleistet.

3. *Digitale Plauderei mit einer Meldekette:*
Ich beginne meinen Religionsunterricht in Präsenz und im digitalen Raum mit der Frage: „Was brennt euch auf der Seele?" Man mag es methodisch eine „Plauderei" (Grethlein/Lachmann) oder fachdidaktisch einen „thematisch-problemorientierten Einstieg" (Kaufmann) oder einfach „Small Talk" (so meine Kolleg:innen) nennen. Ich habe mich jedoch von meinen Schüler:innen überzeugen lassen, wie bedeutsam diese fünf bis acht Minuten am Stundenanfang für sie sind. Jede:r kann sich beteiligen, kleinere Konflikte kommen ans Licht, größere Sorgen zu Hause werden genannt und Wunschthemen geäußert. Zur Authentizität gehört dabei, dass ich auch ehrlich beitrage, was mir auf der Seele brennt. Sobald ich mich öffne, was nicht immer leicht ist, weil man befürchtet, etwas von seiner Lehrerprofessionalität zu verlieren, entsteht jedoch ein Resonanzraum. Dies ist auch ohne Probleme mit einer Meldekette im digitalen Plenum einer Videokonferenz umzusetzen. Im digitalen Setting ist es ebenfalls möglich, dass die Schüler:innen nach der Frage „Was brennt dir auf der Seele?" Zeit bekommen und auf einem Stimmungsbarometer oder ein Padlet ein Bild, Emoji, oder GIF setzen sollen, wie sie sich gerade fühlen. Dann schauen sich das alle an und gehen mit den Eindrücken in Breakout-Rooms und sprechen im geschützten Rahmen über ihre Sorgen oder Freuden.

Die klassische Mädchen-Jungen-Meldekette ist in der Galerieansicht zwar möglich, aber nicht ganz leicht. Je mehr Teilnehmer:innen die Unterrichtsstunde hat und je kleiner das Endgerät, welches gerade von den Schüler:innen genutzt wird, umso weniger sehen sich die Schüler:innen gegenseitig auf dem Bildschirm. Doch auch auf dem kleinsten Smartphone kann man die Teilnehmer:innenliste einblenden und den Button mit der Hand als Meldesymbol drücken oder die gehobene Hand bei den Mitschüler:innen erkennen. Wenn es nur kleine Gruppen sind, können die Schüler:innen sich auch real mit Handzeichen melden, dann muss man nicht den Button nehmen.

4. *Stummer Impuls:*
Der stumme Impuls gilt im Präsenzunterricht – wenn er gut durchgeführt wird – als ein sehr motivierender Einstieg. Die Lehrkraft wirft eine These als PPP an, stellt ein Musikstück oder einen Film ein, schreibt eine Frage an die Tafel, öffnet die Tafel z. B. leicht theatralisch, betrachtet die Frage/These selbst, bezieht dann die Lernenden mit ein, indem sie diese auffordernd und fragend ansieht, sich dann körperlich zurückzieht und auf die Antworten wartet. Funktioniert in Präsenz immer – ohne Worte, allein durch Körperhaltung und Mimik und Gestik.

Im digitalen Raum wird ein stummer Impuls eher zum Desaster und alle Schüler:innen werden sich fragen, ob vielleicht eher ihre Mikros stummgeschaltet sind, weil sie die Lehrkraft nicht mehr hören. Folgender Aspekt ist daher wichtig: die Lehrkraft muss den stummen Impuls mit einer Aufgabe konkret versehen. So kann dennoch ein Video eingespielt, ein Theaterstück gezeigt, eine These oder eine Frage eingeblendet werden, die mit einem konkreten Arbeitsauftrag verbunden sind und ohne weitere Erklärungen zum Handeln oder zur Antwort ermuntern. Zum Beispiel kann die Lehrkraft eine Filmsequenz einspielen und dazu im Chat die Aufgabe formulieren, der ja die ganze Zeit sichtbar bleibt. Oder die These wird mit einer Chatfrage versehen: „Eure Meinung? Bitte antwortet alle jetzt im Chat." Auch kann eine Umfrage in Form von drei Thesen formuliert werden und die Schüler:innen wissen sofort beim Einspielen der Umfrage, dass sie nun ein Kästchen ankreuzen müssen. So kann auch ein stummer Impuls im digitalen Raum lebendig und ertragreich werden.

5. *Lenkendes Lehrperson-Schüler:innen-Gespräch:*
Ein Gespräch, bei dem die Lehrkraft zielorientiert und mit Impulsen fragt, gerät schon im Klassenzimmer oft zu einem langweiligen Ping-Pong-Spiel, im virtuellen Klassenzimmer noch viel eher. Hier kann Abhilfe geschaffen werden, indem die Lehrkraft die Gesprächspausen mit visualisierten Impulsen oder konkreten Fragen füllt. Ein Lehrer-Echo, d. h. das Wiederholen einer Schüleraussage, welches im realen Raum oft eher verpönt ist, kann in einer digitalen Konferenz zudem durchaus sinnvoll sein, wenn dadurch der Gesprächsfluss gewährleistet ist. Hier lassen sich auch wieder gut ein oder zwei Schüler:innen einbinden, die rasch die Bemerkung einer:s Mitschüler:in wiederholen, bündeln oder auch den Prozess moderieren können.

6. *Diskussion im digitalen Raum:*
Kleinere Diskussionen sollten in den Breakout-Rooms geführt werden. Größere Diskussionen können wie folgt auch erfolgreich in einer Videokonferenz geführt werden: Die Aufgaben müssen klar verteilt sein, die Schüler:innen müssen wissen, dass jede:r etwas sagen muss und sie müssen ungefähr wissen, was das jeweilige „Stichwort" oder „Gegenargument" ist, auf welches sie reagieren müssen. So können sie sich in Einzelarbeit direkt auf eine Gegenposition adäquat vorbereiten und wenn sie diese dann hören, ist es allein ihre Aufgabe zu entgegnen. Dies hilft, dass alle Schüler:innen aufmerksam sind und dass auch kein Schweigen entsteht.

7. *Mehrkanalige Lernwege:*
Wichtig sind auch mehrkanalige Lernwege, die es auf abwechslungsreiche und motivierende Weise ermöglichen, dass sich Schüler:innen auf die Lernprozesse konzentrieren. So können unterschiedliche Kommunikationswege im digitalen Setting miteinander kombiniert und abgewechselt werden:

- Schulserver (PC und App) zum Einstellen der Aufgaben und Bearbeiten und Korrigieren
- Videokonferenzen mit Nutzung des öffentlichen und privaten Chats
- Telefonkonferenzen (mit kleineren Gruppen)
- Lernplattform mit Möglichkeit zum Einstellen von Tests, Chats oder Messenger-Gruppen, zum informellen und zeitversetzten Austausch (z. B. Moodle)
- Foren zu bestimmen Themen
- Umfragen im Plenum
- Glossar zu einem bestimmten Thema
- Wikis zum gemeinsamen Bearbeiten/Erstellen eines Textes
- ggf. Smartphone/Messenger-Kontaktmöglichkeit (sofern die Eltern der Schüler:innen einverstanden sind. Oft sind diese und die Schüler:innen aber sehr dankbar, weil sie mit dem Schulserver Schwierigkeiten haben)
- ggf. eine Messenger-Dienst-Gruppe mit dem entsprechenden Kurs

Die verschiedenen digitalen Möglichkeiten können themenabhängig oder spezifisch – je nach Ziel der Unterrichtsstunde – eingesetzt werden. So kann ein Chat eher für eine Diskussion zu einem umstrittenen Thema genutzt werden, sodass die Schüler:innen zeitgleich schreiben und Kommentare einfügen können. Steht aber ein konkretes Produkt an – zum Beispiel ein gemeinsam verfasstes Rollenspiel zu einem biblischen Text –, ist es dagegen sinnvoller, mit einem Wiki zu arbeiten, da man als Kleingruppe jederzeit die Einfügungen der anderen lesen, diese überarbeiten, seine eigenen Ergänzungen einfügen kann, bis das Produkt fertig ist. Bei Fragen der Schüler:innen zum Thema kann ein Forum oder ein Messenger sinnvoll genutzt werden. Auch die verschiedenen Sozialformen können unterschiedlich im digitalen Raum ermöglicht werden: In der synchronen Videokonferenz kann das Unterrichtsgespräch im Plenum stattfinden, während für Partner- oder Gruppenarbeit Breakout-Rooms und für die Präsentation im Plenum die Bildschirmfreigabe und/oder eine PPP genutzt werden. Bei den verschiedenen Themen kann auch methodisch variiert werden: So kann bei einem religiös-persönlichen Thema eher eine Mail geschrieben oder ein Foto des Produkts geschickt werden, z. B. direkt im Anschluss an die Lehrkraft, wohingegen Erläuterungen zu religiösen Begriffen gut im Glossar eingestellt und dort von allen regelmäßig überarbeitet werden.

Kompetenzerwerb

Die Schüler:innen können

- sich mit den Meinungen der Mitschüler:innen oder Lehrkräfte auseinandersetzen und zu ihrer eigenen Meinung in Beziehung setzen
- die Perspektive ihrer Mitschüler:innen oder Lehrkräfte beschreiben, interpretieren und beurteilen
- ihre Position verbal, gestisch oder mimisch zum Ausdruck zu bringen
- im digitalen Raum mit miteinander kommunizieren, Ergebnisse präsentieren und bewerten

Professionalität und Rolle der Lehrperson

- Die Lehrperson muss sich auf die „Störer:innen", „Drama-Queens" und „Mimik-Expert:innen" einlassen können, was eingeübt werden muss. Das Miteinander und der humorvolle Aspekt dieser Rollen werden die Stunde lebendig und motivierend erscheinen lassen.
- Digitaler Unterricht muss didaktisch gut vorbereitet werden, damit der Lernerfolg ermöglicht wird. Auch technische Voraussetzungen müssen geklärt werden.

Chancen

- Verschiedene Kanäle erhöhen die Aufmerksamkeit, ermöglichen das Lernen auf unterschiedliche Art und sprechen Schüler:innen mit unterschiedlichen Lernvoraussetzungen an: Die Schüler:innen nehmen außerdem wahr, dass die Lehrkraft sie „sucht" und nicht aufgibt, wenn man nur von Internetschwierigkeiten redet.
- Kommunikation kann neu erfahren, definiert und erlebt werden. Im Präsenzunterricht kann nach der Online-Phase darauf ggf. zurückgegriffen werden. So können Schüler:innen weiterhin die Aufgabe haben, die Unterrichtsinhalte der Lehrkraft mimik- und gestikreich zu unterstützen. Die interpretierende Beobachtung der Mitschüler:innen und damit die Perspektivübernahme wird dadurch gefördert.

Grenzen

Es erfordert viel Zeit, mit Schüler:innen einzuüben, dass die Störaspekte nicht zu weiteren Störfällen führen. Hier ist Übung gefragt. Wird die Rolle „veralbert", kann ein Rollen- oder Aufgabenwechsel sinnvoll sein.

Arbeitsfragen/Arbeitsvorschläge für die hochschuldidaktische Umsetzung

- Beschreiben Sie Ihre eigenen kommunikativen Erfahrungen in digitalen Seminarsettings.
- Beurteilen Sie sie im Hinblick auf ihre didaktische Sinnhaftigkeit im digitalen Unterricht.
- Erarbeiten Sie für eine Gesprächssituation oder eine thematische Einheit eine Variante, die im digitalen Klassenzimmer/Lernraum Lernen, Kommunikation und Interaktion ermöglicht.

Weiterführende Literatur

Diabalick, Tim/Günther, Christian/Klein, Christian/Wagner, Thomas (2020). Leitfaden Distance Learning. Wuppertal.

Prof. Dr. Stefanie Pfister ist Lehrerin für Evangelische Religion, Deutsch und Sport an der Therese-Münsterteicher-Gesamtschule in Ahlen (NRW) sowie Prof. apl. an der Westfälischen Wilhelms Universität Münster für Evangelische Theologie Religionspädagogik.

5.1.2 Rituale im digitalen Religionsunterricht *(Florian Vorherr)*

Allgemeine Beschreibung

Rituale im Religionsunterricht geben Halt und Orientierung und können dazu beitragen, dass sich Schüler:innen auf den Religionsunterricht einlassen können. Der Religionsunterricht stellt für viele Kinder und Jugendliche oftmals den einzigen Berührungspunkt zu reflektierter und in der Person der Religionslehrperson gelebter Religion dar. Über Rituale kann es gelingen, dass die Lernenden ihre Lebenswelt mit dem Religionsunterricht verbinden. Von einfachen Erzählkreisen oder dem Entzünden einer Kerze bis hin zu individuellen Stimmungsbildern, (liturgischen) Gebeten oder dem ritualisierten Theologisieren am Anfang der Unterrichtsstunde, kann sich in jedem Religionsunterricht ein für die Gruppe und die Lehrperson passendes Ritual finden, das den Grundsätzen des Beutelsbacher Konsenses entspricht: Das darin formulierte Überwältigungsverbot ist auch bei der Auswahl von Ritualen im Religionsunterricht zu beachten. Rituale können im digitalen Religionsunterricht ebenfalls verwirklicht werden und stellen gerade hier ein wichtiges Moment für Schüler:innen dar, einen kreativen, ästhetischen Gegenpol zu der oft vorfindlichen „Arbeitsblattdidaktik" zu erleben. Mit einfachen technischen Möglichkeiten kann ihre Umsetzung auch im Fernunterricht gelingen.

Konkretion an einzelnen Phasen des Unterrichts

Einstieg: Stimmungen der Lernenden abholen

Während im Fernunterricht häufig technische Probleme mit Hard- oder Software sowie organisatorische Fragen im Vordergrund unterrichtlichen Handelns von Lehrpersonen stehen (müssen), rückt die Frage, wie es den Lernenden geht, nicht selten in den Hintergrund. Zwar sollte diese Frage nicht allein im Religionsunterricht Ausgangspunkt für Lernprozesse sein, sondern allen Fächern obliegen: denn wir wissen aus der neurobiologischen Forschung, dass die emotionale Verfasstheit entscheidend zum Lernenkönnen beiträgt. Diese emotionale Verfasstheit abzurufen und gegebenenfalls durch sie begründete Lernblockaden zu Beginn der Stunde abzurufen, ist auch für den Religionsunterricht von Bedeutung. Zudem verursacht das (ungewohnte, andere) Setting des Fernunterrichts und die damit verbundenen Herausforderungen an die Selbstregulation und -organisation der Schüler:innen große Unsicherheiten, die emotional belastend sein können. Rituale können dazu beitragen, dass Lernende und ihr subjektives Erleben und Empfinden zu Beginn der Stunde in den Mittelpunkt gerückt werden.

Zu Beginn der Stunde startet die Lehrperson die von ihr vorbereitete Präsentation (geteilter Bildschirm), auf deren erster Folie Spalten oder Felder mit Smilies zu sehen sind, die verschiedene Stimmungen ausdrücken. Über die Funktion des (gemeinsamen) Whiteboards (Stift teilen) oder ein alternatives kollaboratives Tool (Etherpad, Padlet), können sich die Lernenden auf einem der verschiedenen Felder positionieren, um ihrer gegenwärtigen Stimmung Ausdruck zu verleihen. Dies kann anonym oder mit Namen geschehen. Das Ritual kann in dieser ausführlichen Form durchgeführt werden, lässt sich aber auch leicht abwandeln und reduzieren. Viele Videokonferenzplattformen bieten daneben die Möglichkeit, einen Status mit verschiedenen Smilies zu setzen. Dies ist eine schnelle Variante, um den Gemütszustand der Gruppe schnell aufzufassen und kann als weiterer Gesprächsanlass genutzt werden. Das Zuordnen zu den Stimmungsspalten/-bildern oder das Setzen des Statusemojis kann durch ein Lied oder ein Instrumentalstück, das von der Lehrperson abgespielt wird, unterstützt werden: Unter Umständen ist dies den Schüler:innen aus dem Präsenzunterricht als Bestandteil des Rituals vertraut und erleichtert mehrkanalig einen Zugang zum Unterricht.

Dieses Ritual bietet einen schnellen Überblick, wie die Stimmung heute in der Klasse ist. In einem anschließenden Gespräch äußern sich die Lernenden mit den Sätzen „Ich habe den Smiley … gewählt, weil …“. Durch diesen einfachen Satzanfang können alle einen niederschwelligen Zugang zum Gespräch finden und teilen sich mit: Ein erster Redeanlass ist geschaffen, der die Hemmschwelle für weitere Wortbeiträge im Unterrichtsverlauf senkt.

In den höheren Klassenstufen und vor allem in der Berufsschule kann auch ein sogenanntes Mood-Board (deutsch: Stimmungsbrett) genutzt werden. Verschiedene Begriffe die zur eigenen Stimmung passen werden auf der Präsentationsfläche angezeigt. Über die Chatfunktion können die Lernenden dann ihre persönliche Stimmung teilen. Optional kann daran eine kurze Gesprächsphase einzelner Lernender angeschlossen werden. Während bei den jüngeren Klassenstufen der Redebedarf sehr hoch ist, lässt er mit zunehmendem Alter eher nach. Wichtig ist es dennoch, dass die Lehrperson im Rahmen des Religionsunterrichts einen Platz schafft, in dem die Lernenden gehört werden und sie mit ihrer persönlichen Stimmung zu Wort kommen können.

Erarbeitungs- und Ergebnissicherungsphasen: Lernende miteinbeziehen

Rituale stehen häufig am Stundenbeginn oder am Ende des Religionsunterrichts. Doch vor allem im digitalen Unterricht schaffen Rituale auch beim Ausführen von Aufgabenstellung eine vertraute Basis, die zur Teilnahme anregen kann und die Lernenden aktiv miteinbezieht. Dabei gilt es dieses Ritual einzuführen und zu üben. Während zu Beginn einfache Leseaufgaben verteilt werden können, kann im weiteren

Verlauf ein Kurzimpuls zu einem vorher festgelegten Thema oder einer Bibelstelle als eine Chance zur Teilnahme genutzt werden. Über den spielerischen Charakter lassen sich die Lernenden motivieren. Hierzu sind einige kostenlos Tools (wie Kahoot oder Quizlet) im Internet verfügbar. Eine kurze Fragerunde am Ende eines Inputs oder der Arbeitsphase gibt der Lehrkraft eine Rückmeldung und aktiviert die Lernenden.

Abschluss: Gemeinschaft erleben

Ein gemeinsames Stundenende bildet den Abschluss eines jeden Unterrichts. Ob das am Ende der Stunde sein muss, ist dabei nicht festgelegt. Häufig unterscheidet sich der digitale Unterricht dadurch, dass Phasen des selbstständigen Lernens genutzt werden und der Unterricht asynchron gestaltet wird. Im digitalen Religionsunterricht zeigt sich eine Rückmeldung an die Lernenden als förderlich. Über ein kurzes Feedback am Ende des Inputs bzw. der Stunde fühlen sich die Lernenden angesprochen. Diese Rückmeldung kann sich je nach Stundenverlauf auf die Mitarbeit im Unterricht oder die aktuelle Situation – ausgehend von den Äußerungen zu Beginn des Unterrichts – beziehen. Es wird somit ein Ringschluss hergestellt.

Kompetenzerwerb

Die Schüler:innen können

- sich ihrer emotionalen Verfasstheit bewusst werden und bringen diese mit unterschiedlichen Mitteln zum Ausdruck.
- kommunikative und ästhetische Kompetenzen erwerben, indem sie ihre Emotionen artikulieren.
- soziale Kompetenzen erwerben, indem sie die Emotionen ihrer Mitschüler:innen wahrnehmen.

Rolle und Professionalität der Lehrperson

- Die Lehrperson muss ein für sich authentisches Ritual finden.
- Die Lehrperson ermutigt die Schüler:innen, sich mit dem Ritual zu öffnen. Wichtigste Voraussetzung dafür ist es, dass es der Lehrperson gelingt, einen vetrauensvollen, geschützten Rahmen herzustellen, in dem Schüler:innen sich öffnen können.
- Zugleich ist die Lehrperson auch Vorbild und „Eisbrecher:in“, indem sie sich auch mitteilt, ohne dabei allerdings den Unterricht zu dominieren oder in eine unprofessionelle Privatheit abzuschweifen.

Chancen

- Das Ritual ermöglicht eine vertraute Atmosphäre und gibt Sicherheit. Schüler:innen erkennen den Religionsunterricht wieder.
- Die Lernenden fühlen sich mit ihrer Person, die mehr ist als nur die Leistungsträger:in, angesprochen und miteinbezogen.
- Rituale können performative Elemente sein und als solche gelebte Religiosität erfahrbar machen.

Grenzen

- Häufig stehen technische Probleme im Weg.
- Die Beziehungsebene lässt sich nur schwer auf digitalem Weg erreichen.
- Lernende sind häufig nicht allein zu Hause. Gerade wenn Schüler:innen über kein eigenes Arbeitszimmer verfügen und sich den Raum mit Geschwistern und/ oder Eltern teilen müssen, können sie sich nur schwer auf der emotionalen Ebene ansprechen lassen. Hier kann über „stumme" Rituale nachgedacht werden, die trotzdem eine Mitteilung der persönlichen Verfasstheit ermöglichen.

Arbeitsfragen/Arbeitsvorschläge für die hochschuldidaktische Umsetzung

- Reflektieren Sie, welche Rituale zu Ihrer Lehrerpersönlichkeit und zur Altersstufe Ihrer Schüler:innen passen.
- Formulieren Sie, bei welchen Phasen Ihres Unterrichts Rituale Lernenden Sicherheit geben können.
- Reflektieren Sie, welche Rituale Sie aus Ihrem Präsenzunterricht im digitalen Religionsunterricht übernehmen können.
- Diskutieren Sie die Bedeutung und die Grenzen von Ritualen im Religionsunterricht, auch vor dem Hintergrund des Beutelsbacher Konsenses und der Performativen Didaktik.

Weiterführende Literatur

Wehling, Hans-Georg (1977). Konsens à la Beutelsbach? Nachlese zu einem Expertengespräch. In Schiele, Siegfried/Schneider, Herbert (Hrsg.). Das Konsensproblem in der politischen Bildung. Stuttgart, S. 173–184, hier S. 178 ff. https://www.lpb-bw.de/wiebeutelbacherkonsensentstand/.

Ev. Medienhaus Stuttgart Website. https://www.evmedienhaus.de.

Ohm, Lena Christin (2018). Religionsunterricht digital? Total genial! https://www.evangelisch.de/inhalte/153571/07-12-2018/digitales-arbeiten-mit-religioesen-inhalten-friederike-wenisch-religionsunterricht.

Keden-Obrikat, Folke (2018). Kleine Rituale mit der Lerngruppe im BRU. BRU: Magazin für den Religionsunterricht an berufsbildenden Schulen. Bd. 70 (2018), S. 15.

Kurt, Aline (2018). Rituale und Stilleübungen für den Religionsunterricht. Mülheim an der Ruhr.

Peters, Beate (2017). Wolken oder Sonnenschein …: Überlegungen und Anregungen zu Ritualen im Religionsunterricht der Grundschule. Loccumer Pelikan 2017/3, S. 40–43.

Florian Vorherr ist Lehrer für die Fächer Mathematik, Sport und Evangelische Religion an einer Gemeinschaftsschule sowie Dozent an einer beruflichen Schule in Baden-Württemberg, M. A. Religionspädagogik.

5.2 Primarstufe

5.2.1 „Eine Tüte voller Freundschaft" *(Kerstin Bieber/Karin Hank)*

Allgemeine Beschreibung des Best-Practice-Beispiels:

Henrietta, genannt Henry, hat drei Lieblingsbeschäftigungen: Computerspielen, Computerspielen und noch einmal Computerspielen. So sitzt sie jeden Tag in ihrem Zimmer und fängt Frösche am Computer bis eines Tages … Ausgehend von der Geschichte von Henrietta wird im Fernunterricht das Thema Freundschaft bearbeitet. Mit viel Bewegung geht es um pantomimisches Spielen, das Thema Freundschaft und eine biblische Geschichte. Außerdem gibt es eine gemeinsame Froschjagd und eine Freundschaftsaktion.

In einer Zeit, in der sich die Grundschüler:innen nicht in der Schule treffen können, soll Freundschaft als wichtiges Thema des Miteinanders im Mittelpunkt stehen. Über das Thema Freundschaft sollen natürliche Beziehungsräume aktiviert werden, die Schüler:innen automatisch innehaben und eine lebendige Freundschaftsbeziehung (auch ohne sich zu sehen) reflektiert werden. Die Lernsequenz gliedert sich in vier Fernlernsitzungen. In den Tagen zwischen den synchronen Videokonferenzen haben die Schüler:innen die Aufgabe, zu den jeweiligen Themen zu Hause kreativ zu werden und etwas zu gestalten.

Der Einstieg in die kleine Lernsequenz erfolgt durch das Bilderbuchkino „Henrietta spürt den Wind" (s. weiterführende Literatur). Alltägliche Themen der Schüler:innen, wie ihre Lieblingsbeschäftigung oder eine Entdeckertour in der Natur, werden dabei aufgegriffen. Für die Schüler:innen ist es während der Fernunterrichtszeit wichtig, kurze Sequenzen von ca. einer halben Stunde zu haben, in denen sie sich in einer Videokonferenz sehen können. Dabei sollen die Bewegung und das Spiel ebenso wie die Geschichten und das Miteinandersprechen im Vordergrund stehen. Ganz wichtig sind dabei auch Rituale, die die Grundschulkinder aus dem Religionsunterricht in Präsenz bereits kennen.

Ausgehend von der Geschichte von Henrietta soll das Thema Freundschaft anhand der biblischen Geschichte der „Heilung eines Gelähmten" vertieft werden. Der Fokus liegt dabei auf dem Gelähmten und dem Umgang seiner Freunde mit ihm. In einem theologisierenden Gespräch kann darüber hinaus auf die Freundschaft von Jesus und seinen Jüngern und der Frage nach Gottes Freundschaften mit den Menschen eingegangen werden.

Zum Abschluss sollen die Grundschüler:innen aktiv werden, indem sie Ideen entwickeln, wie sie mit eine:r Freund:in in Fernlernzeiten in Kontakt treten und ihr oder ihm eine kleine unbezahlbare Freude machen können.

Planung der Lernsequenz „Eine Tüte voller Freundschaft"

Jede:r Schüler:in erhält zu Beginn der Unterrichtseinheit von der Lehrperson eine Freundschaftstüte. Nach jeder Videokonferenz (Fernlernstunde) füllen die Kinder einen zum Thema der Unterrichtsstunde passenden Gegenstand o. Ä. in diese Tüte: Ein Bild von sich bei ihrer Lieblingsbeschäftigung, ein Fundstück von ihrer Entdeckertour, drei aufgeschriebene Wörter, die ihnen beim Thema Freundschaft am wichtigsten sind, usw. Diese Freundschaftstüte soll zum einen eine Motivation für die Schüler:innen darstellen, selbst kreativ zu werden, zum anderen eine ermutigende Erinnerung an diese Zeit sein: Immer wieder können die Grundschüler:innen in diese Tüte schauen und lesen und sehen, was sie gebastelt oder entdeckt haben.

Material (Quellen/Bezugsmöglichkeiten s. u.):
- Bilderbuchkino „Henrietta spürt den Wind"
- Kamishibai mit Erzählkarten „Heilung eines Gelähmten" (auch digital, s. u.)
- Vorlage „Wir gehen auf Froschfang"
- Vorlage „Freundschaftsbuch"
- (elektrisches) Teelicht, Lied und Gebet für das Ritual, Freundschaftstüte

Darstellung der Lernsequenz

Die *erste Fernlernstunde* beginnt (wie jede Stunde) mit einem Ritual, das die Schüler:innen in ähnlicher Weise aus dem Religionsunterricht in Präsenz kennen: LED-Kerze entzünden, (freiwilliges) Gebet von Schüler:in, gemeinsames Lied („Komm wir wollen Freunde sein" von Daniel Kallauch wird bspw. von einer CD eingespielt und die Kinder singen mit).

Als Einstieg in die Stunde überlegen sich die Schüler:innen eine Lieblingsbeschäftigung und stellen diese nacheinander pantomimisch dar, während die anderen diese erraten. Die Fokussierung auf die Lieblingsbeschäftigung stellt die Hinführung zu Henriettas Lieblingsbeschäftigung dar. Das Bilderbuchkino zu „Henrietta spürt den Wind" schauen sich die Schüler:innen gemeinsam an. Als Aufgabe während der Sequenz erhalten sie den Auftrag zu beobachten, welche Lieblingsbeschäftigungen die Kinder im Bilderbuchkino haben. Diese sollen sie vor der Kamera nachstellen oder -spielen. Sie diskutieren anschließend, inwiefern diese Lieblingsbeschäftigungen mit ihren eigenen übereinstimmen oder wo sie Unterschiede entdecken. Anschließend formulieren die Schüler:innen, was die vier Freunde auf ihrer Entdeckerreise erlebt haben. Als Aufgabe zu Hause sollen sie selbst eine Entdeckertour in die Natur machen (im eigenen Garten, auf der Wiese, beim Spaziergang, ...). Auf dieser Entdeckertour nehmen die Schüler:innen die Natur mit allen Sinnen wahr. Anschließend notieren sie ihre Sinneseindrücke (Hören, Sehen, Fühlen). Dazu sammeln sie drei ausgewählte Dinge in ihrer Freundschaftstüte. Diese sollen in der folgenden Fernlernstunde präsentiert werden.

Nach dem Ritual präsentieren die Schüler:innen zu Beginn der *zweiten Fernunterrichtsstunde im Video-Plenum* ihre Schätze, die sie auf der Entdeckertour gesammelt haben. Daran schließt sich das Bewegungsspiel „Wir gehen heute auf

Froschfang“ (siehe Online-Blog) an. Die Lehrperson übernimmt die Rolle der Spielleitung, spricht jeweils einen Satz und macht dazu eine Bewegung vor. Die Kinder wiederholen den Text und die Bewegungen der Lehrkraft (call and response) und bewegen sich in ihrem virtuellen Raum, sodass sie noch weiterhin in die Kamera schauen können. Anschließend blendet die Lehrperson das Whiteboard ein, auf dem folgender Satz zu lesen ist: „An Freundschaft ist mir wichtig …“ In einem stummen Schreibgespräch ergänzen die Schüler:innen diesen Satz um einzelne Worte oder Sätze auf dem Whiteboard. Diese stellen die Grundlage für ein anschließendes Gespräch über Freundschaft dar. Auf dem Whiteboard kann eine Gewichtung vorgenommen werden, indem die Lehrperson oder ein:e Schüler:in Worte einkreist, welche andere ebenfalls für bedeutend erachten. Alternativ kann auf einem interaktiven Padlet gearbeitet werden, auf dem die Posts bewertet werden können. Die Stunde endet mit einer Blitzlichtrunde, bei der jede:r Schüler:in einen Satz formuliert, was ihr:ihm an einer Freundschaft am wichtigsten ist.

Auch die *dritte Fernlernstunde* beginnt mit dem Ritual, woran sich die Erzählung der Geschichte der „Heilung eines Gelähmten“ nach Mk 2,1–12 anhand eines (digitalen) Kamishibai Erzähltheaters anschließt, was auch in der Videokonferenz gut möglich ist. In einem Unterrichtsgespräch formulieren die Schüler:innen, was das Besondere der Freundschaft zwischen den vier Männern und dem Gelähmten ist und analysieren, ob sie Jesus auch als Freund des Gelähmten bezeichnen würden. Sie vertiefen ihre Erkenntnisse in einer kreativen Aufgabe in Einzelarbeit, deren Form sie selbst auswählen können. Zur Auswahl stehen drei Aufgaben, die sie nach dem Ende der Unterrichtsstunde eigenständig bis zur nächsten Fernunterrichtsstunde bearbeiten sollen:

a) Stell dir folgende Szene vor: Der Geheilte kommt gesund nach Hause und erzählt seiner Nachbarin, was er erlebt hat: Schreibe ein Gespräch zwischen den beiden.
b) Erzähle mithilfe eines Comics die Geschichte: Zeichne dazu mehrere Szenen/Bilder.
c) Suche dir die für dich wichtigste Szene aus der Geschichte aus und stelle sie mithilfe von Spielfiguren oder Bausteinen nach: Fotografiere diese Szene und schicke mir das Bild.

In der *vierte Fernlernstunde* schließt sich nach dem Ritual die Präsentation der Ergebnisse der Kreativaufgabe an. Je nach Größe der Lerngruppe, technischer Ausstattung und digitaler Kompetenz der Schüler:innen könnte diese Präsentation auch in Breakout-Sessions stattfinden. Im Plenum schließt sich ein theologisierendes Gespräch zu folgenden Aspekten an, die situationsadäquat als Impulse gegeben werden können: Was ist Freundschaft? Jesus suchte sich Freunde – was ist das Besondere daran? Kann man Gott als Freund haben? Waren Abraham (oder andere biblische Personen, die die Kinder kennen) und Gott Freunde? Im Anschluss daran erhalten die Schüler:innen die Vorlage einer Freundebuchseite, die sie in Einzelarbeit ausfüllen.

Die Lehrperson erstellt daraus ein Klassenfreund:innenbuch, das für alle Schüler:innen am Ende der Lernsequenz vervielfältigt wird und vielleicht den ermutigenden Charakter vermittelt, diese Krise nicht allein erlebt zu haben. Als kreative Hausaufgabe sollen die Schüler:innen bis zur nächsten Woche Freundschaft praktisch umsetzen, indem sie einer:m Freund:in etwas schenken, malen, schreiben, basteln, ein Gedicht verfassen oder ein Freundschaftsband knüpfen und es in den Briefkasten werfen oder ein Kreidebild auf den Gehweg vor dem Haus des Freundes malen. Bedingung der kreativen Aufgabe ist, dass der Freundschaftsgruß nichts sein darf, was es zu kaufen gäbe.

Kompetenzerwerb

Die Schüler:innen können

- Bedingungen für eine gelingende Freundschaft erläutern.
- sich in Gedanken, Gefühle und Perspektiven anderer Menschen hineinversetzen.
- die Geschichte der Heilung eines Gelähmten erzählen.

Professionalität und Rolle der Lehrperson

- Die Lehrperson ist für ihre eigene Medienkompetenz, aber auch die der Schüler:innen verantwortlich: Sie muss in der Lage sein, einen Film einzuspielen, das (digitale) Kamishibai und ein programminternes oder -externes Whiteboard einzusetzen. Ebenfalls muss sie dafür Sorge tragen, dass die Schüler:innen befähigt werden, auf dem Whiteboard zu schreiben. Auch Gesprächsregeln und Meldezeichen muss sie mit den Schüler:innen einüben.
- Die Lehrperson muss ihre Methodenkompetenz im Hinblick auf das digitale Format reflektieren und für sich didaktisch klären, wie sie ein theologisierendes Gespräch mit den Kindern online strukturieren kann.

Chancen

Gerade in einer Zeit des Abstands

- kann der Fernlernunterricht eine Möglichkeit des Miteinanderlernens und der Begegnung sein.
- ist das Thema Freundschaft (mit Phasen des Fernlernunterrichts und Aktionen zu Hause) ein verbindendes Thema.
- bieten die Onlinesitzungen den Vorteil, dass die Schüler:innen sich in kurzen Phasen sehen, miteinander spielen und austauschen können.

Grenzen

- Werden alle Schüler:innen in der Grundschule medial erreicht? Fernunterricht – und vor allem Religionsunterricht – liegen in der Grundschule nicht im Bereich der Normalität, da die Kinder kaum allein zu Hause am PC sitzen. Alternativ kann bspw. die Geschichte der Heilung des Gelähmten auf Video oder Audiodatei aufgenommen und auf den Schulserver hochgeladen oder per E-Mail an die Eltern der Kinder versendet werden.

- Sind alle Schüler:innen beteiligt? Vor allem in solchen Phasen wie einem Gespräch ist es eine große Herausforderung, alle Schüler:innen zu beteiligen. Eine Alternative dazu sind Entscheidungsfragen, bei denen die Schüler:innen über die Icons „Daumen hoch" und „Daumen runter" einbezogen werden.

Arbeitsfragen für die hochschuldidaktische Umsetzung

- Erläutern Sie, inwiefern sich Fernlernunterricht und Phasen des eigenständigen Lernens in der Primarstufe zu Hause ergänzen können bzw. müssen.
- Formulieren Sie Ihre Vision: Wie sieht digitaler Religionsunterricht in der Zukunft optimalerweise aus? Welche Ausstattung, Kompetenzen und Materialien benötigen die Grundschulkinder dafür?

Weiterführende Literatur

Ev. Medienhaus (Hrsg.) (2019). Freunde, Frösche und fremdelnde Pinguine. 3 Bilderbuchkinos ums Miteinander für Grundschulkinder. Stuttgart. (Ausleihe oder Kauf bei DVD-complett.de oder Download des Filmes über ein (Kreis-)Medienzentrum der Stadt).

Groß, Martina. Die Heilung des Gelähmten. Bildkarten für unser Erzähltheater. Don Bosco.

Link zu weiteren Ideen zum Bilderbuchkino (Memory und Learning Snack): https://www.dvd-complett.de/digital-und-interaktiv/interaktive-arbeitsblaetter/.

Link zum digitalen Kamishibai: https://www.mein-kamishibai.de/ekami-mit-leichtem-gep%C3%A4ck-ins-erz%C3%A4hltheater.

Kerstin Bieber ist Diplom-Religionspädagogin/Diplom-Sozialpädagogin, seit 13 Jahren Religionslehrerin an einer freien Grund-, Haupt- und Realschule und an der Evangelischen Hochschule Ludwigsburg für die Ausbildung von Religionslehrenden zuständig, Autorin bei DVD complett.

Karin Hank ist M. A. Religionspädagogin, Akademische Mitarbeiterin an der Pädagogischen Hochschule Freiburg und Lehrbeauftragte an der Evangelischen Hochschule Ludwigsburg, 15 Jahre im Religionsunterricht (Primarstufe, Sek I und Sek II) und Autorin verschiedener Unterrichtsmaterialien.

5.2.2 Godly-Play-Erzählung im digitalen Unterricht *(Beate Brauckhoff)*

Allgemeine Beschreibung des Best-Practice-Beispiels

Godly Play als Methode für kirchliche Kindergruppen erfreut sich zwar immer größerer Beliebtheit, wird aber selten im Religionsunterricht umgesetzt. Dies mag zum einen im aufwändigen Material-, Raum- und Gestaltungskonzept von Godly Play begründet sein, zum anderen vielleicht auch im kirchlichen Ursprung des Konzepts, das im Setting des Religionsunterrichts als Bildungsveranstaltung kritisch zu reflektieren ist. Godly Play beschreibt eine Methode, bei der Kindern biblische Geschichten veranschaulicht werden. Jerome W. Berryman hat Godly Play für Kindergottesdienste in den Vereinigten Staaten Amerikas entwickelt. Seine Überlegungen basieren auf dem pädagogischen Konzept von Maria Montessori mit dem Leitsatz: „Hilf mir, es selbst zu tun". Montessori legte großen Wert auf eine vorbereitete Umgebung, die auch im Godly Play eine große Rolle spielt. Zu Beginn tritt man beispielsweise jeweils in den speziellem „Godly-Play-Raum" ein, in dem die unterschiedlichen biblischen Geschichten in Materialpaketen getrennt nach Glaubensgeschichten, alttestamentlichen oder neutestamentlichen, Geschichten aufbewahrt werden. Eine „Godly-Play"-Einheit in der Präsenz folgt zudem einem festgelegten Ablauf: Begrüßung an der Tür, Versammeln im Stuhlkreis, Erzählen der biblischen Geschichte mit Materialien, Fragerunde zu den Materialien, kreative Weitergestaltung, gemeinsames Mahl und Verabschieden der Schüler:innen.

Auch im digitalen Religionsunterricht soll es Schüler:innen ermöglicht werden, dass sie sich mit Personen, Verhaltensweisen oder Situationen der Geschichte identifizieren und sie in reflektierter Weise auf die heutige Situationen übertragen. Dadurch nimmt jede:r Schüler:in eine andere für sich subjektiv-existenzielle Bedeutung der Geschichte wahr. Da es schwierig ist, das Raumkonzept und die Materialkästen sowie den oben beschriebenen Ablauf im digitalen Raum zu übernehmen, wird hier eine notwendige Reduktion und Modifizierung vorgenommen, damit dennoch die dichte Atmosphäre, die während einer Godly-Play-Einheit herrscht, spürbar werden kann. Sind die Schüler:innen bereits damit vertraut, sich um eine Mitte zu versammeln und die Konzentration auf eine sich entwickelnde Geschichte zu lenken, kann Godly Play auch digital gut umgesetzt werden.

In der Zeit des ersten Lockdowns wurden mehrere Videos zu Godly-Play-Geschichten auf YouTube eingestellt, die zum großen Teil im Godly-Play-Raum der Michaelis-Kirche in Leipzig aufgezeichnet wurden. Die Erzählerin „Sarah" erzählt eine biblische Geschichte und lädt anschließend zum kreativen Gestalten ein. Die Schüler:innen werden zwischendurch aufgefordert, das Video ggf. anzuhalten, um sich auf die einzelnen Teile einer Gott-im-Spiel-Einheit vorzubereiten. Die Lehrkraft kann die Godly-Play-Einheit aber auch an ihrem Schreibtisch per Videokonferenz erzählen, sollte sie darin geübt sein.

Konkretion am Beispiel der Lernsequenz: Jesus leidet und stirbt

Im Lehrplan der Grundschule für das Land Nordrhein-Westfalen (3.6 Jesus Christus begegnen) wird in der Schuleingangsphase die Passions- und Ostergeschichte (Mk) bearbeitet. In der 3./4. Klasse liegt der Fokus darauf, Christus als das Licht der Welt zu erarbeiten. Die Godly-Play-Erzählung konzentriert sich auf die wichtigsten Ereignisse der Passionsgeschichte vom Einzug in Jerusalem bis zur Grablegung. Die Auferstehung wird bewusst weggelassen und am Ende der Erzählung damit begründet, dass die Kinder wissen, dass diese Geschichte nicht traurig bleiben wird.

In der Erarbeitung der Geschichte können die Schüler:innen Jesus in seiner Menschlichkeit wahrnehmen, die sich in seiner Angst, aber auch in seiner Entschlossenheit zeigt, seinen Weg zu gehen. Die Schüler:innen erfahren, dass Jesus sich in der Krise von Gott getragen und unterstützt weiß. Dies kann einen Aspekt darstellen, um in der gegenwärtigen pandemischen Krise die Schüler:innen zu ermutigen, darüber nachzudenken, was sie in der Krise stärkt.

In einer Godly-Play-Einheit werden Kinder ermutigt, sich das Material selbst aus dem Regal zu holen, um sich die Geschichte noch einmal selbst zu erzählen. Durch eine selbst erstellte Materialkiste kann Godly Play auch Zuhause einziehen und die Schüler:innen setzen mit ihrem Material die Geschichte für sich selbst um.[17] Die Schüler:innen könnten diese „Requisiten" mit ein bisschen Fantasie aus Stoffresten, Pappe oder selbsthärtendem Ton herstellen. Alternativ kann die Lehrperson (evtl. unterstützt durch kirchliche Einrichtungen wie Schuldekanate vor Ort) diese zur Verfügung stellen, um allen Schüler:innen eine Teilhabe zu ermöglichen. In jedem Fall ist es sinnvoll, für die Schüler:innen konkrete Ideen der „Befüllung" ihrer Kiste zu formulieren, damit sie diese Kiste auch mit alternativen, in ihrem Haushalt oder in der Natur zu findenden, kostenlosen Materialien befüllen können. So könnte sich als Jesus-Figur ein Spielkegel oder eine andere Spielfigur anbieten.

Vor der eigenständigen Zusammenstellung des Materials wird mit den Schüler:innen in einer Videokonferenz besprochen, was zu bedenken ist: Die Schüler:innen malen auf festerem Papier Wege, die Umrisse einer Stadt, nutzen Bauklötze und anderes Spielmaterial (Wie lebten wohl die Menschen damals ihren Alltag? Wie sahen wohl Alltagsgegenstände wie Kelche und Teller damals aus?).

Einleitung: Zu Beginn jeder Stunde begrüßt die Lehrperson die Schüler:innen namentlich, die dann folgenden Arbeitsauftrag bearbeiten:

> *„Heute zeige ich euch die biblische Geschichte (in Form eines Videos). Sieh dir meine Erzählung/das Video in Ruhe an. Schreibe auf, was dir auffällt, was dir gut gefällt oder eben nicht, was du nicht verstehst, was du der Klasse gerne zu der Erzählung sagen möchtest."*

Mögliche Erarbeitung: Anschließend wird das Video auf dem geteilten Bildschirm der Lehrperson gemeinsam geschaut. Die Schüler:innen können sich über ein „schriftliches Gespräch" miteinander austauschen, falls sie in solchen Arbeitsformen bereits geübt sind, z. B. „Whiteboard" in Zoom oder Teams, kollaborative Dokumente in Jitsi erstellen oder die Beiträge werden direkt ins Padlet (padlet.com oder yopad.eu) eingetragen. Auch die Beiträge der Schüler:innen, Bilder und Texte können in das Padlet eingestellt und für alle sichtbar gemacht werden.

Im Folgenden sollen an einigen Beispielen zu Aspekten der Perikope geschildert werden, wie diese konkret in einzelnen Unterrichtsstunden bearbeitet werden:

---

17 Die Auflistung des Materials steht zu Beginn jeder Erzähleinheit, die in der Präsenz stattfindet: grauer Filz (Jerusalem), grüner Filzflecken (Getsemani), 2 graumelierte Filzstreifen (Wege), eine ockerfarbene Unterlage, Stadtmauern (Jerusalem), Baumgruppe, Kreuz, Grabhöhle, Jesus-Figur, sowie Symbole, die Ereignisse kennzeichnen: Palmzweige, Kleider, Tisch, Kelch, Teller, Dornenkrone/ Geißel, Purpurmantel (Steinhäuser 2018, S. 176, 179).

1. Letzter Lebensweg Jesu:
Arbeitsauftrag: Notiere: Welche Wege bist du schon gegangen? Welche Wege sind dir leichtgefallen, welche schwer? Wie hat Jesus sich wohl auf diesen letzten Wegen gefühlt?

Mit den Materialien der Erzählkiste sollen die Schüler:innen die Geschichte nachstellen und sich überlegen, wie leichte und schwere Wege dargestellt werden können. Sie können mit einem Stichwort eine Lebenssituation beschreiben und auf den Weg legen, anhand des Untergrundes kann deutlich gemacht werden, wie die Situation empfunden wurde. Die Schüler:innen werden gebeten, ihre „Aufstellungen" zu fotografieren. Haben die Schüler:innen noch keine Erfahrungen mit kollaborativen Tools, werden die Fotos per E-Mail eingesammelt und in eine PowerPoint durch die Lehrkraft eingepflegt. Alternativ kann bei älteren Schüler:innen auch die Kreuzform der Eingangserzählung zum Thema gemacht werden: Wege kreuzen sich, Pläne werden durchkreuzt, das eigene Kreuz tragen, aufgekreuzt …

2. Einzug nach Jerusalem.
Anschließend wird der Einzug in Jerusalem geschildert/die Filmsequenz gezeigt. Hier füllen die Schüler:innen zunächst einen Lückentext[18] aus. Dann erzählen sie den Einzug in Jerusalem mit den ihnen zur Verfügung stehenden Materialien nach. Mit der App ChatterPix können sie einzelnen Elementen der Erzählung eine Stimme geben: Sie können aus der Ich-Perspektive von Jesus erzählen. Sie können den Weg erzählen lassen, was er alles in diesen Tagen in Jerusalem erlebt. Die Mauern können Ohren bekommen und erzählen weiter, was es in diesen Tagen alles zu hören und zu sehen gibt. Die Schüler:innen zeigen ihren eigenen Zugang zur Geschichte, zeigen wie weit sie die Geschichte für sich selbst durchdacht haben.

3. Passamahl:
Zur Erzählung des Passahmals (per Videosequenz) nehmen die Schüler:innen eine Reportage dieses letzten gemeinsamen Essens mit Jesus auf oder lassen einen Jünger erzählen, was an diesem Abend passiert ist und wie er es empfunden hat. Die Soundfiles der Videosequenz können heruntergeladen und als E-Mail verschickt werden[19]; dies ermöglicht, die einzelnen Stellungnahmen zu einem Podcast zusammenzuschneiden.

4. Garten Getsemani
Bei der anschließenden Erzählung zur Gefangennahme im Garten Getsemani werden folgende Leitfragen gestellt:

Wie fühlt sich Jesus? Fühlt er sich allein? Fühlt er sich von seinen Jüngern gut begleitet? Warum ist es ein schweres Gebet?

Die Schüler:innen sollen einen kleinen Film drehen, in dem Jesus und seine drei besten Freunde zu sehen und zu hören sind: Sie sollen Jesus erzählen lassen, was ihm

18 https://learningapps.org/display?v=pzu9ntrk521.
19 https://audio-joiner.com/de/.

im Garten auf dem Herzen liegt. Seine besten Freunde sollen berichten, wie es ihnen damit geht, dass sie ihren Freund so allein gelassen haben: Verrat, Gefangennahme, Verurteilung, Kreuzigung – Mk 14,43–15,20. Anschließend können die godly-play-typischen Ergründungsfragen mit den Kindern in einer Videokonferenz besprochen werden:

> „Ich frage mich, was ihr als Erstes dazu sagen möchtet oder sagen müsst? Was könnte an dieser Geschichte wohl am wichtigsten sein? Ich frage mich, wo ihr in der Geschichte vorkommt? Ob wir wohl etwas weglassen könnten und hätten dennoch die ganze Geschichte? Ich frage mich, was ihr euch noch fragt?" (Steinhäuser 2018, S. 184).

Nachdem die Schüler:innen die Geschichte zu Ende geschaut und mit ihren eigenen Materialien nachgestellt und in Szenen fotografiert haben, können mit Bookcreator[20] ihre eigenen Fotos und Audios zu einem Buch umgesetzt werden. Die Lehrperson kann vorher eine Art „Masterbook" erstellen, in dem auf jeweils einer Seite wichtige Bibelstellen stehen und die Schüler:innen fügen die entsprechenden selbst erstellten Materialien ein. Auch die Erstellung eines AdobeSpark-Videos[21] ist möglich: Die einzelnen Fotos werden eingefügt, zu jedem Foto wird ein Text aufgesprochen und das Programm fügt alles zu einem kleinen Film zusammen. Das jeweils letzte Bild soll zeigen, wie die Schüler:innen die Auferstehung Jesu mit dem ihnen zur Verfügung stehenden Erzähl- und Kreativmaterial umsetzen.

Anschließend haben die Schüler:innen die Möglichkeit mit eigenen Materialien die biblische Geschichte nachzuspielen. Hierzu gibt die Lehrkraft folgenden Arbeitsauftrag als Hausaufgabe:

> *Sucht euch jetzt aus eurer Wohnung die Materialien aus, die zu der Geschichte passen könnten. Vielleicht habt ihr ja auch einen Karton, in den ihr die Materialien legen könnt. Stellt oder legt die Materialien so vor euch hin, wie es für euch passend ist. Gestaltet die Geschichte kreativ und spielt mit den Materialien.*

Die Schüler:innen suchen als Hausaufgabe die Materialien, legen diese und fotografieren sie abschließend für die Lehrkraft, sodass die Fotos in der nächsten Stunde gezeigt, gewürdigt und reflektiert werden können. Ein gemeinsames Mahl im Plenum, bei dem alle Schüler:innen eine Kleinigkeit essen, rundet die Stunde ab. Die Verabschiedung erfolgt wieder individuell, indem die Lehrkraft die Schüler:innen einzeln aus der Videokonferenz entlässt.

20 https://bookcreator.com/online/.
21 https://spark.adobe.com/de-DE/sp/.

Kompetenzerwerb

Die Schüler:innen können

- durch das materialgestützte Erzählen Ereignisse der Passionsgeschichte Jesu benennen und ihre Bild- und Symbolsprache ausbilden.
- sich mit krisenhaften Situationen im Leben Jesu auseinandersetzen und vor diesem Hintergrund ihren eigenen Umgang mit krisenhaften Situationen reflektieren.
- ihre Medienkompetenz durch den Einsatz von Apps oder browsergestützten Programmen vertiefen.

Rolle und Professionalität der Lehrperson

- Die Unterrichtseinheit kann zwar auch – zum Beispiel in höheren Jahrgangsstufen– als eigenständig zu bearbeitende Aufgabe in die Lerngruppe gegeben werden, zu Beginn ist es aber wichtig, dass es die Aufgabe der Lehrperson ist, die Schüler:innen in das Video und die Aufgaben einführen.
- Die Lehrenden sollten eigene Erfahrungen als erzählende oder zuhörende Person mit Godly-Play-Einheiten haben.
- Die Lehrperson sollte den Schüler:innen viel Raum und Zeit für die kreative Gestaltung lassen, sodass es sein kann, dass man sich mitunter eine Woche oder länger mit einer biblischen Geschichte beschäftigen kann.

Chancen

Das Godly-Play-Material ist so konzipiert, dass eine inhaltliche Auseinandersetzung stattfindet, aber auch kreative und gottesdienstliche Elemente ihren Ort finden können. Das Anzünden einer Kerze, häufig ein Ritual im Präsenzunterricht, kann auch hier eingesetzt werden.

Grenzen

- Auch wenn die Erzählung durch Legematerial unterstützt wird, fällt es manchen Schüler:innen schwer, sich allein über einen längeren Zeitraum zu konzentrieren. Sind die Schüler:innen allerdings auch vom Video angesprochen, ist es wichtig, dass sie sich über das Gesehene und Erlebte austauschen können. Dies kann in einer Unterrichtsstunde zu kurz kommen, daher sind Doppelstunden sinnvoller.
- Sprachlich gibt es einige Wörter, die sicherlich einer weiteren Erklärung bedürfen (siehe Tabelle) und auch die dialektgefärbte Sprache der Erzählenden kann zu Verständnisproblemen führen. Dann kann die Lehrkraft den Text selber erzählen und mit den Materialien darstellen, dies erfordert aber wiederum viel Übung.

Arbeitsfragen für die hochschuldidaktische Umsetzung

- Beurteilen Sie die Umsetzung eines kirchlichen Erzählkonzepts auf den Religionsunterricht in der Schule. Beachten Sie dabei, dass der Religionsunterricht sowohl staatlich als auch kirchlich verantwortet wird.
- Recherchieren Sie zum Konzept „Godly Play“ und beurteilen Sie die hier dargestellte digitale Variante.

- Erarbeiten Sie zu einer anderen biblischen Erzählung eine eigene Godly-Play-Variante für Ihren digialen Unterricht.

Weiterführende Literatur

Berryman, Jerome W. (2014). Das Konzept Zum Spielerischen Entdecken Von Bibel Und Glauben: Weihnachtsfestkreis und Gleichnisse (Godly Play). Leipzig.

Godly Play deutsch e. V. (o. D.). www.godlyplay.de. https://www.godlyplay.de/images/stories/Aktuelles/2021-01_Handreichung_GP_digital/Godly_Play_im_digitalen_Kontakt.pdf.

Kaiser, Ursula Ulrike/Lenz, Ulrike/Simon, Evamaria/Steinhäuser, Martin (2018). Gott im Spiel. Handbuch für die Praxis. Leipzig, S. 229 ff.

Steinhäuser, Martin (Hrsg.) (2006). Godly Play: Das Konzept zum spielerischen Entdecken von Bibel und Glauben (Bd. 1 Einführung in Theorie und Praxis). Leipzig.

Steinhäuser, Martin (Hrsg.) (2008). Godly Play: Das Konzept zum spielerischen Entdecken von Bibel und Glauben (Bd. 5 Analysen, Handlungsfelder, Praxis). 2. Auflage. Leipzig.

Steinhäuser, Martin (2018). Jesus leidet und stirbt. In Steinhäuser Martin (Hrsg.). Gott im Spiel. Jesusgeschichten. Leipzig, S. 176–184.

Steinhäuser, Martin/Oystese, Rune (Hrsg.) (2018). Godly Play – European Perspectives on Practice and Research. Gott im Spiel – Europäische Perspektiven auf Praxis und Forschung. Münster.

Ausgewählte Videos zu Godly Play (weitere, siehe QR-Code)

Gott im Spiel – Godly Play. https://www.youtube.com/watch?v=4BbA0os4wQA Was ist Godly Play?

Altes Testament. https://www.youtube.com/watch?v=id7QZ2DlN-U&t=68s Schöpfung (Die großen Geschenke)

Neues Testament. https://www.youtube.com/watch?v=TjRFPIFVECU&t=207s Das Gleichnis vom Guten Hirten

Beate Brauckhoff ist Pfarrerin und Dozentin am Pädagogischen Institut der EKvW mit Schwerpunkt religionspädagogische Fortbildungen für den Elementar- und Primarbereich.

5.3 Sekundarstufe I

5.3.1 „Kreative Poesie im digitalen Raum" – Textverdichtung in einer Zoom-Konferenz *(Stefanie Pfister)*

Allgemeine Beschreibung des Best-Practice-Beispiels

Beim Verdichten eines Textes wählen die Schüler:innen aus ihrem eigenen Text „Kernwörter" aus, „in denen sich der Sinn des Textes konzentriert", schreiben diese heraus und ordnen sie zu einem neuen „Assoziationsnetz" an (Böttcher/Wagner 1996, S. 84). Darüber hinaus wird die kreative Textverdichtung als eine „Möglichkeit der Textreduktion […] meist in Grundschulen eingesetzt, um zu ersten freien lyrischen

Formen zu kommen" (Moers/Zühlke 1999, S. 70 f.). Edelgard Moers hat diese Methode häufig im Primarbereich eingesetzt und auch vorgestellt, sie kann aber auch ohne Weiteres im Sekundarbereich I eingesetzt werden. Das Spannende an der Methode ist, dass man am Ende die Textstreifen der Gruppenmitglieder zu einem neuen reduzierten, aber zugleich verdichteten Text zusammenlegen kann, wobei Textwiederholungen als besondere wiederkehrende Elemente angeordnet werden können. Auf den Religionsunterricht übertragen stellt die kreative Textverdichtung eine Möglichkeit dar, um

a) religiöse Bildermotive nach einer Phase der gemeinsamen Bildbetrachtung in assoziative Texte zu übertragen,
b) biblischer Theopoesie nachzuspüren, da z. B. viele Psalmen auch in „poetischer Verdoppelung" (Büchner 2010, S. 7 ff.) formuliert sind sowie
c) eigene Gebete, Psalmen, Segenssprüche oder Lieder zu entwerfen, die als Ausdruck der „Kommunikation mit Gott als Grund und Ziel des eigenen Lebens" (Grethlein 2005, S. 278) dienen können.

Vorbereitung der Lernsequenz

Organisationsphase: Die Textverdichtung als poetische Auseinandersetzung zu verschiedenen (religiösen Bildern) sollte möglichst in einer 60-minütigen Videokonferenz oder in einer Doppelstunde geschehen. Die Lehrperson hat als Einstieg ein Bild ausgewählt, auf dem eine biblische Szene (mit mindestens zwei Personen) zu sehen ist. Alternativ kann auch ein biblischer Text per PPP auf dem Bildschirm geteilt werden. Die Schüler:innen werden aufgefordert, ein DIN-A4-Blatt sowie ca. fünf bunte Papierstreifen und einen Klebestift auf der Arbeitsfläche vor sich bereit zu legen.

Darstellung der Lernsequenz

Einführungsphase mit kreativem Schreiben in der Video-Galerie (Plenum und Einzelarbeit): Die Schüler:innen betrachten gemeinsam das Bild einer biblischen Person, welches von der Lehrkraft auf ihrem Bildschirm geteilt wird. Es ist auch möglich, dass die Lehrkraft eine biblische Geschichte vorliest, die via geteiltem Bildschirm mitgelesen werden kann. Anschließend fragt die Lehrperson nach Verständnisfragen und/oder ersten Eindrücken. Sind keine Verständnisfragen mehr zu klären, formuliert die Lehrperson den Arbeitsauftrag, den die Schüler:innen bei ausgeschalteter Kamera bearbeiten:

> *„Suche dir aus dem Text oder aus dem Bild eine Person aus. Schreibe in kurzen (6–8) Sätzen und in lesbarer Schrift einen eigenen Text zu dieser Person. Schreibe in Ich-Form. Formuliere dabei, was du als diese Person denkst oder fühlst."*

Diese Phase wird erst dann beendet, wenn auch die:der letzte Schüler:in mindestens sechs Sätze geschrieben hat (wichtig für eine angemessene Auswahlmöglichkeit). Man könnte diesen Teil auch mit ruhiger Musik untermalen, die Schüler:innen sollten stumm geschaltet sein. Das Ende wird von der Lehrkraft mit einem zuvor vereinbarten Signal eingeleitet, zum Beispiel einer Klangschale. Dann werden die Kameras wieder eingeschaltet.

Erarbeitungsphase im Breakout-Room: Die Schüler:innen werden in Breakout-Rooms in Zufallsgruppen mit vier bis sechs Personen eingeteilt. In den Kleingruppen lesen sie dort nacheinander ihren eigenen Text langsam und deutlich vor, sodass er in Ruhe von der Gruppe gehört werden kann. Man kann den Text auch in die Kamera halten. Nun nennt jede:r aus der Gruppe den schönsten Satz bzw. den Satz, der sie:ihn am meisten bei der:dem Schüler:in beeindruckt hat, die:der eben gelesen hat. Dieser Satz wird dann von der Person, die den Text geschrieben hat, markiert und auf einen Papierstreifen (mit dem Namen der Person, die den Satz ausgewählt hat) geschrieben. So erhält jede:r Schüler:in mehrere Sätze von den Mitlernenden genannt, die diesen bei ihr:ihm aufgefallen sind. Sollte ein Satz doppelt genannt werden, wird dieser auch aufgeschrieben.

Gestaltungs- und Präsentationsphase im Breakout-Room: Sobald jede:r seinen Text in die Kamera gehalten oder vorgelesen, die Rückmeldung in Form der schönsten Sätze erhalten und die Sätze aufgeschrieben hat, betrachten die Schüler:innen ihren nun so markierten Text:

> *„Wenn du nun alle Sätze auf den Papierstreifen vor dir liegen hast, lies dir alle Streifen noch einmal durch. Vielleicht entdeckst du einen Satz sogar mehrmals, weil er den anderen so gut gefallen hat. Lege die Streifen in eine Reihenfolge, die dir gefällt, lege sie wie Verse an. Nimm einen weiteren Papierstreifen und schreibe eine Überschrift dazu."*

Haben fast alle Mitschüler:innen den gleichen Satz gewählt, so muss dieser besonders eindrucksvoll sein, er kann als poetischer Kehrvers genutzt werden und die:der Schüler:in kann dazwischen jeweils eine eigene Textzeile ergänzen. Ein zusätzlicher Papierstreifen wird für die Überschrift genutzt. Das Ergebnis ist ein dichterischer Text der eigenen Worte, die aber von anderen Mitschüler:innen ausgewählt wurden. Die Ergebnisse können zunächst im Breakout-Room vorgestellt werden. Wichtig ist, dass die Lehrperson den Ablauf der Arbeitsphase im Breakout-Room in schriftlicher Form mit in die Gruppen gibt, damit alle nachvollziehen können, welche Schritte sie in der Kleingruppe nacheinander bearbeiten sollen.

Plenum: Im Plenum kann in der Video-Galerie-Ansicht eine Lesung der Ergebnisse stattfinden. Dies sollte jedoch freiwillig erfolgen. Damit die Ergebnisse nicht verloren gehen, können die Schüler:innen diese abschließend abfotografieren und an die Lehrperson schicken, die diese sammelt.

Kompetenzerwerb

Die Schüler:innen können

- die Perspektive von biblischen Protagonist:innen übernehmen und sich mit ihnen und ihrem Leben auseinandersetzen.
- sich durch die Formulierung innerer Monologe einen religiösen Sprachschatz erwerben und sich damit ausdrücken.
- das Reden über Religion poetisch verdichten, anlegen, gestalten und reflektieren.

- ihre eigenen Fragen, Zweifel und Sehnsüchte in Beziehung setzen zur biblischen Situation.
- ihre eigenen Erfahrungen und ihren Bezug zum biblischen Text einbringen und damit den Sinn neu konstituieren. Damit erwerben sie rezeptionsästhetische und bibeldidaktische Kompetenzen.

Professionalität und Rolle der Lehrperson

- Die Lehrperson eröffnet die Begegnung zwischen der Erfahrungswelt biblischer Personen mit der Erfahrungswelt der Schüler:innen. Dies ist nicht immer antizipierbar und kann überraschen. Hierauf muss sie sich einlassen können.
- Die Lehrkraft sollte in der Einführungsphase darauf achten, dass hier eine hohe Motivation herrscht und wirklich alle genügend Sätze geschrieben haben, sonst funktioniert die Methode nicht mehr gut.

Chancen

- Es entsteht eine intensive, kreative und spannende Auseinandersetzung mit biblischen Protagonist:innen, welche empathiefördernd sein kann, da man sich hineinversetzt in die Person, zum Beispiel in dem Engel, welcher über der Krippe schwebt und sich überlegt, was er wohl gefühlt haben könnte. Und dabei bringt man seine eigenen Gedanken und Gefühle ein. Dies kann stark machen, weil eigene Verhaltensweisen und Gedanken entdeckt werden, die im eigenen Leben helfen können („Ich glaube, dass ich bin – da bin – an dem Ort, wo es gerade wichtig ist.“).
- Biblische Texte erhalten einen hohen Motivationsfaktor, auch im digitalen Raum, da nicht nur ein auf dem Bildschirm freigegebener Text gemeinsam gelesen und besprochen wird, sondern weil individuell und persönlich kreativ mit dem Text gearbeitet wird.
- Der Zugang zu biblischen Protagonist:innen über Gedanken und Gefühle birgt viel Potenzial, um etwas über sich und die Schüler:innen zu erfahren. Diese Methode evoziert immer autobiografische Gedanken.

Grenzen

- Es erfordert viel Zeit, Schüler:innen eigene Texte vorlesen zu lassen, darauf zu warten, dass sich jede:r einen Satz aussucht, der ihr:ihm gefällt und dass dieser wiederum aufgeschrieben werden muss. Deshalb sollten die Sätze nicht zu lang und die Gruppen nicht allzu groß sein (max. 6 Personen).
- Es kann enttäuschen, wenn alle Gruppenmitglieder nur einen Satz schön finden. Hier können im Vorfeld Impulse gegeben werden, dass zumindest zwei verschiedene Sätze ausgewählt werden müssen.
- Die Auseinandersetzung mit eigenen Fragen und Zweifeln, Gedanken oder Gefühlen kann bisweilen etwas unbequem oder sogar zermürbend sein. Hier ist von der Lehrkraft darauf zu achten, dass sich die Lehrperson nicht zu sehr auf Fragen einlässt, die wenig Resilienz und Halt geben. Zudem kann darauf verwiesen

werden, wie die biblische Person wohl mit diesen Fragen weiter umgegangen ist, sodass sich die Schüler:innen darauf beziehen können.

Arbeitsfragen/Arbeitsvorschläge für die hochschuldidaktische Umsetzung

- Führen Sie die Methode durch und reflektieren Sie diese gemeinsam. Benennen Sie weitere Chancen und Grenzen dieser Methode.
- Begründen Sie, ob und inwiefern durch diese Methode Resilienz gefördert werden kann.
- Nehmen Sie zu folgendem Zitat Stellung: „Es ist unverantwortlich, sich in die Gedanken biblischer Personen einzufühlen. Das ist anmaßend. Wo sind dann die Grenzen? Sollen wir dann überlegen, was Jesus wohl gedacht oder gefühlt haben könnte?"

Weiterführende Literatur

Böttcher Ingrid/Wagner Monika (1996). Kreative Texte bearbeiten. Praxis Deutsch 137. Sonderheft Schreiben. S. 84–87.

Büchner, Frauke (2010). Gerechtigkeit lernen. In Neuschäfer, Rainer Andreas/Hahn, Matthias (Hrsg). Gerechter werden. Unterrichtsvorschläge für kompetenzorientierten Religionsunterricht in der Sekundarstufe I. Jena, S. 7–33.

Moers, Edelgard (2007). Die Lyrik-Kartei. Schülerinnen und Schüler an das Gedichteschreiben heranführen. Praxis Grundschule, Heft 2 (2007), S. 4–32.

Moers, Edelgard/Zühlke, Stefanie (1999). Schreibwerkstatt Grundschule. Möglichkeiten zum freien, kreativen, assoziativen, produktiven und kommunikativen Schreiben. Donauwörth, S. 70 f.

Pfister, Stefanie (2010). Das Land der Fairness oder die Reise ins Land der Gerechtigkeit. Unterrichtsbeispiele für den Religionsunterricht in der Jahrgangsstufe 5/6. In Neuschäfer, Rainer Andreas/Hahn, Matthias (Hrsg). Gerechter werden. Unterrichtsvorschläge für kompetenzorientierten Religionsunterricht in der Sekundarstufe I. Jena, S. 86.

Pfister, Stefanie/Roser, Matthias (2015). Fachdidaktisches Orientierungswissen für den Religionsunterricht. Göttingen. (Textverdichtung, S. 129).

5.3.2 Gott ist heute für mich wie … – Materialarrangements zu Gottesvorstellungen in Videokonferenzen (Stefanie Pfister)

Allgemeine Beschreibung des Best-Practice-Beispiels

Viele Faktoren gestalten die individuellen Gottesvorstellungen und bestimmen die Dynamik der Gottesbeziehung und des Gottesverständnisses: Anregungsimpulse, kognitive Reife, Kommunikationsräume, soziales Umfeld, eigene Aktivitäten und Suchen, Belastungssituationen, Familiensituationen, Lebenswelt, Beziehungserfahrungen, Deutungsrahmen etc. Um auch im Religionsunterricht Gottesvorstellungen zu eruieren, zu fördern oder zu vertiefen, bietet es sich an, mit kreativen Materialien zu arbeiten, damit nicht nur anthropomorphe Gottesvorstellungen entstehen oder verfestigt werden (vgl. Szagun 2006, S. 65–71). Im Folgenden wird eine Variante für den digitalen Religionsunterricht vorgestellt, die flexibel und rasch einsetzbar ist und insbesondere diagnostisch zu Beginn einer Unterrichtsreihe zum Thema „Gottesvorstellungen“, aber auch während der Reihe zu biblischen Texten mit Gottesbildern eingesetzt werden kann.

Darstellung der Lernsequenz

Vorbereitungsphase: Vor der Unterrichtsstunde erhalten die Schüler:innen den Arbeitsauftrag, verschiedene Materialen zum Gestalten aus der Natur, ihrer Wohnung, aus ihrem Haushalt, ihrem Zimmer etc. vor sich auf einem Tablett für die Videokonferenz bereitzulegen. Dies können auch Bastelmaterialien sein, Kleber, Schere, Naturmaterialien, Dinge, die kaputt sind oder die man nicht mehr braucht, etwas, was immer schon ungenutzt in Schubladen herumliegt, etwas, was man gern wegwerfen möchte, oder etwas, was einem viel bedeutet etc. Allein schon dieser Arbeitsauftrag wirkt motivierend und spannungserzeugend und es werden sicherlich viele Materialien gefunden werden.

Einleitung zum Arbeitsauftrag: Die Lehrkraft teilt ihren Bildschirm und zeigt eine PP-Folie mit dem Satz „*Gott ist heute für mich wie …*“. Dazu kann sich ein erstes Unterrichtsgespräch im Video-Plenum anbahnen, z. B. welche Gottesvorstellungen die Schüler:innen haben, welche Emotionen sie ggf. mit dem abstrakten Begriff „Gott“ verbinden oder welche kognitiven Aspekte. Es können auch biblische Gottesvorstellungen genannt werden, dabei sollte aber die Vielzahl und Vielseitigkeit von Gottesvorstellungen betont werden; zudem sollte die Lehrkraft die Schüler:innen ausdrücklich dazu ermutigen, eigene – ggf. bisher noch nicht genannte/bekannte Gottesvorstellungen – zu nennen, zu entwickeln und zu gestalten. Sollten Schüler:innen keine Gottesvorstellungen formulieren wollen, weil sie sich als nicht religiös definieren, können sie sich auch zum Satz äußern „*Was mich im Leben trägt, stärkt und schützt …*“. Im interreligiösen Kontext lässt sich auch ein Satz zu „*Allah ist heute für mich wie …*“ gestalten.

Erarbeitungsphase in der Einzelarbeit: Nach einer kurzen Einleitung in der Videogalerie gestalten die Schüler:innen zum Satz: „*Gott ist heute für mich wie …*“ in Einzelarbeit, mit ausgeschalteter Kamera, aber mit Ton, damit der Kontakt zueinander möglich ist, ihre persönliche Gottesvorstellung mit den Materialien. Die Lehrkraft steht hier bei Fragen zur Verfügung, hält sich aber ansonsten zurück. Entspannende Musik kann eingespielt werden. Spannend ist es immer wieder diesen Zeitraum zu nutzen, auch eine eigene Gottesvorstellung als Lehrkraft zu gestalten.

Erarbeitungsphase in den Breakout-Rooms: Nach ca. 10 Minuten gehen die Schüler:innen in Kleingruppen in die Breakout-Rooms und stellen dort den Mitschüler:innen ihre Gottesvorstellung vor bzw. lassen diese interpretieren. Hier ist es sinnvoll, dass die Gruppen in vertrauensvolle Freundschaftsgruppen eingeteilt werden, da ein unmittelbarer persönlicher Austausch ermöglicht werden soll, weil eine Gottesvorstellung sehr privat ist.

Vorstellungsphase im Plenum: Im Plenum wird anschließend hauptsächlich über die Methode und Umsetzungsmöglichkeiten sowie die Wandelbarkeit der Gottesvorstellung im Alltag und Lebenslauf diskutiert. Es können auch Fragen gestellt werden. Oder manche Schüler:innen können freiwillig allen ihre Gottesvorstellung vorstellen. Anschließend fotografieren die Schüler:innen mit ihrem Smartphone ihre Gottesvorstellungen und schicken das Foto per E-Mail/Schulserver an die Lehrkraft, sodass sie in die PPP für die nächste Religionsunterrichtsstunde eingebunden werden können.

Weiterarbeit: In der nächsten Stunde, zum Beispiel eine Woche später, kann als Einstieg die PPP mit den Fotos der Gottesvorstellungen der Schüler:innen – ohne Namen – gezeigt werden. Anschließend gehen immer zwei Schüler:innen in einen Breakout-Room. Folgende Fragen/Impulse können im Partnerinterview gestellt werden:

- Warum passen diese ausgewählten Sachen für dich denn zu Gott?
- Ich sehe noch ...: Was bedeutet das für dich?
- Welche Eigenschaften hat deine Gottesvorstellung?
- Hat deine Gottesvorstellung etwas mit dir zu tun? Oder mit anderen Menschen?
- Gibt es eigentlich bestimmte Orte, Zeiten oder Situationen, in denen dir deine Gottesvorstellung einfällt oder du zu ihr reden möchtest?
- Was möchtest du deiner Gottesvorstellung heute sagen?
- Du hast mit deinem Bild/deiner Gestaltung ausgedrückt, wer und wie Gott für dich heute ist. Wenn du deinem Bild jetzt eine Überschrift geben würdest, wie könnte sie heißen?

Kompetenzerwerb

Die Schüler:innen können

- im Rahmen des „Gott ist für mich wie ...“-Experiments ihre Gestaltungskompetenz vertiefen.
- über ihre Gottesvorstellung sprechen und diese reflektieren.
- sich mit ihrer eigenen (religiösen) Sozialisation und dem persönlichen Glauben auseinandersetzen.

Professionalität und Rolle der Lehrperson

- Es ist wichtig, dass die Lehrperson in der Lage ist, eine vorurteilsfreie Atmosphäre zu fördern: Für sie gilt es auszuhalten, dass einige Gottesvorstellungen der Schüler:innen unerwartet, kompliziert oder gar anstößig vorkommen (z. B. „Gott ist heute für mich wie eine Kampfmaschine“).
- Die Lehrperson sollte sich auch zurückhalten, Gottesvorstellungen der Schüler:innen miteinander zu vergleichen oder sofort biblische Gottesvorstellungen einzubringen. Dies kann die eigene Gottesvorstellung der Schüler:innen und die Auseinandersetzung mit dieser schmälern.

Chancen

- Es entsteht eine große Vielfalt von Gottesvorstellungen, die weit über anthropomorphe Gottesvorstellungen hinausgehen.

- Wenn man dies öfter macht, können die Schüler:innen den Verlauf bzw. die Veränderungen von ihren eigenen Gottesvorstellungen beobachten und reflektieren.
- Das digitale Setting ermöglicht eine intensive, individuelle Auseinandersetzung, ohne dass die Schüler:innen ihre Gottesvorstellungen mit derjenigen anderer vergleichen.
- Die Ergebnisse überraschen und überwältigen jedes Mal – ein unverfügbarer Raum entsteht, die Lehrkraft bildet einen Resonanzraum und erfährt selbst Resonanz – dies ist selbst im digitalen Raum erfahrbar.

Grenzen

- Die Schwierigkeit für die Schüler:innen liegt zunächst darin, sich mit dem Material einzulassen und etwas zu gestalten, aber dies stellt erfahrungsgemäß nur beim ersten Mal ein Problem dar.
- Es kann bei wenig Übung zu Albernheiten oder ggf. auch zur Darstellung von obszönen Inhalten kommen, dies ist zu unterbinden und sollte mit den Schüler:innen reflektiert werden.
- Im interreligiösen Bereich habe ich erlebt, dass bei der als Pendant gestellten Aufgabe „Allah ist heute für mich wie …" sehr vorsichtig agiert werden muss, weil die Schüler:innen und Eltern oft denken, dass Allah mit dieser Aufgabe dargestellt und angebetet werden soll. Hier sollte man betonen, dass es um die Gefühle für Allah und den Glauben geht. Hier ist auf jeden Fall Fingerspitzengefühl geboten. Zuvor kann dies im Plenum eingeübt oder besprochen werden, damit es zuhause nicht zu religiösen oder emotionalen Konflikten mit den Eltern der Schüler:innen kommt.

Arbeitsfragen/Arbeitsvorschläge für die hochschuldidaktische Umsetzung

- Beschreiben Sie den Mehrwert dieses Experiments im digitalen Raum.
- Diskutieren Sie die Schwierigkeiten, die sich aus diesem Thema im Hinblick auf die Innen- und Außenperspektive eines Religionsunterrichts ergeben könnten.
- Beschreiben Sie, wie Sie als Lehrkraft agieren würden, wenn Ihre Schüler:innen veralbernde Gottesvorstellungen kreieren oder sehr düstere oder z. B. sehr kriegerische Vorstellungen haben, wie bspw. Gott als Panzermacht.

Weiterführende Literatur

Pfister, Stefanie (2019). „Gott ist heute für mich wie ein Balsam …" – Förderung vielseitiger Gottesvorstellungen im Religionsunterricht. In Kirche und Schule. Die Fachzeitschrift der Hauptabteilung Schule und Erziehung Nr. 189, S. 14–29.

Szagun, Anna-Katharina (2006). Dem Sprachlosen Sprache verleihen. Rostocker Langzeitstudie zu Gottesverständnis und Gottesbeziehung von Kindern, die in mehrheitlich konfessionslosem Kontext aufwachsen (Kinder erleben Theologie, Bd. 1). Jena, S. 65–71.

5.3.3 Mit Punk und Gloria – Sketchnotes im digitalen Religionsunterricht *(Markus Arnold/Tobias Haas)*

Allgemeine Beschreibung des Best-Practice-Beispiels

Lerninhalte werden von Lernenden immer mit bestimmten Situationen verbunden. Nicht selten haben wir erfahren, dass Inhalte nur deshalb noch erinnert werden, weil sie mit einer Situation im Klassenzimmer verbunden werden. Wie kann dies in Zeiten, in denen der räumlich gemeinsame Unterricht nicht möglich ist, erreicht werden?

Unser Ansatz war, dass das menschliche Gehirn auf Visualisierungen angewiesen ist. Nur etwa elf Prozent unserer Wahrnehmung geschieht über das Hören, nicht ganz vier Prozent über das Riechen, jeweils nur etwa ein Prozent über das Schmecken und Tasten. Über die Augen werden dagegen etwa 83 Prozent wahrgenommen. Physiologisch könnte man sagen: Unser Gehirn ist auf Visuelles ausgerichtet und trainiert und kann dieses besser verarbeiten. Für uns hat dies in der Corona-Zeit bedeutet: Wir müssen den Unterricht so umgestalten, dass Visualisierungen einen größeren Raum einnehmen. Durch die fehlende Präsenz in der Schule, den damit fehlenden persönlichen Kontakt und ohne das soziale Umfeld ist das „gewohnte Lernverhalten“ von Lernenden eingeschränkt und braucht eine größere Unterstützung für die Memorierung von Lerninhalten. Wir waren also angewiesen auf eine Methode, mithilfe derer das Lernen durch Emotionen trotz Distanz gelingen kann. Die Atmosphäre im anderen Lernumfeld als der Schule muss so viel Lust machen, dass Lernende bereit sind, sich auf diese neuen Erfahrungen einzulassen. Hier ist die Kamerafunktion in Konferenzprogrammen von entscheidender Bedeutung. Sie ermöglicht nicht nur eine Anwesenheitskontrolle, sondern erzeugt auch das Gefühl eines „virtuellen Klassenzimmers“, in dem ich mich mit meinen Mitlernenden austauschen und mich ins das Unterrichtsgeschehen einbringen kann. Ebenso war uns wichtig, nicht bei einer durch die Lehrperson dominierten Inhaltsvermittlung stehen zu bleiben, sondern die Kreativität der Lernenden gezielt zu nutzen und zu fördern.

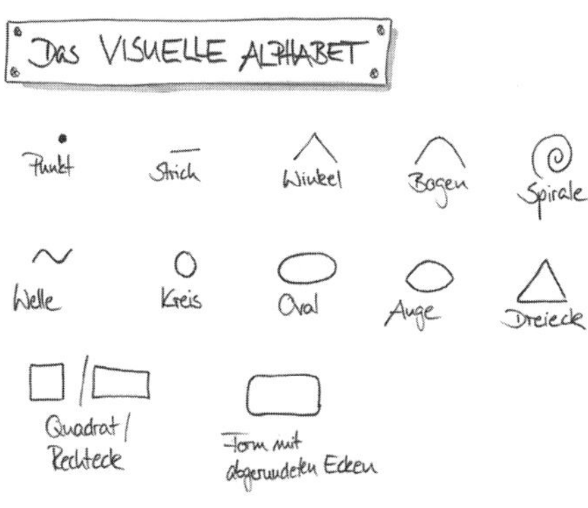

Daher haben wir uns entschieden, im Unterricht mit Sketchnotes zu arbeiten. Sketchnotes sind kleine, aus einfachen Grundsymbolen (Kreise, Kästen, Linien etc.) zusammengesetzte Zeichnungen, die als Symbole oder Bilder helfen, Inhalt verständlicher zu machen. Durch die Reduktion der oftmals komplexen Inhalte auf das Wesentlichste und auf „Grund-Bilder“ werden diese verständlich und memorierbar. Ebenso bieten sie die Möglichkeit, die Inhalte durch die Zeichnung zu sortieren, zu clustern und in ihren inneren Zusammenhang zu stellen. Dazu bieten sich insbesondere für den Religionsunterricht Trennstriche, „Pin-ups“ oder Info-Kästen an.

Für die Arbeit mit Sketchnotes haben wir uns deshalb entschieden, weil sie leicht umzusetzen sind. Jede:r – Lehrende und Lernende – kann diese aus einfachen Grundstrukturen zusammengesetzten „Bilder“ problemlos selbst gestalten und eigene, innere Bilder für sich zu Papier bringen und damit eine emotionale Verbindung zum Lerninhalt schaffen. Mit „Autodesk SketchBook“ steht beispielsweise ein frei verfügbares Tool zur Verfügung. Mit dem „Sketchnotegame“[22] besteht eine sehr einfache und kleinschrittige Möglichkeit, in die Arbeit mit Sketchnotes einzuführen. Wichtig ist dabei, den Lernenden deutlich zu machen, dass es nicht auf große künstlerische Entwürfe ankommt, sondern auf die Reduktion auf einfachste Grundformen, die alle zeichnen können. Dies sollte schon von Beginn an die Angst vor Versagen nehmen – und wurde von den Lernenden dankbar angenommen. Spannend war zu erleben, mit welch großer Motivation und Freude die Lernenden die Methode aufgenommen und dann weiter in andere Unterrichtssettings getragen haben. Dabei ist dieses Spiel selbsterklärend und kann von Lernenden und Lehrenden von zuhause aus erarbeitet werden.

Die jeweilige Umsetzung begann mit einer kurzen digitalen Einheit, in der wir die Grundlagen zur Arbeit mit Sketchnotes gelegt haben. Dazu haben wir die für uns zuerst relevanten Formen und Symbole aus dem Spiel ausgewählt und diese in eine PowerPoint eingefügt, mit deren Hilfe die Lernenden dann in einer ergebnisoffenen, kreativen Atmosphäre zuhause den Einstieg in diese Arbeitsweise geschafft haben. Durch einen geteilten Bildschirm, der die gemeinsame Arbeit ermöglicht und unterlegt mit Musik haben die Lernenden in etwa fünf Minuten jeweils andere Vorlagen gesehen und diese abgezeichnet, nachdem im Vorfeld das „visuelle Alphabet“ vom Lehrenden erklärt wurde. Auf dieser Grundlage wurden die neu erhaltenen Impulse dann direkt in der Erarbeitung von Inhalten umgesetzt.

Exemplarische Darstellung an zwei Beispielen

1. Beispiel: Weihnachten (Sek I)

Die Weihnachtsgeschichte ist den meisten Lernenden im Religionsunterricht aus der Grundschule, der Kinderkirche oder von Erzählungen zuhause vertraut – allerdings wird dabei oft eine „zusammengesetzte“ Fassung aus dem Lukasevangelium, dem Matthäusevangelium und Jesaja verwendet. Ziel dieser Weihnachtsstunde ist es, zusammen mit den Lernenden die Weihnachtsgeschichte neu zu entdecken und ihnen die biblische Vielfalt dieser Botschaft nahezubringen. Im vorliegenden Beispiel erarbeitet die:der Lehrende die Weihnachtsgeschichte zusammen mit den Lernenden und visualisiert für sie. Die Lernenden übernehmen das Bild jeweils für sich zuhause.

Die Lehrperson beginnt die Erarbeitung mit den bekannten Worten „Es begab sich aber zu der Zeit“. Damit wird der erzählerische Rahmen für die Lernenden eröffnet. Gemeinsam wird nun die Geschichte erzählt und parallel dazu vom Lehrenden in

22 www.sketchnotegame.wordpress.com.

Form von Sketchnotes gesichert und zu einer Gesamterzählung verknüpft. Hierbei ergeben sich zahlreiche Möglichkeiten für die Lehrenden, den Lernenden spannende Informationen zu vermitteln: So kann beispielsweise über Zeit und Umwelt der Weihnachtsgeschichte (z. B. Situation der Hirten), die Anzahl der Geschenke, die die Weisen bringen und die daraus in der Tradition folgende Anzahl der Personen (drei Geschenke, drei Weisen; die traditionellen Namen Kaspar, Melchior und Balthasar sind nicht biblisch und erst nachträglich erfunden worden) oder über die Farbe der Kleidung von Maria berichtet werden (in der Kunstgeschichte gilt blau als Marienfarbe und rosa als Farbe für Männer). Diese Informationen schlagen sich dann in der Farbgebung und Anreicherung der Sketchnotes nieder.

Nachdem das „Grund-Krippenbild“ fertig ist, verdeutlicht die Lehrperson, dass wir uns heute oftmals eine „zusammengesetzte Weihnachtsgeschichte“ erzählen und auch in Krippendarstellungen häufig diese Art der Weihnachtsgeschichte aus Hirten, Engeln, Ochs und Esel und den Weisen aus dem Morgenland zu finden ist – ein spannender Punkt für Lernende, denen dies oftmals nicht bekannt ist. Dazu wurden die Trennstriche durch die Lehrperson jeweils an den Stellen eingefügt, an denen sich die Weihnachtsgeschichte aus dem Lukasevangelium von unseren traditionellen Krippenerzählungen unterscheidet. Mit „angepinnten Bibelstellen“ wurden diese dann in ihren biblischen Zusammenhang gesetzt und so deutlich auch verschiedene Traditionslinien markiert.

Ausgehend von dieser visualisierten „zusammengesetzten Weihnachtsgeschichte“ kann anschließend die Weihnachtsbotschaft mit den Lernenden theologisiert und somit vertieft werden: Wer schenkt wem etwas und warum? Was bringt die Weihnachtsgeschichte zum Ausdruck? Welche Aufgabe kommt den Hirten und den Engeln zu?

2. Beispiel: Menschsein (Sek II)

Von der Synode der EKD wurden 2002 „8 Thesen zum Menschsein“ veröffentlicht. Diese sollten als Zusammenfassung und Bündelung der Einheit „Mensch“ in der Oberstufe verwendet werden. Da sie in doch eher theoretischer Sprache formuliert und damit für die Lernenden schwer zu verstehen bzw. auf das Unterrichtsthema anzuwenden sind, wurde nach der gemeinsamen Lektüre im Konferenzprogramm gemeinsam versucht, die einzelnen Thesen in für alle passende Bilder umzusetzen. Hier wurden durch die Lernenden Bilder für die einzelnen Begriffe assoziiert, die den jeweiligen Inhalt am besten wiedergeben können: z. B. ein Bilderrahmen für das Bild Gottes oder eine Waage für die Versinnbildlichung von Gerechtigkeit.

Dazu war es zunächst wichtig, im Gespräch zu klären, welche inneren Bilder bei den Lernenden zu den einzelnen Thesen entstehen, um die Sketchnotes somit für sie nachvollziehbar zu gestalten. Diese Bilder wurden in der Lerngruppe gegenseitig mitgeteilt und erste grobe Skizzen entstanden. Mithilfe der Kamerafunktion oder, wo Lernende mit ihren digitalen Endgeräten gearbeitet haben, durch geteilte Bildschirme haben die Lernenden ihre Vorschläge und Skizzen freiwillig eingebracht. Die Lerngruppe einigte sich dann auf gemeinsame Symbole, mit denen die ganze Lerngruppe arbeiten konnte. Die Lehrperson hat diese Symbole übernommen und im Gespräch mit den Lernenden zu einem Gesamtbild zusammengefügt. Die Lernenden haben dieses übernommen, gleichzeitig sind an dieser Stelle aber auch eigene Übersichten der Lernenden entstanden, die vom Lehrenden dann in einer Datei zusammengefügt und an die Lernenden weitergegeben worden sind.

So wurden die „8 Thesen zum Menschsein" mit einfachen und für die Lernenden leicht memorierbaren Bildern sowie kurzen inhaltlichen Stichpunkten versehen. Im sich anschließenden Unterrichtsgespräch über das Konferenzprogramm wurden diese Thesen dann im Kontext der Themeneinheit „Mensch" theologisch reflektiert: Was ist nun der Mensch? Welche Stellung hat er? Was zeichnet den Menschen aus? Wie ist sein Verhältnis zu Gott?

Kompetenzerwerb

Die Schüler:innen können

- die biblische Vielfalt der Weihnachtsgeschichte sowie der christlichen Anthropologie aufzeigen und bewerten.
- die inneren Bilder der Lernenden zu den Geschichten bzw. einzelnen Thesen gestalten.
- die Wahrnehmungen und Vorstellungen ihrer Mitschüler:innen in Beziehung zu ihren eigenen setzen, diese interpretieren und dazu Stellung nehmen.
- die Weihnachtsbotschaft sowie die Themeneinheit „Mensch" theologisch versprachlichen und reflektieren.

Professionalität und Rolle der Lehrperson

- Für den digitalen Religionsunterricht ist ein digitales Sketchnoteprogramm optimal. Sollte dies nicht möglich sein, können die Lernenden aber auch ihre Ergebnisse fotografieren und der Lehrkraft zur Weiterleitung an die Mitlernenden zur Verfügung stellen.
- Für die Arbeit mit Sketchnotes braucht es keine besonderen Fähigkeiten: wichtig ist, dass der Lehrende sich darauf einlässt und Freude an der Arbeit mit Sketchnotes zeigt und davon auch überzeugt ist. Für die Vorbereitung ist es wichtig, dass Lehrende und Lernende mit den Grundformen der Sketchnotes vertraut sind (s. „Sketchnotegame"). Für Lehrende empfiehlt es sich, sich schon im Vorfeld mit der Arbeit mit Sketchnotes vertraut zu machen. Das „Sketchnotegame" bietet dazu in verschiedenen Themen Symbole unterschiedlicher Schwierigkeitsstufen, die vom Lehrenden vorab nachvollzogen werden sollten. Dies erleichtert die spätere Vermittlung, da schon hier deutlich wird, an welchen Stellen auch die Lernenden voraussichtlich Schwierigkeiten bekommen könnten. Ebenso bietet das Internet eine Reihe von frei verfügbaren Tutorials an, mit denen ein Einstieg in die Sketchnotes gut gelingt (siehe QR-Code).

Chancen

Die Arbeit mit Sketchnotes
- unterstützt das aktive Zuhören und erleichtert es, Zusammenhänge zu erkennen, indem visualisiert wird.
- steigert die Merkfähigkeit der Inhalte.
- hilft komplexe (theologische) Themen vereinfacht darzustellen.
- weckt bei den Schüler:innen Begeisterung für diese neue, ihre eigene Kreativität ernst nehmende Art der Auseinandersetzung mit Inhalten im Religionsunterricht.

Grenzen

- Technische Ausstattung von Lehrenden und Lernenden.
- Unmotivierte Lernende können auf Entfernung nicht motiviert werden.
- Die fehlende Anwesenheit des Lehrenden führt schnell zu Ablenkung im häuslichen Umfeld.

Arbeitsfragen für die hochschuldidaktische Umsetzung

- Beschreiben Sie, wie die Motivation von Lernenden auf Distanz gefördert werden und gelingen kann.
- Entwerfen Sie Ideen, wie theologisch komplexe Themen so elementarisiert werden können, dass sie nicht „platt" werden und für Lernende weder banal noch als zu theoretisch empfunden werden – auch, wenn der persönliche Kontakt in Mimik, Gestik und Körpersprache eingeschränkt wahrnehmbar ist.

Weiterführende Literatur/Online-Quellen

EKD (2002). Beschluss zu den Thesen als Anlage zur Kundgebung zum Schwerpunktthema „Was ist der Mensch?". https://www.ekd.de/synode2002/beschluesse_kundgebung_thesen.html.

Haussmann, Martin (2015). bikablo 1. 6. Auflage. Eichenzell.

Rhode, Mike (2014). Das Sketchnote Handbuch. München.

Roßa, Nadine (2018). Sketchnotes. Visuelle Notizen für Alles. 4. Auflage. Stuttgart.

Sketch it. https://sketchnotegame.wordpress.com/.

YouTube: DoodleTeacher, doodles by sarah. https://www.youtube.com/watch?v=TXPdDnvfgDs.

Pfarrer Markus Arnold ist Referent beim Dekan in Tuttlingen und dort u. a. für die Erwachsenenbildung im Kirchenbezirk zuständig.

Tobias Haas ist Studienrat am Kepler-Gymnasium in Freudenstadt. Er unterrichtet die Fächer Evangelische Religion und Spanisch.

Beide sind begeisterte Sketchnoter.

5.3.4 Gottesvorstellungen kreativ! – Legebilder als eine Form ganzheitlichen Distanzlernens (Lea Steen/Annchristin Lettmann-Osthoff)

Allgemeine Beschreibung des Best-Practice-Beispiels

Der Religionsunterricht lebt vom Mitwirken und Mitgestalten seiner Schüler:innen und zugleich vom kommunikativen Austausch. Damit Schüler:innen auch und vor allem im Rahmen von Lernphasen in Distanz miteinander über religiöse und spirituelle Fragen ins Gespräch kommen können, muss ein gegenwärtiger Religionsunterricht „Erfahrungen selbst inszenieren – oder diese zumindest in den Unterricht einbringen" (Kunstmann 2018, S. 34).

Es geht darum, Berührungspunkte mit den Inhalten des Religionsunterrichts zu schaffen und einen Zusammenhang mit den Lebensfragen der Schüler:innen herzustellen, damit alle den Religionsunterricht mitdenken können, es macht keinen Unterschied, ob sie von Kirche oder Familie religiös sozialisiert sind oder nicht (vgl. ebd.). Auf diese Weise kann sichergestellt werden, dass der Religionsunterricht auch in Phasen des Distanzunterrichts inhaltlich und thematisch das Interesse sowie den Erfahrungshorizont der Schüler:innen berücksichtigt.

Auf der Grundlage eines subjektorientierten Religionsunterrichts, der von den Lernenden aus gedacht wird, soll dieses Best-Practice-Beispiel zeigen, wie den Schüler:innen im Religionsunterricht die Möglichkeit geboten werden kann, religiöse Inhalte zu erfahren, zu reflektieren und darüber ins Gespräch zu kommen.

Für die Umsetzung in einer Distanzlernphase wurde die ganzheitliche Methode des Legebildes gewählt. Bei der Arbeit mit Kopf, Herz und Hand werden Unterrichtsgegenstände greifbarer gemacht, der Inhalt und die Lerngruppe in ihrer Vielfalt ernst genommen (vgl. Rendle 2007, S. 9 f.). Legebilder zielen insgesamt „auf eine aktive Beteiligung [ab], [...] erleichtern [...] den Zugang zur Schülerpersönlichkeit" (Schaupp 2011, S. 177) und regen ebenso die Fantasie an.

Neben der inhaltlichen Auseinandersetzung mit dem Lerngegenstand wird der Fokus auch auf die methodische Erschließung und Kompetenzentwicklung gelegt. So ist es immer auch das Ziel, die Schüler:innen zur „Erschließung von (religiösen) Symbolen in ihrer Mehrschichtigkeit und in ihrer Brückenfunktion für das Verstehen von Religion überhaupt sowie im Erwerb einer ästhetischen und rituellen Kompetenz zu befähigen" (Zimmermann 2015, S. 12).

Einführung im Plenum in der Video-Galerieansicht

Die Schüler:innen haben die Kameras und den Ton für die Einstiegsphase eingeschaltet. Die Lehrkraft präsentiert als stummen Impuls ein Legebild, das durch die Verwendung vielfältiger Farben – helle und dunkle – und Symbole ein hohes Maß an (Deutungs-) Offenheit für die Betrachter:innen bietet. Die Schüler:innen haben zunächst Zeit das Bild auf sich wirken zu lassen und sich bei Bedarf frei dazu zu äußern. Erste Assoziationen und Gedanken müssen jedoch nicht zwingend verbal ausgedrückt werden. Um die Schüler:innen vor allem in Phasen des Distanzlernens, die oft mit besonderen Herausforderungen verbunden sind, in ihrer Gefühls- und Gedankenwelt abzuholen, werden sie nach der Präsentation des stummen Impulses dazu aufgefordert, sich in dem Bild zu verorten. Unter der Leitfrage „Wo würdest du dich mit einer Figur in diesem Bild positionieren?“ oder sprachsensibel formuliert „Wo möchtest du in diesem Bild sein, wenn du dir einen Platz aussuchen könntest?“ sollen sich die Schüler:innen offen zu ihrer aktuellen Situation äußern können. Wie viel sie dabei von sich preisgeben – ob und wie sie ihre Stellung in dem Bild, die Symbolik oder auch die Farbe begründen – liegt in ihrem eigenen Ermessen – und sicherlich auch im Vertrauensverhältnis zur Lehrperson und/oder den Mitschüler:innen. Alternativ kann über anonyme Möglichkeiten der Beteiligung nachgedacht werden (so beispielsweise ein Bildbearbeitungsprogramm, mit dem Posts auf bestimmte Bereiche gepinnt werden können)

Die Stunde kann in eine Unterrichtssequenz zum Themenbereich (Farb-)Symbolik eingebettet werden. Auf diese Weise haben die Schüler:innen bereits Verknüpfungen zu bestimmten Farben oder aber auch Gegenständen. Diese Grundlage kann den Lernenden in der Erarbeitungsphase helfen, sie aber auch in ihrem Handeln hemmen. Als Überleitung zur Aufgabenstellung könnte Folgendes gesagt oder visuell (als Folie) verschriftlicht werden und orientierend wirken: „Jetzt haben wir ja kurz einen Überblick bekommen, wie es dir gerade geht und was dich beschäftigt. Wenn du jetzt an Gott denkst. Wie ließe er sich für dich heute darstellen? Welche Farbe hätte er? Welche Gegenstände zeigen ihn? Worin ist er heute für dich sichtbar?“ Die Schüler:innen können in dieser Phase, in der ihre Mikrofone ausgestellt sind, dazu angehalten werden, Notizen und Assoziationen aufzuschreiben.

Wenn die Aufgabenstellung *„Stelle ein Legebild zu dem Leitsatz ›In diesem Psalm wirkt Gott für mich wie …‹ dar. Nutze dafür Gegenstände, die du zu Hause hast. Sei kreativ und trau dich.“* vorgelesen wird, können die Schüler:innen Nachfragen stellen. Wichtig ist es außerdem, den Lernenden zu verdeutlichen, dass nach der Videokonferenz ein Foto des Legebildes auf die Lernplattform hochgeladen werden soll, sie aber selbst bestimmen, wie viel sie inhaltlich – und vor allem die subjektive Erfahrung betreffend – dazu preisgeben. Zur Differenzierung werden während der Arbeitsphase Bilder mit möglichen (Alltags-)Gegenständen, die die Schüler:innen zu Hause zur Verfügung haben könnten, angeboten.

Erarbeitungsphase

Die Schüler:innen haben circa 20–25 Minuten Zeit, ihr Legebild zu gestalten – wobei sie nur zur Lehrkraft, nicht aber den anderen Schüler:innen Kontakt aufnehmen können. Es empfiehlt sich, dass die Lehrkraft als Ansprechpartner:in über einen Messenger oder per Video bereitsteht, um weitere Fragen oder Unsicherheiten klären oder aber benötigte Impulse geben zu können. Von Vorteil ist hierbei ein „Hilfebutton“, der in manchen Videokonferenzsystemen integriert ist. Die Schüler:innen sollten untereinander während dieser Phase keinen Kontakt haben, da der Fokus auf der individuellen kreativen Gestaltung liegt und die Lernenden hierfür ganz auf sich, ihr persönliches Erleben und vor allem die eigene Gefühls- und Gedankenwelt fokussiert sein sollen, um für sich gehaltvolle Ergebnisse zu erzielen.

Erste Präsentationsphase in Partner:innenarbeit
Eine Präsentation der Legebilder bietet sich zu zweit (oder höchstens zu dritt) an, da auf diese Weise alle Schüler:innen ihr Legebild visuell unterstützt durch eine Bildschirmfreigabe oder auf einem Padlet vorstellen und darüber ins Gespräch kommen. Die Wertschätzung für die kreative Auseinandersetzung in der Erarbeitungsphase ist daher für alle gegeben und sowohl die generelle Gesprächskultur als auch die sozialen Kompetenzen werden innerhalb der Lerngruppe gefördert. Hierfür können den Lernenden Frage- und Reflexionsimpulse an die Hand gegeben werden, auf deren Grundlage ein Gespräch geführt werden kann. Diese Vorgehensweise bietet sich als Gesprächsgrundlage und -leitfaden wie auch aufgrund der Sprachsensibilität innerhalb des Fachunterrichts an. In der Präsentationsphase ist es ebenso sinnvoll, dass die Lehrkraft die einzelnen Breakout-Rooms besucht: So kann zum einen auf die Gesprächskultur untereinander geachtet werden. Zum anderen wird gewährleistet, dass sich die Schüler:innern unter der Perspektive „besucht" zu werden, aktiver beteiligen und die Wertschätzung der Lehrkraft für ihr Ergebnis, ihr Legebild, erfahren. Darüber hinaus kann die Lehrkraft diese Phase dazu nutzen, Schüler:innen zu finden, die anschließend im Plenum präsentieren können und möchten. Eine solche Vorauswahl zu treffen ist vor allem aus zeitökonomischen wie auch aus Gründen des inhaltlichen Gehalts einer gemeinsamen Abschlussphase, vor allem im Rahmen des Distanzlernens, sehr sinnvoll.

Zweite Präsentationsphase im Plenum
Im Plenum stellen dann einzelne Schüler:innen ihre Legebilder vor. Hierbei ist darauf zu achten, dass die Mikrofone und Kameras der passiven Schüler:innen ausgeschaltet sind. Wenn anschließend ein Gespräch mithilfe der Frageimpulse stattfindet, können alle Mikrofone angeschaltet werden. Die Kamera sollte jedoch noch nicht angeschaltet werden, um auf der Ebene der visuellen Wahrnehmung beim Legebild allein zu bleiben.

Weiterarbeit/Variation
Durch das Hochladen des Fotos lässt sich auch in den kommenden Unterrichtsstunden mit dem Legebild bzw. den Legebildern weiterarbeiten. Hier können folgende Impulse hilfreich sein:

- Beschreibe, ob sich deine Vorstellung von Gott im Vergleich zur letzten Woche verändert hat. Schreibe deine Gedanken dazu auf.
- Nutze einzelne Sprech- oder Denkblasen und hauche deinem Legebild Leben ein.
- Wähle das Legebild eines:r Mitschüler:in aus und notiere dir Fragen und Assoziationen. Tausche dich anschließend mit einem:r Partner:in über eure ausgewählten Bilder und Fragen aus. Beschreibe, ob es Gemeinsamkeiten oder deutliche Unterschiede zu euren eigenen Legebildern gibt.

Eine weitere Variation kann die Arbeit mit Psalmworten darstellen. Denn, so heißt es, „gerade Psalmworte bieten sich im Religionsunterricht als Mittler zur Förderung der

Symbolfähigkeit an, ohne belehren zu wollen" (Itze/Moers 2006, S. 7). Den Schüler:innen werden mittels einer interaktiven Psalmwortkartei unterschiedliche Psalmworte (Gott als Hirte, Gott als Licht, Gott als Vater, ...) angeboten, die ihnen bei der Darstellung ihrer (momentanen) Gottesvorstellung ein leitender, unterstützender Impuls sein können. Vor allem in der Arbeit im Primarbereich kann diese Art der Differenzierung sehr sinnvoll sein.

Kompetenzerwerb

Die Schüler:innen können

- ihre Auseinandersetzung mit dem eigenen momentanen Gottesbild reflektieren, indem sie dieses in einem Legebild darstellen und ihre Gedanken dazu zum Ausdruck bringen.
- sich intensiv mit ihrer eigenen Gottesvorstellung auseinandersetzen, indem sie sich dieser durch erstes Theologisieren und der Erprobung einer Fragehaltung je nach der Stufe der individuellen religiösen Entwicklung zunächst bewusst werden und reflektieren.
- ihre eigene Vorstellung um andere und neue, biblische und zunehmend symbolische Bilder von Gott erweitern.
- kommunikative und dialogische Fähigkeiten (begründen, darstellen, Rückfragen stellen), kreative Kompetenzen (gestalten, darstellen), wie auch ihre Reflexionsfähigkeit vertiefen.

Professionalität und Rolle der Lehrperson

- Der Lehrkraft kommt die Aufgabe der:s Moderator:in in der Einstiegs- und in der zweiten Präsentationsphase zu. Vor allem die Bündelung von Äußerungen der Lernenden ist im Distanzlernen notwendig, wenn die Akustik nicht stimmt.
- Es ist wichtig, dass die Lehrkraft die Frage- und Reflexionsimpulse in der ersten Präsentationsphase so selbsterklärend und passend wie möglich gestaltet, damit die Verwendung zielgerichtet stattfinden kann.
- Die Lehrkraft muss es aushalten können, wenn in der zweiten Präsentationsphase niemand im Plenum vorstellen möchte. Bei manchen Lerngruppen kann sich ein solches Verhalten bereits andeuten, sodass es sinnvoll ist, ein Beispiel aus einer anderen Lerngruppe – oder die eigene Darstellung – zu zeigen. Dadurch, dass die Lehrkraft die Schüler:innen in den Breakout-Rooms besucht, steigt jedoch die Wahrscheinlichkeit, jemanden zu finden, der präsentiert.
- Die Konstellation der Schüler:innen sollte für die Breakout-Rooms mit Bedacht gewählt werden. Die Lehrkraft sollte die Lerngruppe gut kennen.

Chancen

- Es entsteht eine intensive und kreative Auseinandersetzung mit dem eigenen Gottesbild und eine Erweiterung und Reflexion dieses Bildes durch den Austausch mit anderen.

- Auch auf digitale Weise wird die Bedeutsamkeit dieser emotional-kreativen Arbeit transportiert.
- Das digitale Setting ermöglicht einen intensiven kommunikativen Austausch.
- Die Gruppengröße ist nicht entscheidend. Die Vorgehensweise bietet sich sowohl in größeren als auch kleineren Lerngruppen an.

Grenzen

- Schwierigkeiten bei der Umsetzung der Symboldidaktik durch geringe Erfahrung in der Arbeit mit Symbolen sowie durch eine Begrenzung, die auf das Alter wie auch die religiöse Entwicklung der Schüler:innen zurückzuführen ist.
- Fehlendes Material zu Hause oder fehlende Ideen der Schüler:innen.
- Problematische Konstellation in den Breakout-Rooms oder die Distanz durch die digitale unpersönliche Begegnung, können dazu führen, dass sich einzelne Schüler:innen unwohl fühlen und sich aufgrund dessen nicht öffnen wollen bzw. können.

Arbeitsfragen/Arbeitsvorschläge für die hochschuldidaktische Umsetzung

- Begründen Sie, dass bei diesem Beispiel sowohl die Verwendung eigener religiöser Sprache als auch die allgemeine Rede über Religion, Reflexion und der Abstand zur religiösen Sprache möglich sind.
- Beschreiben Sie das stete Changieren zwischen Innen- und Außenperspektive bei diesem digitalen Experiment.
- Beschreiben Sie Ihre Aufgabe als Lehrkraft bei der Reflexion. Wie können Sie möglichst viel über die Intention der Schüler:innen nach der Präsentation erfahren und die Kompetenzerweiterung aller Schüler:innen maximal fördern?
- Erarbeiten Sie weitere Möglichkeiten zur Differenzierung der hier dargestellten Lernaufgabe. Denken Sie dabei an Hilfestellungen, die den Schüler:innen angeboten werden können, wie auch an weiterführende Arbeitsaufträge als Differenzierung für schnelle oder leistungsstärkere Schüler:innen.
- Setzen Sie sich mit der Entwicklung von Kindern und Jugendlichen hinsichtlich Ihrer Fähigkeit im Umgang mit der Symboldidaktik auseinander. Was muss man diesbezüglich in der Arbeit in der Primarstufe sowie den Sekundarstufen I und II beachten?
- Erläutern Sie die Chancen und Herausforderungen für die Nutzung dieses Best-Practice-Beispiels in einer inklusiven Lerngruppe. Denken Sie dabei an möglichst verschiedene Formen von Vielfalt.

Weiterführende Literatur

Itze, Ulrike/Moers, Edelgard (2006). Einleitung. Ganzheitliche Begegnung von Kindern mit Psalmen im Unterricht. In Itze, Ulrike/Moers, Edelgard (Hrsg.). Psalmen. Gestalten – erleben – verstehen. Horneburg, S. 5–10.

Kunstmann, Joachim (2018). Subjektorientierte Religionspädagogik. Plädoyer für eine zeitgemäße religiöse Bildung. Stuttgart.

Schaupp, Barbara (2007). Bodenbilder gestalten. In Rendle, Ludwig (Hrsg.). Ganzheitliche Methoden im Religionsunterricht. München, S. 175–191.

Zimmermann, Mirjam (2015). Symboldidaktik. In WiReLex. Das wissenschaftlich-religionspädagogische Lexikon im Internet. https://www.bibelwissenschaft.de/stichwort/100018/.

Lea Steen ist Grundschullehrerin und kommissarische Fachleitung im ZfsL Rheine. Annchristin Lettmann-Osthoff ist Gesamtschullehrerin für die Fächer Deutsch und Evangelische Religion an der Therese-Münsterteicher Gesamtschule in Ahlen/Westfalen.

5.4 Sekundarstufe II

5.4.1 Digitaler Religionsunterricht im Flipped-Classroom-Design (Hannah Geiger)

Allgemeine Beschreibung des Best-Practice-Beispiels

In digitalen Lernsettings muss neu über das Verhältnis von synchronen und asynchronen Anteilen des Lernprozesses nachgedacht werden. Das nachfolgende Unterrichtsbeispiel ist daher angelehnt an die Methode des Flipped-Classroom-Designs, das die Vorteile des synchronen und ansynchronen Arbeitens im digitalen Raum miteinander verbindet. In dieser Methode finden die Phasen der Erarbeitung, teilweise auch der Übung bzw. Vertiefung von Unterrichtsinhalten in asynchronen Selbststudienphasen statt, die sich auch in der Sozialform als Partner- oder Kleingruppenarbeit ereignen können. In synchronen Phasen ist Zeit für die gemeinsame Sicherung, für Rückfragen, Diskussionen und interaktive Anwendungen. Dieses Konzept nutzt synchrone Phasen bewusst als Zeiten des gemeinsamen Lernens von- und miteinander und asynchrone Phasen als Zeiten des individuellen Lernprozesses.

Vorgestellt werden nachfolgend drei exemplarische Wochen, die im Präsenzunterricht drei 90-minütigen Unterrichtssequenzen entsprechen würden, aus der Einheit „Soziale Gerechtigkeit" der Jahrgangsstufe 1 des beruflichen Gymnasiums. Die Einheit wurde mit einem Kurs im Fach evangelische Religion eines technischen Gymnasiums durchgeführt:

- Woche 1: Einführung in das Thema Soziale Gerechtigkeit, interaktive Übung und Erstellung eines Clusters (synchron)
- Woche 2: Erarbeitung eines Steckbriefs zu einem sozialen Problem (asynchron), Vorstellung der Steckbriefe und Diskussion (synchron)
- Woche 3: Einführung in die prophetische Sozialkritik des Amos und den historischen Kontext (asynchron) und Sicherung und interaktive Anwendung (synchron).

Gearbeitet wird schwerpunktmäßig über Flinga.fi, ein webbasiertes Tool, das mit Flinga Whiteboard eine kollaborative Whiteboardumgebung und mit Flinga Wall eine Brainstorming-Umgebung anbietet. Die Flinga-Boards sind sowohl für Lernende als auch für Lehrende intuitiv zu bedienen, sehr übersichtlich und ansprechend. Die

Lehrkraft benötigt einen kostenlosen Account, mit dem sie bis zu fünf Boards erstellen kann. Die Schüler:innen erhalten wahlweise über einen Link, Zugangscode oder QR-Code Zugang und müssen an keiner Stelle ihre persönlichen Daten hinterlassen. Das Tool wird in Finnland gehostet und unterliegt den Datenschutzrichtlinien der EU.

Darstellung der Lernsequenz

Woche 1: Einführung in das Thema Soziale Gerechtigkeit, interaktive Übung und Erstellung eines Clusters (synchron)

Die Einführung in die Unterrichtseinheit geschieht in einer synchronen Videokonferenz, um einen gemeinsamen Startpunkt zu setzen, Organisatorisches zu besprechen und erste inhaltliche Leitlinien gemeinsam erarbeiten zu können. Als Videokonferenztool dient (je nach Vorgaben des Bundeslandes) BigBlueButton, IServ oder Zoom und zur kollaborativen Zusammenarbeit ein Flinga-Whiteboard. Das Flinga-Whiteboard wird vorbereitet. Auf der Schulcloud werden im Vorfeld ein Auszug aus dem Bildungsplan zur Unterrichtseinheit mit Vorschlägen für mögliche GFS-Themen sowie ein grafischer Überblick mit Piktogrammen als Übersicht über die Themen der Unterrichtseinheit zur Verfügung gestellt.

Zu Beginn *der synchronen Arbeitsphase* wird mündlich, visuell gestützt durch PowerPoint-Folien, ein Überblick über die Einheit sowie über Notenbildung und Möglichkeiten für GFS gegeben. Als Hinführung zum Thema wird auf einem Flinga-Whiteboard in der unteren Ecke in einem Kreis die Leitfrage „Was ist gerecht?“ notiert. Die Schüler:innen haben drei Minuten Zeit, um persönliche Assoziationen und Antworten auf diese Frage zu formulieren und um diese auf dem Board zu gruppieren. Anschließend wird über die Antworten diskutiert: Was fällt euch auf? Was überrascht euch? Welche Antworten überzeugen euch? Welche Antworten überzeugen euch nicht? Die Vielschichtigkeit des Gerechtigkeitsbegriffs, seine verschiedenen Deutungsebenen und unterschiedliche Vorstellungen von Gerechtigkeit werden deutlich. Während der Erarbeitungszeit bekommt jede:r Schüler:in im privaten Chat eine Rollenkarte zugesandt, wobei die entsprechende Rolle in der nachfolgenden Übung eingenommen werden soll.

Die Übung „Wie im richtigen Leben“ macht soziale Ungerechtigkeit als Chancenungerechtigkeit deutlich, eröffnet den Blick auf gesellschaftliche Hürden und Privilegien und zeigt grundlegende individuelle und gesellschaftliche Bedürfnisse auf. Für die Übung erhalten alle Teilnehmenden eine Rollenkarte, etwa „Du bist eine arbeitslose, alleinerziehende Mutter“, „Du bist Tochter des örtlichen Bankdirektors“ oder „Du bist Azubi in einer Autowerkstatt und hast einen Migrationshintergrund“. Auf dem Flinga werden horizontal Quadrate mit den Beschriftungen „Start“, „1. Schritt“, „2. Schritt“, „3. Schritt“ vorbereitet. Die Schüler:innen erstellen sich eine Person mit ihrem Namen und positionieren sich in einer vertikalen Linie unterhalb des Start-Quadrats. Sie fühlen sich in ihre Rolle ein. Die Lehrkraft liest nun nacheinander Aussagen vor, etwa „Du warst noch nie in ernsthaften finanziellen Schwierigkeiten“, „Du musst keine Angst haben aufgrund deiner Sprache, Herkunft oder Hautfarbe beleidigt zu werden“ oder „Du kannst jedes Jahr mindestens einmal in den Urlaub fahren". Alle Schüler:innen, die der jeweiligen Aussage zustimmen können, gehen einen Schritt nach vorn. Langsam werden so nacheinander etwa 20 Aussagen vorgelesen und bearbeitet. Ein ausgefranstes Bild entwickelt sich: Während manche kaum zwei Schritte vorangehen können, befinden sich viele im Mittelfeld und einige bei Schritt 20. Nun folgt ein Reflexionsgespräch, indem auch die Rollenkarten aufgelöst werden. Die Schüler:innen beschreiben die Intention der Übung und ihre Bedeutung in Bezug auf soziale Gerechtigkeit. Auf die Assoziationen und Antworten der Leitfrage zu Beginn „Was ist gerecht?" wird Bezug genommen.[23] Im Anschluss an die Übung „Wie im richtigen Leben" erstellen die Schüler:innen in der anderen unteren Ecke ein gemeinsames Cluster zu sozialer Ungerechtigkeit in unserer Gesellschaft. Die Schüler:innen benennen soziale Probleme sowie mögliche Ursachen und Auswirkungen. Die Diskussion über soziale Ungerechtigkeit in Deutschland kann in zufälligen Kleingruppen in Breakout-Sessions geschehen. Im Plenum wird das Cluster von den Schüler:innen in eine Ordnung gebracht. Eventuell wird diskutiert, wann ein Problem ein soziales und wann ein Problem ein individuelles Problem ist. Im Anschluss daran suchen sich die Schüler:innen allein oder zu zweit ein soziales Problem aus, zu dem sie recherchieren und einen Steckbrief erstellen werden.

Woche 2: Erarbeitung eines Steckbriefs zu einem sozialen Problem (asynchron), Vorstellung der Steckbriefe und Diskussion (synchron)
Die Schüler:innen haben in der vorangegangenen Videokonferenz die Aufgabenstellung für die asynchrone Arbeitsphase bekommen. Das Flinga-Board wird für die nächste Videokonferenz vorbereitet: Die Bestandteile der Übung „Wie im richtigen Leben" werden herausgenommen und die Überschriften: „Was braucht es, dass Deutschland sozial gerecht wird?", „Forderungen an die Politik" und „Forderungen an die Bevölkerung" eingestellt. Gemeinsam mit einer:m Partner:in oder allein recherchieren die Schüler:innen in der *asynchrone Arbeitsphase* ein soziales Problem (Armut, Rassismus, Diskriminierung von Menschen mit Behinderung, ...) und bereiten dieses als Kurzpräsentation vor *(Zeitumfang etwa 45 min)*. Der Weg der Zusammenarbeit (Telefon, Skype, ...) und die Form der Präsentation ist den Schüler:innen überlassen und muss im Anschluss der Klasse via Cloud zur Verfügung gestellt werden. Vorgegeben sind lediglich die Kategorien und Leitfragen, die beantwortet werden müssen:

- Beschreibung des sozialen Problems
- Betroffene des sozialen Problems
- Ursachen des sozialen Problems – gesellschaftlich und individuell
- Auswirkungen des sozialen Problems – gesellschaftlich und individuell
- Gesellschaftlicher Umgang mit dem sozialen Problem
- Ideen und Lösungsansätze zur Verringerung und zum Umgang mit dem sozialen Problem

23 Eine ausführliche Beschreibung der Übung mit den Materialien finden Sie unter: http://kompass.humanrights.ch/cms/upload/pdf/ch/ue_15_schrittnachvorn.pdf.

Mit etwas mehr zur Verfügung stehender Zeit könnten die Schüler:innen zu den sozialen Problemen auch einfache und kurze Erklärvideos erstellen. Die Inhalte der Erklärvideos sollten vorher mit der Lehrkraft abgestimmt werden. Die Ergebnisse der asynchronen Arbeitsphase werden in einer *synchronen Arbeitsphase (Zeitumfang etwa 45 min)* aufgenommen: Nach der Begrüßung in der Videokonferenz wird als Erinnerungsstütze das noch vorhandene Cluster auf dem Flinga betrachtet und eine Reihenfolge für die Präsentationen erstellt. Die Schüler:innen (einzeln oder zu zweit) präsentieren nacheinander ihre Ergebnisse, meist wurden PowerPoint-Präsentationen verwendet. Im Anschluss an die Präsentationen sollen die Schüler:innen in zufällig zugeordneten ca. zehnminütigen Breakout-Sessions Forderungen an die Politik und die Bevölkerung für mehr soziale Gerechtigkeit formulieren und auf dem Flinga einstellen. Die Forderungen werden zum Abschluss der Konferenz gemeinsam betrachtet und diskutiert.

Woche 3: Einführung in die prophetische Sozialkritik des Amos und den historischen Kontext (asynchron) und Sicherung und interaktive Anwendung (synchron)
Die Schüler:innen haben in der vorangegangenen Videokonferenz die Aufgabenstellung für die asynchrone Arbeitsphase bekommen: Der Text mit Aufgabenstellung sowie der Kurzfilm[24] mit Fragen werden in der Schulcloud zur Verfügung gestellt. Ein Kahoot (als Quiztool) in der Version „stimmt" – „stimmt nicht" wird mit zu Text und Kurzfilm passenden Fragen zur Ergebnissicherung erstellt. In der a*synchrone Arbeitsphase (Zeitumfang etwa 60 min)* bearbeiten die Schüler:innen zu zweit oder allein einen Text zum historischen Kontext der prophetischen Sozialkritik des Amos und schauen den Kurzfilm „Amos und der Priester" (Fick/Schmidt/Haberer 1992). Sie arbeiten die Entwicklung der sozialen Probleme zur Zeit Amos, eine Kurzbiografie des Amos, seinen Auftrag und seine Kritik an den Reichen Israels heraus. Die Schüler:innen schicken ihre Ergebnisse bis 24 Stunden vor Beginn der Videokonferenz an die Lehrkraft. Diese liest die Ergebnisse und erhält einen Einblick in das Verständnis und mögliche Schwierigkeiten der Schüler:innen. Sie kann die synchrone Lernphase entsprechend anpassen und gibt individuelles Feedback. In der *synchronen Arbeitsphase (Zeitumfang etwa 30 min)* öffnet die Lehrperson Klärung von Rückfragen zu den Arbeitsaufträgen das vorbereitete Kahoot und teilt ihren Bildschirm. Die Schüler:innen loggen sich mit dem angezeigten Code einzeln in das Kahoot ein und nehmen am „Stimmt"-„Stimmt nicht"-Quiz teil. Jede Frage wird kurz nachgesprochen, sodass die wesentlichen Inhalte über die Quizfragen und das Gespräch gesichert und Unklarheiten beseitigt werden können. An das Kahoot schließt sich eine Diskussion an, die nach Zusammenhängen zwischen der Zeit des Amos und der gegenwärtigen sucht und Gemeinsamkeiten und Unterschiede herausarbeitet.

In der nächsten Woche wird die Kritik des Amos anhand einzelner Perikopen vertieft und der Zusammenhang zwischen Gottesglauben und Ethik, den Amos stark macht, herausgearbeitet.

24 Der Ökumenische Medienladen bietet einen eigenen Online-Service an: Die Schüler:innen können direkt online Filme streamen: https://www.oekumenischer-medienladen.de/medienverleih.

Kompetenzerwerb

Die Schüler:innen können
- soziale Ungerechtigkeit als Chancenungerechtigkeit reflektieren.
- gegenwärtige soziale Probleme benennen und einordnen.
- ein soziales Problem exemplarisch vertieft beschreiben und dessen Phänomen, mögliche Ursachen und Auswirkungen erläutern.
- Amos in seinen historischen Kontext einordnen, die sozialen Probleme der Zeit aufzeigen und seine Kritik erläutern.

Professionalität und Rolle der Lehrperson

- Die Lehrperson wird vermehrt zur Organisatorin und Managerin von Lernsettings: Der Unterricht ist im Wesentlichen nicht mehr nur auf 45 oder 90 Minuten begrenzt, sondern verteilt sich über die gesamte Woche: Frühzeitig müssen die asynchronen Aufgabenanteile bereitgestellt werden, Rückfragen beantwortet, Rückmeldungen bearbeitet und die synchrone Sitzung vorbereitet und durchgeführt werden. Gefordert sind durch diesen Kreislauf hohe Arbeitsorganisation und Zeitplanung sowie erhöhte Kommunikation mit den Schüler:innen und die Fähigkeit sich selbst zu begrenzen, um nicht dauerhaft ansprechbar zu sein.
- Die Lehrperson ist gezwungen Kontrolle abzugeben, den Schüler:innen zu vertrauen und ihnen altersgemäß ihre Eigenverantwortung am Bildungsprozess zuzugestehen: Ob und wie die Schüler:innen am synchronen Unterricht teilnehmen, kann kaum kontrolliert oder nachvollzogen werden, asynchrone Anteile liegen noch mehr in der Verantwortung der Schüler:innen. Hierfür braucht es Vertrauen, eine positive Beziehungsgestaltung und Kommunikation mit den Schüler:innen. Zu Schüler:innen, die sich nicht aktiv in die Lernprozesse einbringen, muss die Lehrperson den direkten Kontakt suchen, was sicherlich eine Herausforderung darstellt.
- Herausgefordert ist die Lehrperson außerdem in Bezug auf die Gestaltung von interaktiven und möglichst ganzheitlichen Lernsettings im digitalen Raum. Sie benötigt hierfür keine außergewöhnlichen digitalen Kompetenzen, sie sollte aber mit den Tools, die sie verwendet, sicher umgehen können. Dazu gehört die von der Schule zur Verfügung gestellte Videoplattform und Cloud sowie idealerweise ein Online-Whiteboard, wie beispielsweise Flinga oder Padlet.

Chancen

- Fernlernunterricht und digitale Lernsettings brauchen eine gewisse Eingewöhnungszeit: Schüler:innen und Lehrkräfte müssen sich an die neue Art der Zusammenarbeit gewöhnen. Es braucht etwas Mut und Lust auszuprobieren, zu reflektieren, zu verwerfen und wieder auszuprobieren. Eine offene Feedbackkultur ist wichtig, um ein gelungenes Lernsetting für Lernende und Lehrende schaffen zu können.
- Die wöchentlichen Treffen in den Videokonferenzen erweisen sich als besonders wertvoll für die Beziehungsgestaltung und den gemeinsamen Lernprozess. Die Möglichkeit Rückfragen stellen, Themen diskutieren und gemeinsam vertiefen

zu können, muss gewährleistet sein und wird in Zeiten, in denen sich auch die Schüler:innen nicht treffen können, gern genutzt.
- Am Rand der Konferenzen können Zeitphasen für den persönlichen Austausch eingebaut werden, in denen sich die Schüler:innen untereinander oder mit der Lehrkraft über Allgemeines unterhalten können.
- Der hohe Anteil an asynchronen Arbeitsphasen bedeutet einen Gewinn an selbstbestimmten Lernphasen dem eigenen Tempo gemäß. Je besser Selbstlernphasen eingeübt werden, desto freier können die Vorgaben in Bezug auf Sozialform und Umsetzung, etwa in der Ergebnissicherung, werden. Die Schüler:innen lernen sich selbst zu organisieren und selbstständige Arbeitstechniken zu entwickeln und anzuwenden.
- Die Schüler:innen lernen, für ihren Lernprozess selbst Verantwortung zu übernehmen: Sie müssen versuchen eigene Lösungen für Probleme zu suchen und um Hilfe zu bitten, wenn sie diese benötigen.
- Die gemeinsamen synchronen Arbeitsphasen können als Zeit für Rückfragen und Unklarheiten, Diskussionen und interaktive Anwendung bewusst genutzt werden. In ihnen geschieht bewusst gemeinsames Lernen.

Grenzen

- Lernsettings mit hohen asynchronen Anteilen bedürfen aufseiten der Schüler:innen erhöhte Eigenmotivation und Eigeninitiative. Dies kann dazu führen, dass sich Schüler:innen an asynchronen Anteilen nicht beteiligen und quasi die Hausaufgaben nicht machen. Um diesen Tendenzen gegenzusteuern, wurden zum Teil Klassen zu zwei Zeiten der Konferenz eingeladen, diejenigen, die die Aufgaben erledigt hatten 45 Minuten später als diejenigen, die es nicht getan hatten. Diese hatten in den 45 Minuten dann Zeit das Versäumte nachzuholen, ohne Vorwürfe oder Tadel. Die Schüler:innen fanden dieses Vorgehen, laut Feedback, gerecht. Problematisch ist hierbei sicherlich, dass es zusätzliche Ressourcen der Lehrperson bindet.
- Unterrichtsgespräche bedürfen im Digitalen einer intensive(re)n Moderation, besonders wenn Schüler:innen ohne Kamera und Bild teilnehmen. Es kann schnell ein, grafisch ausgedrückt, sternförmiges Gespräch mit hohem Gesprächsanteil der Lehrpersonen entstehen. Die Ermöglichung von Gesprächen oder Diskussionen zwischen den Schüler:innen sind didaktisch herausfordernd.

Arbeitsfragen für die hochschuldidaktische Umsetzung

- Benennen Sie konkrete Möglichkeiten und Methoden, wie Schüler:innen aktiviert und motiviert werden können, die sich aus digitalen Lernsettings herausnehmen, nicht erreichbar sind oder nur vorgeben teilzunehmen.
- Erörtern Sie, wie digitale Unterrichtsgespräche gelingend gestaltet werden können.
- Skizzieren Sie, wie Kommunikation und Beziehungsgestaltung mit Schüler:innen über die Ferne und im Digitalen gelingend gestaltet werden kann.

Weiterführende Literatur

Fick, Ulrich/Schmidt, Hans-Werner/Haberer, Johanna (1992). Begegnungen mit der Bibel: Amos und der Priester: Stimme der Gerechtigkeit (Amos 7) (Kurzfilme).

Hirsch, Nele (2020). Unterricht Digital: Methoden, Didaktik und Praxisbeispiele für das Lernen mit Online-Tools. Mülheim an der Ruhr.

Heusinger, Monika (2020). Lernprozesse digital unterstützen: Ein Methodenbuch für den Unterricht. Weinheim Basel.

Werner, Julia/Ebel, Christian/Spannagel, Christian/Bayer, Stephan (2018). Flipped Classroom – Zeit für deinen Unterricht: Praxisbeispiele, Erfahrungen und Handlungsempfehlungen. Gütersloh.

Hannah Geiger, M. A. Religionspädagogik/B. A. Soziale Arbeit, ist Lehrerin an einem Beruflichen Gymnasium und Beruflichen Schulzentrum, Referentin für Friedenspädagogik und Berufliche Schulen am Pädagogisch-Theologischen Zentrum der Evangelischen Landeskirche in Württemberg und Lehrbeauftragte an der Evangelischen Hochschule in Ludwigsburg.

5.4.2 Asynchroner Online-Unterricht: „Ab durch die Krise! … aber wie?“ *(Stefan Hartelt)*

Allgemeine Beschreibung des Best-Practice-Beispiels

Das vorliegende Unterrichtsbeispiel wurde als asynchrones Lernsetting durchgeführt. Der Unterricht ist als „Online-Präsentation“ gestaltet, durch die sich die Schüler:innen eigenständig weiterklicken. Der vorliegende Fernunterricht soll die Möglichkeit geben, sich individuell mit der Corona-Krise auseinanderzusetzen und Bewältigungsstrategien zu entwickeln. Lernende sollen befähigt werden, darüber nachzudenken, wie sie ihr Leben im Angesicht der veränderten Bedingungen gestalten können. Die Zielgruppe dieses Unterrichtsbeispiels sind Berufsschüler:innen, die die Coronakrise besonders trifft: Vielfältige Ängste, beispielsweise im Blick auf die private Lebensführung, aber auch auf die künftigen Jobaussichten, sind virulent und können durch einen Fernunterricht in Religion reflektiert und auf diese Weise in gewissem Umfang auch schon bewältigt werden.

Der Unterricht ist ein Beispiel für die Möglichkeiten asynchroner Online-Lernsettings, indem er ein YouTube-Video, ein kollaboratives Online-Tool, Feedbackmöglichkeit und weiterführende Angebote einbindet und so digitale Unterrichtselemente miteinander kombiniert. Die Asynchronität des Lernsettings beinhaltet die Chance, dass die Schüler:innen auf einfache, intuitive Weise die Inhalte eigenständig, aber vor allem zeitlich und örtlich unabhängig von der Lehrkraft und ihren Mitschüler:innen bearbeiten können. Zwar wird mit Arbeitsaufträgen konkret zur Bearbeitung angeleitet, doch letztlich bleiben die Schüler:innen selbst dafür verantwortlich, wie intensiv sie sich von der Thematik emotional betreffen lassen.

Mit einem integrierten kollaborativen Online-Tool war eine klassenübergreifende Zusammenarbeit möglich, wodurch eine einzelne Idee einer Schülerin oder eines Schülers vielen anderen Schüler:innen hilfreich werden konnte.

Bei „Ab durch die Krise!" handelt es sich um einen asynchronen Fernunterricht: Schüler:innen können in ihrem Tempo und zu einem frei gewählten Zeitpunkt den Unterricht durchführen. Dies erfordert einen verhältnismäßig hohen Grad der Selbstlerndisziplin vonseiten der Schüler:innen, was bei diesem Unterricht durch die Aktualität des Themas jedoch gegeben ist. Auch ist das Alter der Schüler:innen im beruflichen Schulwesen höher als z. T. an anderen Schulformen, weshalb ein gewisser Grad an Selbstorganisationsfähigkeit vorausgesetzt werden kann. Deshalb ist es überhaupt erst möglich, hier einen asynchronen Fernunterricht als eigenständige „Online-Präsentation" auszubringen. Doch es ist nicht zu unterschätzen, wie sehr die Schüler:innen konkrete Arbeitsaufträge für ihre Lernprozesse benötigen und diese gegebenenfalls auch einfordern. Die Kommunikation mit der Lehrkraft während des Unterrichts fällt durch dieses Setting zwar (fast) weg, eine Rückbindung dieser asynchronen Unterrichtsphase in eine synchrone Unterrichtsphase ermöglicht im Anschluss eine lehrer:innenunterstützte Reflexion oder Weiterbearbeitung des Themas.

Die Entscheidung, dieses Thema als asynchronen Fernunterricht auszugestalten, war auch den Rahmenbedingungen geschuldet: Im Frühjahr 2020 stand recht unvermittelt und kurzfristig Fernunterricht an, vor allem auch für die Schüler:innen war es eine Zeit der Umstellung und Neuorientierung. Viele Lehrende brachten den Unterricht synchron aus, die enorme Belastungssituation führte dazu, dass alle Beteiligten versuchten durch Priorisierungen sich nur noch auf „das Wichtige" zu konzentrieren. Religionsunterricht, noch dazu an der Berufsschule, stand dabei häufig nicht an erster Stelle. Gleichzeitig war Religionsunterricht zu diesem Zeitpunkt wichtiger denn je, er sollte als Angebot keine Belastung, sondern im Gegenteil eine „Hilfe zur Selbsthilfe" sein. Vor diesem Hintergrund entstand der Unterricht in Form der „Online-Präsentation", durch die sich die Schüler:innen eigenständig durcharbeiten können. Über die an den jeweiligen Schulen eingeführten Kommunikationsplattformen sind lediglich noch der zeitliche Horizont, also bis wann der Unterricht durchzuführen ist, und der Link zum Unterricht zu kommunizieren. Technisch gesehen kann der Unterricht mit jedem internetfähigen Gerät abgerufen und bearbeitet werden, auch mit dem Smartphone ist dies dank Responsive Design möglich.

Darstellung der Lernsequenz

Als Einstieg des asynchronen Fernunterrichts dient ein etwa sechsminütiges YouTube-Video. Auf der nächsten Seite wird im Anschluss daran eine Auszubildende mit ihren Worten im Video zitiert: *„... ich war den Tränen nah!" – Jede:r von uns ist aktuell wegen Corona in einer Krise! Welche Ängste habe ich im Zusammenhang mit der Corona-Krise und ihren Folgen?* Die Lernenden werden nun aufgefordert, ihre Sorgen und Ängste für sich auf einem Blatt Papier zu notieren. Daraufhin wird ein theologischer Impuls unkommentiert platziert, der bereits das Potenzial hat, zum Nachdenken anzuregen. Denn auf der folgenden Folie heißt es: „Denn Gott hat uns nicht gegeben den Geist der Furcht, sondern der Kraft und der Liebe und der Besonnenheit“ (2 Tim 1,7). Doch was hat das für mich persönlich zu bedeuten? Dafür ist ein Gedankenexperiment der nächste Schritt: Ein Perspektivenwechsel in die Zukunft mit Blick von dort auf die aktuelle Gegenwart. Wie sehe ich auf die Krise, wenn sie mal vorbei ist? Unter der Überschrift „Die Krise geht vorbei“ soll sich die:der Schüler:in ein paar Minuten Zeit nehmen, sich eine solche Szenerie vorzustellen, auszumalen und zu überlegen, woran man sich wohl erinnern wird. Durch zwei Gemälde („Der Schrei“ und „Mona Lisa“) werden Hilfestellungen angeboten, wie man sich an das Heute erinnern könnte: Entweder mit einem Satzanfang wie „Ach, hätte ich doch …“ oder „Gut, dass ich damals …“ – Je nachdem, wie man heute damit umgeht. Allerdings soll damit auf keinen Fall Druck aufgebaut werden, sondern eher die Reflexion von Möglichkeiten zum Umgang mit Schuld in Zusammenhang mit einer Krise angestoßen werden, da sich dies in einem Gedankenexperiment abspielt. Es folgt dazu wieder ein konkreter Arbeitsauftrag (deutlich gekennzeichnet durch ein Stiftsymbol): „*Notiere zu den Ängsten konkrete Schutzmaßnahmen: Was kannst du tun?*“ Daraufhin werden im nächsten Schritt mit dem kollaborativen Online-Tool Flinga Ideen gesammelt (als Alternative bieten sich andere kollaborative Tools wie Padlet oder Etherpad an), die in dieser Krise hilfreich sein können. Da dieser Unterricht in mehreren Klassen ausgebracht wurde, ermöglicht dieses simple Online-Tool die konkrete und hilfreiche Kollaboration hunderter Schüler:innen. Bereits vorhandene, für gut befundene Ideen können mit Herzchen bewertet werden, wodurch ein Ranking entsteht. Eigene Ideen werden ergänzt und ein umfangreicher Katalog ist inzwischen angewachsen, was man alles für sich und andere in dieser Krise tun kann.

Überleitung: Nach einem Cartoon zur Auflockerung, aber auch als affektivem Denkanstoß folgt ein theoretischer Input zur Bewältigung der Krise unter der Überschrift „Ab durch die Krise!“ – und da die Folienanimation vorsieht, dass die Schritte erst nach und nach eingeblendet werden, ist auch hier eine verhältnismäßig starke Engführung der Schüler:innen gewährleistet, sich mit diesen Schritten gedanklich auseinanderzusetzen. Gleichzeitig findet bei diesem Input eine Reflexion des bisherigen statt: Was haben wir innerhalb des bisherigen Unterrichts gemacht? Der Dreischritt wird benannt:

1. Benenne möglichst konkret deine Sorgen, Ängste und Befürchtungen.
2. Handle! Beginne etwas zu tun: „Auch der längste Weg beginnt mit dem ersten Schritt.“
3. Hoffnungsvolles Vertrauen in uns, unsere Mitmenschen und Gott kann uns die nötige Zuversicht geben! Trau’ dich!

Bei einem solch akuten und bei manchen Schüler:innen sicherlich auch belastenden Thema ist der Verweis auf die Schulseelsorge auf dem darauf folgenden Slide als Gesprächsangebot ergänzt. Dies weist bereits über den Unterricht hinaus und ermöglicht bei Bedarf binnendifferenziert den Verweis auf das Hilfsangebot. Eine Einbettung des Unterrichts in eine „Kriseneinheit“, beispielsweise zum „Umgang mit Schuld“, mit

Aspekten wie dem Regenbogen als Hoffnungszeichen oder der Vertiefung mit Inhalten aus der Psychologie uvm. sind denkbar. Das anonyme Feedbacktool, das zum Abschluss der Einheit zur Bearbeitung verlinkt ist, um Rückmeldungen zum Unterricht zu erhalten, ist wichtig für die Weiterentwicklung des Unterrichts. Anpassungen, die ich bei weiterem asynchronen Online-Unterricht durchgeführt habe, sind unter anderem:

Je nach Thema wurde noch kleinschrittiger gearbeitet und es wurden deutliche methodische Hinweise benannt, um dadurch die Transparenz über die Struktur des Unterrichts zu erhöhen („auf den folgenden Folien werden wir …"). Es können auch längere (Quellen-)Texte direkt eingebunden oder zum Download hinterlegt werden, was jedoch bei der Zielgruppe der Berufsschüler:innen nicht zielführend wäre, weshalb darauf verzichtet wurde. Kollaborative Elemente machen Schüler:innen zu Mitgestaltenden, die sich einbringen und den Unterricht weiterbringen und verändern – sie bleiben so nicht nur Konsumierende. Auch die Zusendung von Arbeitsergebnissen wird beim einen oder anderen Online-Unterricht von mir eingefordert: Ergebnisse von Wissens- aber auch Transferfragen sollen abfotografiert und der Lehrkraft per E-Mail zugesandt werden. Der zeitliche Horizont für eine solche Rückmeldung wird den Schüler:innen dann bereits im Rahmen der Veröffentlichung von Link und Passwort genannt.

Unterrichtsergebnisse asynchroner Arbeitsphasen können im darauffolgenden Online-Meeting besprochen werden. So kann ganzheitlich anknüpfend an die individuelle Schüler:innen-Begegnung mit dem Unterrichtsgegenstand weitergearbeitet werden. Bei der Unterrichtseinheit „Ab durch die Krise!" wird bewusst auf eine Lernzielkontrolle oder Überprüfung der Schüler:innen-Ergebnisse verzichtet.

Kompetenzerwerb

Die Schüler:innen können

- ihre Sichtweise auf ihre eigene Situation in der Coronakrise artikulieren und hinterfragen.
- individuelle Krisenbewältigungsstrategien für das eigene Leben und das Leben mit anderen entwickeln.
- das religiöse Phänomen „Angst und Sorgen in Krisensituationen" mit den damit verbundenen Fragestellungen in ihrem Lebensumfeld wahrnehmen und beschreiben.

Professionalität und Rolle der Lehrperson

- Die Herausforderung des asynchronen Fernunterrichts besteht in der aktivierenden Motivation: Eine vertrauensvolle Beziehung zu den Schüler:innen ist ausschlaggebend dafür, wie sehr die Schüler:innen bereit zur Mitarbeit sind.
- In der Vorbereitung ist auf eine transparente, nachvollziehbare und klare Gestaltung der asynchronen Elemente zu achten.

Chancen

- Der Unterricht greift durch Individualisierung die zunehmende Heterogenität der Schüler:innen auf und verhilft dazu, die damit verbundenen Potenziale konstruk-

tiv zu nutzen. Er bietet zudem die Chance, dass sich Schüler:innen zeitlich flexibel und intensiver mit einzelnen Aspekten des Themas auseinandersetzen als dies im Präsenzsetting der Fall wäre.
- Durch das asynchrone Setting ermöglicht der Unterricht den Zugang zum Thema Krisenbewältigung selbstorganisiert und individuell in Bezug auf Zeitpunkt, Geschwindigkeit und Tiefe.
- Durch Online-Tools ist eine anonyme Zusammenführung von Arbeitsergebnissen in Echtzeit möglich, deren Inhalte eine zentrale Bedeutung für den Unterricht entfalten.
- Durch eine variations- und abwechslungsreiche mediale Gestaltung (Einbindung von Video-, Ton, Text- und Bildmaterial, Recherche-Links zu Ressourcen im Netz) wird die Motivation der Schüler:innen zur eigenständigen Bearbeitung erhöht.

Grenzen

- Voraussetzung für diese Form des eigenständigen Erarbeitens ist eine Selbstlern- und Selbststeuerungskompetenz der Schüler:innen.
- Eine persönliche Beziehung zwischen Lehrenden und Lernenden muss bereits vorhanden sein und kann auf diesem Weg nur bedingt oder mit geringer „Tiefe" aufgebaut werden.
- Eine Zusammenarbeit von Schüler:innen in Echtzeit kann im asynchronen Setting nicht oder nur eingeschränkt gewährleistet werden, was wichtige Aspekte des sozialen Lernens nicht fördert.
- Eingebundene Online-Medien sind flüchtig, wie beispielsweise YouTube-Videos, die am nächsten Tag schon nicht mehr verfügbar sind.

Arbeitsfragen für die hochschuldidaktische Umsetzung

- Beschreiben Sie, wie asynchroner Online-Unterricht den Religionsunterricht verändern kann.
- Diskutieren Sie die Vor- und Nachteile des asynchronen Unterrichtens.
- Analysieren Sie die vorgestellte Methode im Hinblick auf die Theoriebezüge der Didaktik eines digitalen Religionsunterrichts.
- Entwickeln Sie Möglichkeiten zur Stärkung der Eigenständigkeit von Schüler:innen für solche hochgradig selbstlernorientierten Fernunterrichtssituationen.
- Beschreiben Sie, woran zu erkennen ist/sein könnte, ob und wie der Lernprozess für die Schüler:innen gelungen ist.

Weiterführende Literatur

Hartelt, Stefan (2020). Ab durch die Krise! … aber wie? https://bru-uno.de/coronakrise.

Hirsch, Nele. (11. Januar 2019). Entdeckt: Reveal.JS für Storytelling und schicke Präsentationen. https://ebildungslabor.de/blog/revealjs.

Hartelt, Stefan (2020). (B)RU trotz(t) #Corona: Sonderseite zu Technik und Inhalt von Religionsunterricht als asynchroner oder synchroner Fern- oder Hybrid-Unterricht. https://bru-uno.de/corona.

Stefan Hartelt ist Studienrat an beruflichen Schulen, Mechatronik-Ingenieur, Technikpädagoge (M.Sc.) und Religionspädagoge (M.A.). Vor dem Hintergrund seiner Erfahrungen als Bildungsreferent mit E-Learning-Entwicklung in der Industrie und an einer Hochschule gestaltet er Lehrerfortbildungen und Workshops zur Digitalisierung von Religionsunterricht.

5.4.3 „Im dunklen Tal gehen die Kameras aus …" – Texttheater in einer Zoom-Konferenz (Stefanie Pfister)

Allgemeine Beschreibung des Best-Practice-Beispiels

Nicht neu ist die Tatsache, dass das Christentum für Schüler:innen zur „Fremdreligion" (Dressler) geworden ist und dass im Religionsunterricht trotz modern formulierter Kompetenzen und Inhalte biblische Themen und Texte immer wieder gerne vermieden werden, weil sie als langweilig verschrien sind. Oft hat man selbst auch nicht den Zugang zu manchen biblischen Texten. Doch die Freiburger Professorin für Religionspädagogik Mirjam Schambeck beschreibt:

> „Eine gegenwärtige Bibeldidaktik muss sich den Herausforderungen der postmodernen Schülerwelten stellen. Sie muss bei den Schülern, deren Fragen und Interessen ansetzen. Nur wo die Schüler selbst als Fragende und Forschende zu Wort kommen, gelingt es, biblische Texte nicht als museale Dokumente vergangener Zeiten abzutun, sondern ihre orientierende und lebensverändernde Kraft in den Blick zu nehmen" (Schambeck 2009, S. 11).

Daher möchte dieses Best-Practice-Beispiel ermutigen, ausgehend von den Schüler:innenfragen und Vorstellungen, biblischen Texten sowie deren Fragen nachzugehen, dies mit dem eigenen Lebensthema zu verbinden und eigene Fragen stellen zu können. Hierfür eignet sich insbesondere die Methode des Texttheaters, welche der performativen religionsdidaktischen Perspektive nach Bernhard Dressler zugeordnet werden kann.

Darstellung der Lernsequenz

Einführung im Plenum in der Video-Galerieansicht: Die Lehrkraft liest mit den Schüler:innen einen biblischen Text – wir haben zum Beispiel den Psalm 23 gelesen – und klärt Fragen oder gibt Impulse. Die Schüler:innen haben die Kameras und den Ton eingeschaltet. Der biblische Text sollte anschließend – auch für die zweite Phase im Breakout-Room – als Text auf dem Bildschirm der Lehrkraft freigegeben werden. Dann erteilt die Lehrkraft folgenden Arbeitsauftrag:

> *„Lest euch gleich in eurer Gruppe den Text noch einmal in Ruhe mehrmals durch. Entscheidet euch gemeinsam für einen Satz, den ihr besonders schön findet oder der*

euch anspricht. Dann gestaltet ihr ein Texttheater dazu, indem ihr diesen Satz szenisch interpretiert, aber nicht den Wortlaut verändert. Ihr dürft den Satz singen, sprechen, rappen, tanzen, mit Körperbewegungen ausdrücken, mehrfach wiederholen, laut sprechen, flüstern, schreien … Beachtet dabei, dass ihr euch genau absprecht, wer wann dran ist, da die Vorstellung im Plenum erfolgt.“

Erarbeitungsphase in den Breakout-Rooms: In den Breakout-Rooms wird das Texttheater in ca. 8–10 Minuten eingeübt – wobei die Lehrkraft und die anderen Kursschüler:innen nicht wissen, für welchen Satz sich die jeweiligen Gruppen entscheiden würden. Es empfiehlt sich, dass die Lehrkraft jede Gruppe einmal in der Arbeitsphase „besucht“, falls Fragen geklärt werden müssen. Die meisten Videokonferenzsysteme haben aber auch einen „Hilfebutton“, der so eingestellt werden kann, dass die Schüler:innen diesen aktivieren können, sodass die Lehrkraft sich zuschalten kann.

Präsentationsphase in der Galerieansicht: Da in der Galerieansicht die Gruppenmitglieder einer Gruppe selten nebeneinander in einem digitalen Fenster zu sehen sind, ist der Effekt beim Vorführen wie bei einem Flashmob: man weiß nicht, wo das nächste Gruppenmitglied als nächstes agiert bzw. wenn mehrere gleichzeitig vorspielen, ist es wirklich spannend, wie das synchrone Handeln und Sprechen über dem Bildschirm verteilt ist. Es ist in jedem Fall wichtig, dass man das Texttheater zweimal vorspielt, damit man sich beim wiederholten Male – nach dem Flashmobeffekt in der ersten Runde – mehr auf den Inhalt konzentrieren kann.

Weiterarbeit/Variation: in der nächsten Stunde können in den Breakout-Rooms weitere Szenen zu dem ausgewählten Satz eingeübt werden. Hier können folgende Impulse hilfreich sein:

- Stellt euch vor, die anderen kennen den Satz nicht bzw. haben ihn noch nie gehört, wie könnt ihr den Satz besonders lautstark/dramatisch betonen?
- Nutzt Zeichnungen/Plakate/Gegenstände, um den Satz noch ausdrucksstärker zu gestalten.
- Vielleicht kann euer Satz filmerisch dargestellt werden und ihr spielt den Film ein, wenn ihr dran seid.

Kompetenzerwerb

Die Schüler:innen können

- sich mithilfe des Texttheaters und der spielerischen Auseinandersetzung kreativ mit biblischen Texten befassen und diese gestalterisch aufnehmen.
- ihre Texttheater reflektieren und ihre Rollen bzw. Ausdrucksweisen begründen. Dies führt zu einer fundierten Reflexion und der Einübung einer notwendigen Außenperspektive im Religionsunterricht.
- religiöse Kommunikationsmuster und Sprache einüben, wahrnehmen, deuten und sich ggf. von ihr distanzieren.

- sich mit dem eigenen persönlichen Glauben oder Nichtglauben auseinandersetzen.
- ihre eigenen Erfahrungen und ihren Bezug zum biblischen Text einbringen und damit den Sinn neu konstituieren: Damit erwerben sie eine rezeptionsästhetische und bibeldidaktische Kompetenz.

Professionalität und Rolle der Lehrperson

- Der Lehrperson kommt insgesamt die anspruchsvolle Aufgabe zu, den Raum für eine Bewegung zwischen Text und den Schüler:innen zu fördern. Sie stellt mit ihrer persönlichen Enzyklopädie immer einen Teil des Raumes dar, innerhalb dessen die Begegnung stattfindet.
- Die Lehrkraft fungiert als Anwältin des Textes und Anwältin der Lerngruppe zugleich, was nicht immer leicht ist.
- Für die Lehrkraft gilt es auszuhalten, dass einige Darbietungen der Schüler:innen nicht „bibelgemäß" sind. Hier ist es wichtig auch bei der Reflexion die Schüler:innenintentionen gelten zu lassen.

Chancen

- Es entstehen intensive, kreative und spannende Auseinandersetzungen mit biblischen Texten, wobei Resonanz und Leiblichkeit ermöglicht wird, wenn die Schüler:innen z. B. plötzlich in die Kamera „Der Herr ist mein Hirte" schreien oder flüstern oder durch ein dunkles Tal mit abgeschalteter Kamera und dennoch für alle hörbar mit einem „Stecken und Stab" lautstark „wandern".
- Biblische Texte eröffnen – auch digital – einen unverfügbaren Raum.
- Das digitale Setting ermöglicht eine individuelle Auseinandersetzung in Kleingruppen, wobei hier der Austausch sehr intensiv sein kann.

Grenzen

- Die Schwierigkeit liegt zunächst darin, sich auf die Aufgabe einzulassen und etwas vor laufender Kamera vorzuspielen, aber hier kann man auch noch einmal darauf hinweisen, dass nichts aufgenommen werden darf, dass man zuerst die Tür von seinem Zimmer zumachen kann etc.
- Es kann bei wenig Übung zu Albernheiten kommen, dies kann in geringem Maße toleriert werden, es ist ja auch eine merkwürdige Situation und dass man sich unsicher fühlt, sollte auch bedacht werden. Wenn sich Schüler:innen gar nicht auf die Aufgabe einlassen können, dürften sie auch z. B. nur Regieanweisungen in der Kleingruppe geben oder die Moderation bei der Präsentation übernehmen.

Arbeitsfragen/Arbeitsvorschläge für die hochschuldidaktische Umsetzung

- Begründen Sie, dass bei diesem Beispiel sowohl die Verwendung eigener religiöser Sprache als auch die allgemeine Rede über Religion, Reflexion und der Abstand zur religiösen Sprache möglich sind.
- Erörtern Sie das stete Changieren zwischen Innen- und Außenperspektive bei diesem digitalen Experiment.

- Beschreiben Sie ihre Aufgabe als Lehrkraft bei der Reflexion. Wie können Sie nach der Vorführung möglichst viel über die Intention der Schüler:innen erfahren, ohne dass es schulmeisterlich wirkt?

Weiterführende Literatur

Dressler, Bernhard (2002). Darstellung und Mitteilung. Religionsdidaktik nach dem Traditionsabbruch. rhs 1 (2002), S. 11–19.

Meyer, Hilbert (2003). Texttheater. Oldenburg.

Pfister, Stefanie/Roser, Matthias (2015). Fachdidaktisches Orientierungswissen für den Religionsunterricht. Göttingen, S. 44–52.128.

5.4.4 „Wem gehört unser Leben?" – Digitale Erörterung zum Film „GOTT" von Ferdinand von Schirach (Katrin Mohnke)

Allgemeine Beschreibung des Best-Practice-Beispiels

„Wem gehört unser Leben?" Oder: „Wer entscheidet über unseren Tod?" Diese und noch viele Fragen mehr stellen sich Menschen in der heutigen Gesellschaft. Die Diskussion ist nicht neu, jedoch das am 26.02.2020 in Kraft getretene Gesetz, welches Ärzt:innen erlaubt, das Leben von Patient:innen auf eigenen Wunsch, mithilfe eines Medikamentes zu beenden (www.bundesverfassungsgericht.de). Das Bundesverfassungsgericht hat geurteilt, die ethischen und moralischen Ansätze werden diskutiert.

Konkretisiert wird das Thema anhand der Person von Herrn Gärtner, an dessen Beispiel die Kernfrage erörtert werden soll: Soll Herr Gärtner das Medikament erhalten?

Mit dieser Thematik setzen sich die Oberstufenschüler:innen auseinander. Hier werden unterschiedliche Standpunkte beleuchtet. Die Vorsitzende des Ethikrates moderiert die Sitzung. Weitere Anwesende sind Herr Biegler, welcher Herr Gärtner rechtlich vertritt und beisteht, Frau Dr. Brandt, Herrn Gärtners Hausärztin, Frau Prof. Dr. Litten, die Rechtssachverständige, Herr Prof. Dr. Sperling, der medizinische Sachverständige, Herr Thiel, ein theologischer Sachverständiger und Frau Keller, ein Mitglied des Ethikrates.

Konkretion

Zu Beginn der synchronen Videokonferenz teilt die Lehrkraft ihren Bildschirm und stellt Herrn Gärtner und dessen Situation vor: Herr Gärtner, 78 Jahre alt, möchte mithilfe seiner Hausärztin sein Leben beenden – diese soll ihm das todbringende Mittel aushändigen. Herr Gärtner ist nicht depressiv, nicht krank. Er war lange verheiratet und hat seine Frau bei ihrem Krebsleiden bis zum Tode begleitet. Dieses hat ihn geprägt. Er möchte nicht wie seine geliebte Frau von Schmerzen zerfressen und gebrechlich dahinvegetieren, er möchte nicht ins Ausland fahren müssen, um sich bei einer Sterbehilfeorganisation das Leben nehmen zu können. Er möchte nicht vor einen Zug springen oder sich selbst anderweitig das Leben nehmen. Er möchte über sein Leben und seinen Tod selbst entscheiden können und dafür eine Entscheidung vor dem Ethikrat erwirken. Er möchte das todbringende Medikament. Nun stellt die Lehrkraft die Kernfrage: *„Soll Herr Gärtner das Medikament erhalten?"*

Die Schüler:innen erhalten zehn Minuten Zeit sich dazu zu äußern und ihre Fragen auch in der Videokonferenz zu stellen. Nach der Klärung der Lage findet eine erste Abstimmung statt. Die Abstimmung kann mit der blauen Hand (in Zoom) oder mit der gelben Hand (IServ/BigBlueButton) digital sichtbar erfolgen. Sie kann aber auch in einer geheimen Umfrage erfolgen, die bei IServ oder Zoom vor der Sitzung eingerichtet werden kann. Nach dieser ersten Abstimmung werden die Stimmen ausgezählt und das Ergebnis betrachtet. Auffälligkeiten werden benannt, eigene Ansichten nochmals erörtert. Anschließend stellt die Lehrkraft einen Link auf ein interaktives Whiteboard (z. B. auf padlet.com) mit drei Spalten und den drei Fragen:

- Wem gehört unser Leben?
- Wer entscheidet über unseren Tod?
- Darf ein gesunder Mensch ein todbringendes Medikament erhalten?

Die Schüler:innen tragen die Ergebnisse ein, sie können sich zu einer oder zu allen Fragen äußern. Nach zehn Minuten werden die Ansichten im Plenum präsentiert und eine Diskussion kann entstehen. Anschließend teilt die Lehrkraft in der Videokonferenz ihren Bildschirm und zeigt auf einer Folie mit der Schlagzeile *„Deutscher Ethikrat diskutiert über todbringendes Medikament"*. Danach wird im Plenum geklärt, was der Deutsche Ethikrat ist und welche Funktion er hat. Als Aufgabe zur asynchronen Bearbeitung sollen die Schüler:innen den Film „GOTT" anschauen oder das gleichnamige Theaterstück lesen. Die Schüler:innen haben die Möglichkeit, den Film per ARD-Mediothek zu sehen, sodass die Schüler:innen den Film auch zu individuellen Zeiten betrachten können. Dazu bearbeiten sie folgende Aufgaben:

> *„Notiere die Kernaussagen und Argumente der jeweiligen Positionen von Herrn Gärtner/Herrn Biegler, Frau Brandt (die Ärztin), Frau Keller (Ethikrat), Frau Litten (Rechtssachverständige), Herr Sperling (medizinischer Sachverständiger), Herr Thiel (theologischer Sachverständiger)."*

Nach dem Film findet wieder eine Videokonferenz statt. Hier haben die Schüler:innen Raum, sich hinsichtlich ihrer Ansichten oder Fragen zu äußern. Die Argumente der unterschiedlichen Positionen werden vorgestellt. Mögliche Impulse der Lehrkraft könnten sein:

- Beschreibe deine Position zu der Ausgangsfrage.
- Begründe deine Position.

Dann wird eine weitere Abstimmung unter der gleichen Fragestellung wie bekannt durchgeführt: *Soll Herr Gärtner das Medikament erhalten?* Auch hierbei wird eine Schnellumfrage durchgeführt. Diese Abstimmung sollte auf jeden Fall anonym erfolgen. Die Ansicht mancher Schüler:innen wird sich wahrscheinlich geändert haben. Dieses wird hinterfragt. Zur Vertiefung des Filmes erhalten die Schüler:innen in Kleingruppen verschiedene Texte zur Thematik: Die erste Kleingruppe beschäftigt sich mit den Argumenten in dem Text von Hartmut Kreß: Suizid und Suizidbeihilfe in existenzieller, religiöser und kultureller Hinsicht (Schirach 2020). Eine weitere Gruppe beschäftigt sich mit dem Text von Peter Singer „Weshalb ist Töten unrecht?" (Singer 1994). Eine Gruppe beschäftigt sich mit der Leitfrage: „Was ist das höchste Gut, das ich durch mein Handeln erreichen kann?" Dazu liest sie den Text von Aristoteles' „Nikomachische Ethik", Buch I. Die nächste Kleingruppe liest die Bergpredigt (Matthäus 5–7) und beschäftigt sich ebenfalls mit der Leitfrage: „Was ist das höchste Gut, das ich durch mein Handeln erreichen kann?" Anschließend stellen die Schüler:innen ihre Ergebnisse dem Plenum vor.

Als Aufgabe für den folgenden asynchronen Teil erhalten die Schüler:innen zwei Wahlaufgaben:

a) Schreibe einen Brief an den Deutschen Ethikrat, in dem du deine Ansicht begründest ODER
b) Verfasse ein Essay unter dem oben genannten Titel: „Wem gehört unser Leben und wer entscheidet über unseren Tod?"

Eine der Wahlaufgaben wird der Lehrperson 24 Stunden vor der nächsten synchronen Videokonferenz zugeschickt. Die Lehrperson gibt daraufhin individuelles Feedback. Alterantiv können die Ergebnisse auch in einer abschließenden synchronen Videokonferenz in Kleingruppen (Breakout-Sessions) Anlass zur Diskussion sein.

Kompetenzerwerb

Die Schüler:innen können

- ihre Meinungen reflektieren und in der Auseinandersetzung mit anderen ggf. revidieren.
- sich mit verschiedenen Argumenten und Texten auseinandersetzen und eigene philosophische Gedanken und Texte erarbeiten.
- in moralischen Dilemmata konfligierende Werte analysieren und diese beurteilen.
- eine Argumentation zu einem philosophisch-moralischen Thema verfassen und ihre Gedankenstruktur darlegen.
- Antworten der Religionen und der Philosophie auf die Frage nach dem eigenen Leben und dem eigenen Tod erörtern und begründet eigene Antworten finden.

Professionalität und Rolle der Lehrperson

- Die Lehrperson ist in dieser Unterrichtseinheit Moderatorin. Sie stellt den Sachverhalt dar und erklärt das weitere Vorgehen. Bei der Abstimmung und der Diskussion hört die Lehrkraft jede Meinung an, ohne eine eigene Position zu beziehen.
- Während der Diskussion ist es wichtig, dass die Lehrperson die Regeln festlegt, sodass wirklich immer nur ein:e Lernende:r einen Redebeitrag leistet und nicht alle durcheinander reden.
- Schüler:innen können emotional ergriffen werden, die diese Thematik persönlich gerade tangiert (betroffene Familienangehörige). Daher setzt die Behandlung des Themas eine hohe Vertrautheit zu den Lebensumständen der Schüler:innen voraus. Diese Schüler:innen beschäftigen sich z. B. am besten mit der Frage nach dem Leben (Bergpredigt, Aristoteles).

Chancen

- Durch das asynchrone Arbeiten im Homeoffice haben die Schüler:innen zu Hause den Raum und eher die Ruhe, sich intensiv gedanklich auf diese Frage einzulassen und so einen stringenten Text zu verfassen.
- Die Resonanz der Schüler:innen hat gezeigt, dass dieses Thema – nicht zuletzt durch die Aktualität und Relevanz – deutlich an Tiefe im Gedankengang gewann. Die Essays und Briefe waren wunderbar. Kolleg:innen anderer Fächer, Geschwister und Eltern wurden von den Schülern:innen auf die Thematik angesprochen, die Diskussionen brachen nicht ab. Hieran ist zu erkennen, dass der Lernprozess für die Schüler:innen gelungen ist.

Grenzen

Das Thema scheint zunächst für die Schüler:innen wenig an Lebensrelevanz zu bieten, da sie sich sicher selten mit dieser Frage auseinandergesetzt haben. Daher ist das eindrückliche Erzählen des Fallbeispiels am Anfang sehr wichtig, um die Schüler:innen zu motiveren.

Arbeitsfragen für hochschuldidaktische Umsetzung

- Beurteilen Sie die Lehrerrolle im Hinblick auf diese Thematik. Bewerten Sie, ob oder inwiefern die Lehrperson stärker Position beziehen sollte, z. B. indem sie ihre christliche Perspektive einbringt.
- Erarbeiten Sie Aspekte, welche die Schüler:innen in ihrer Arbeit am Essay/Brief zu Hause beachten können, damit sie eine Struktur haben, an die sich halten können.
- Diskutieren Sie, ob Sie das Thema generell als Thema für den konfessionellen Religionsunterricht geeignet halten oder ob dies eher in ein Ersatzfach wie Ethik oder Praktische Philosophie gehört.

Weiterführende Literatur

Aristoteles. Nikomachische Ethik. Reclams Universal-Bibliothek Nr. 8586. Ditzingen.

Leitsätze. Zum Urteil des Zweiten Senats vom 26. Februar 2020. https://www.bundesverfassungsgericht.de/e/rs20200226_2bvr234715.html.

Singer, Peter (1994). Praktische Ethik. 2. Auflage. Stuttgart.

Von Schirach, Ferdinand (2020). Gott. München.

Von Schirach, Ferdinand (2020) „Gott – Ihre Entscheidung“ DVD.

Katrin Mohnke ist Lehrerin an der Therese-Münsterteicher-Gesamtschule Ahlen (NRW) mit den Fächern Praktische Philosophie und Deutsch.

5.4.5 Religiöse Symbolik in der Werbung – Sek I/II (Klasse 9/10)

(Oliver Held)

Allgemeine Beschreibung des Best-Practice-Beispiels

Gegenstand des nachfolgenden Best-Practice-Beispiels ist die Analyse der Beziehung von Religion und Werbung. Die auf die Sek II ausgelegte Unterrichtssequenz fußt auf dem Einsatz dreier digitaler Tools, die essenzielle Vorteile gegenüber klassisch-analoger Unterrichtsmöglichkeiten bieten. Als didaktische Grundlage dient das Kompetenzmodell von Andreas Feindt, welches die Merkmale lebensweltliche Anwendung, individuelle Lernbegleitung, Metakognition, kognitive Aktivierung, Wissensvernetzung und Übung bzw. Überarbeitung benennt (Feindt 2010). Nachfolgend wird auf die einzelnen Merkmale verwiesen werden. Das lebensweltliche Medium Werbung wird aufgegriffen, da es den Anspruch hat, die tiefsten, elementaren Bedürfnisse des Menschen anzusprechen. Ziel des Unterrichtsvorhabens ist es, diese Parallele zur Religion als Lernchance wahrzunehmen und die Lernenden für die Deutung von und Auseinandersetzung mit religiöser Symbolik zu sensibilisieren.

Konkretion am Beispiel religiöser Symbolik in der Werbung

Als Anforderungssituation wird die Lerngruppe eingangs mit einer oder mehreren Werbeanzeige(n), die religiöse Bezüge aufweist/aufweisen, konfrontiert. Dies unterstreicht den Charakter von Religion als gesellschaftlichem Phänomen. Im Sinne der Merkmale kompetenzorientierten Religionsunterrichts nach Feindt sollte eine Werbeanzeige für ein Produkt ausgewählt werden, das einen Bezug zur Lebenswelt der Lerngruppe hat. Die spontanen Reaktionen der Schüler:innen dienen als Erhebung der Lernausgangslage und können mündlich zusammengetragen oder schriftlich bspw. mithilfe von Umfrage-Tools gesammelt und anschließend ausgewertet werden. Mögliche Tools sind Mentimeter (z. B. als Wordcloud) oder Oncoo (Kartenabfrage), dort ist lediglich eine neue Abfrage anzulegen und anschließend der Teilnahmelink zu teilen. Angestoßen durch das Zusammenspiel bzw. den Kontrast von Religion und Kommerz sind die Lernenden aufgefordert, mögliche Stundenfragen zu benennen,

z. B. „Warum und wie werden religiöse Bezüge in Werbung genutzt?" oder „Wie ist die Verwendung religiöser Bezüge in Werbung zu bewerten?". Die nachfolgend erläuterten Schritte sind als in sich geschlossene Lerneinheiten von 45 Minuten zu verstehen.

Schritt 1 – Warum und wie werden religiöse Bezüge in Werbung genutzt?
Pirner (2003) identifizierte sieben Aspekte religiöser Bezüge in Werbung. Nach einer kurzen Phase der Hypothesenbildung zur o. g. Leitfrage sollten die Aspekte nach Pirner von den Lernenden in einer ersten Erarbeitungsphase stichpunktartig zusammengefasst und mit den eigenen Hypothesen verglichen werden. Zur Zeitersparnis können die Aspekte auch tabellarisch zur Verfügung gestellt werden, eine eigenständige Aneignung durch die Lernenden ist allerdings empfehlenswert.[25]

Ist diese Grundlage vermittelt, soll die Anforderungssituation nun zur Anwendungssituation werden: Die Lernenden recherchieren zur Vertiefung in Partner- oder Gruppenarbeit eine beliebige Werbeanzeige mit religiösen Bezügen und analysieren kritisch, welche der sieben Aspekte Pirners sich auf die entsprechende Werbeanzeige anwenden lassen. Die Ergebnisse werden in einem Padlet zusammengetragen. Das nachfolgend verlinkte Padlet wurde als Vorlage erstellt und lässt sich mit einem eigenen Account leicht „klonen" (Funktion oben rechts) und so beliebig weiterverwenden.[26] Konkret formulierte Arbeitsaufträge finden sich in der Padlet-Vorlage.

Zunächst ist von den Schüler:innen die formale Analyse (Produkt, Konzern, Jahr, Medium, Quelle) vorzunehmen, im nächsten Schritt die enthaltene religiöse Symbolik zu benennen (→ Wissensvernetzung), um daran anschließend die sieben Aspekte auf die Werbeanzeige anzuwenden und zu begründen, welche Aspekte konkret vorliegen. Zudem soll die persönliche Betroffenheit der Lernenden untersucht werden: Was löst diese Anzeige in mir aus? Daran anknüpfend wird im letzten Teilschritt eine wertende Stellungnahme ergänzt. Innerhalb der Gruppen erfolgt der Arbeitsprozess kollaborativ, wenn gemeinsam am Endergebnis (d. h. hier die Spalte der Gruppe) gearbeitet wird bzw. kooperativ, wenn innerhalb der Gruppe unterschiedliche Teilaufgaben zugeordnet werden.

Schritt 2 – Wie ist die Verwendung religiöser Bezüge in Werbung zu bewerten?
Als Einstieg in diesen Unterrichtsschritt dient die Auswertung des Padlets im gemeinsamen Unterrichtsgespräch. Welche Anzeigen wurden analysiert? Anhand welcher Kriterien erfolgte die Auswahl? Welche Aspekte wurden identifiziert? Sind Cluster oder Strukturen erkennbar? Welche Bewertungen wurden warum vorgenommen?

Padlet bietet die Funktion, dass die einzelnen Textkarten über das Optionsfeld in der rechten Ecke leicht farbig markiert werden können. Die Bewertungen werden

25 Eine kurze Zusammenfassung dieser Aspekte, die gekürzt und ggf. leicht annotiert gut für die Lernenden in Partnerarbeit zu erschließen ist, findet sich bei Haas (2013). Eine knappe Zusammenfassung der Aspekte in eigenen Worten, bspw. in einer vorstrukturierten Tabelle, ist als Sicherung zu empfehlen. Alternativ kann die tabellarische Zusammenfassung M1 den Schüler:innen zur Verfügung gestellt werden.

26 https://padlet.com/oheld/werbungutb.

nun grün bzw. rot eingefärbt, sodass anschaulich visualisiert ist, in welchem Verhältnis (nicht) vertretbare Werbeanzeigen zueinanderstehen. Erfahrungsgemäß kommen die Schüler:innen hier zu sehr unterschiedlichen Urteilen, sodass ein genuiner Diskussionsbedarf entsteht: Kernpunkt dieser Diskussion soll nun jedoch nicht die jeweilige Vertretbarkeit der einzelnen Anzeigen sein, sondern die allgemeine Bewertung der Legitimität, religiöse Symbolik für Werbung zu instrumentalisieren. Auch bei dieser Diskussion kann der Rückgriff auf die sieben Aspekte und ihre unterschiedlichen Intentionen hilfreich sein.[27] Da sich jede Lerngruppe durch ihre Heterogenität auszeichnet, erfolgt diese Diskussion jedoch nicht klassisch im Unterrichtsgespräch, sondern in schriftlicher Form mithilfe von Kialo. Nach kurzer einmaliger Registrierung ist Kialo für die Lernenden nutzbar. Von der Lehrkraft ist eine Diskussions(-frage), bspw. „Ist die Verwendung religiöser Symbolik in Werbung legitim?“ oder „Werbung und Religion – ideale Partner?“, in Kialo anzulegen.[28] Zu dieser Leitfrage können die Lernenden nun in der Erarbeitungsphase Pro- und Contra-Argumente verfassen, die in der obersten Diskussionsebene als Liste angezeigt werden. Hier kann auch auf bereits vorhandenes Wissen aus dem sozialwissenschaftlichen bzw. wirtschaftlichen Unterricht zurückgegriffen werden (→ kognitive Aktivierung). Die Tiefe der Diskussion sowie die Kommunikation der Lernenden untereinander werden enorm durch die Möglichkeit gefördert, die Diskussion auf die nächsttiefere Ebene auszuweiten: So können Schüler:innen einzelne Argumente auswählen und diese wertschätzend oder kritisch mit weiteren Pro-/Contra-Aspekten kommentieren. Das heißt die Diskussion, die zunächst nur die Leitfrage betraf, wird nun auf den kritischen Austausch über die Triftigkeit der einzelnen Argumente erweitert. Darüber hinaus bietet Kialo die Funktion, dass die Schüler:innen die Argumente bewerten können, sodass ein Ranking der Argumente in der Listenansicht möglich ist. Doppelte Argumente können leicht zusammengeführt werden. Im Sinne der Unterrichtsdramaturgie ist anzuraten die Diskussion in einzelne Phasen einzuteilen, bspw. die ersten zehn Minuten Abfassung von Argumenten für die erste Ebene (hier z. B. „Werbung trägt zur Weitertradierung von Religion bei.“), anschließend weitere Phasen für die Ausweitung auf tiefere Diskussionsebenen (hier z. B. „Ist eine Tradierung, die religiöse Gefühle verletzt und Religion diskreditiert, denn überhaupt wünschenswert?“).

Die Bewertung der Argumente wirkt sich auch auf die Farbintensität der einzelnen Argumente in der Tortenansicht aus. Die Tortenansicht eröffnet neue Diskussionsmöglichkeiten für die Auswertung der Kialo-Diskussion in der Vertiefungsphase.

Im Unterrichtsgespräch können so besonders kontroverse Argumente schnell identifiziert oder inhaltliche Tendenzen von den Lernenden erkannt und diskutiert werden. Im Beispiel rechts ist ein sehr kontroverses Argument in zweiter Ebene links

27 Bei argumentationsschwachen Lerngruppen kann ein Zwischenschritt anzuraten sein, in dem zunächst kooperativ unterschiedliche Artikel zur Diskussionsfrage erschlossen werden, die Methodik erfolgt wie in Schritt 1 (https://padlet.com/oheld/werbungutbartikel).

28 Diskussion erstellen, Format auswählen, Leitfrage vorgeben, Abschließen, Teilen, Diskussions-Zugangslink aktivieren und an die Lernenden weitergeben.

zu erkennen oder dass gleich fünf Pro-Argumente der ersten Ebene uneingeschränkt bzw. unkommentiert von der Lerngruppe akzeptiert worden sind. Dies lässt klare Rückschlüsse über die Meinung der Lerngruppe zu, deren Hintergründe ihrerseits zum Diskussionsgegenstand gemacht werden können.

Schritt 3 – Leistungsüberprüfung und Syntheseleistung
Zum Abschluss der Unterrichtssequenz sind die Lernenden aufgefordert eine Syntheseleistung zu erbringen und die Argumente der Kialo-Diskussion in einem zusammenhängenden Textprodukt strukturiert zu verschriftlichen. Als Titel dieser Stellungnahme kann die Kialo-Leitfrage aus Schritt 2 herangezogen werden. Dieses Lernprodukt dient der Leistungsüberprüfung und → metakognitiven Reflexion des eigenen Lernprozesses. Die Erarbeitung soll in Kleingruppen mithilfe eines EtherPads erfolgen. Ein EtherPad ist ein browserbasiertes Textdokument, in dem in Echtzeit mehrere Personen arbeiten können. Ein möglicher Anbieter ist ZumPad, bei Cryptpad oder Board.net können sogar Bilder, z. B. als konkretes Beispiel, eingepflegt werden. Von der Lehrperson sollte eine einheitliche Struktur des Textes vorgegeben werden, bspw.:
1. Einleitung und Problemaufriss
2. Pro-Argumente aus wirtschaftlicher bzw. kirchlich-religiöser Perspektive
3. Contra-Argumente
4. begründete, abwägende Entscheidung; Zusammenfassung bzw. Fazit
5. Reflexion des Lernprozesses und -Ertrags

Die Lernenden können so kooperativ arbeiten und parallel an den einzelnen Abschnitten schreiben und/oder sequenziell vorgehen und nacheinander, d. h. kollaborativ, die einzelnen Abschnitte gegenseitig überarbeiten. Im Anschluss werden die Lernprodukte der Schüler:innen – wie in Schritt 1 – in einem Padlet gesammelt und zur Vertiefung im Sinne des Peer-Feedbacks gegenseitig gesichtet und bewertet (→ Metakognition; Übung/Überarbeitung). Somit wird der Kreis der Unterrichtssequenz organisch abgeschlossen: Zuerst werden im Padlet parallel verschiedene relevante Medien zeitökonomisch strukturiert, inhaltlich erfasst und analysiert. Mit der Grundlage dieser Analyse werden in Kialo eigene Argumentationen entwickelt und fremde sowie die eigenen Argumentationsmuster kritisch reflektiert. Auf Basis dieses kritischen Argumentationsprozesses erfolgt die Syntheseleistung im Etherpad, indem eine fundierte Stellungnahme formuliert wird. Der Kreislauf schließt sich mit dem abschließenden Peer-Feedback, welches methodisch wie in Schritt 1 durch die Analyse der Stellungnahmen im Padlet erfolgt. Eventuell daraus resultierende, neue Fragestellungen können wiederum in Kialo zum Gegenstand einer Diskussion gemacht werden, sodass sich der Kreislauf beliebig fortsetzen lässt (vgl. Schaubild auf S. 1).

Schritt 4 – Optionaler Ausblick
Eine mögliche, optionale Weiterführung der Unterrichtssequenz könnte die Erstellung eigener Werbeanzeigen sein. Mithilfe der Handykamera können Produkte aus der Lebenswelt der Schüler:innen in einem religiösen Setting oder im Zusammenspiel mit

religiösen Gegenständen, bspw. einem Rosenkranz, fotografiert werden. Auch digitale Bearbeitungen können z. B. mit PowerPoint oder dem browserbasierten und kostenfrei nutzbaren Bildeditor Pixlr.com vorgenommen werden –eine kurze Einweisung in die wichtigsten Funktionen durch die Lehrkraft wäre anzuraten. Auch hier kann sich der Kreis der Unterrichtssequenz organisch schließen, indem die Lernprodukte in einem Padlet gesammelt und gegenseitig ausgewertet werden (vgl. Schritt 1).

M1 Aspekte religiöser Symbolik in Werbung

Aspekt	Erläuterung und Wirkung
Effekt-Aspekt	Auffallende religiöse Symbolik, die ggf. in einen unkonventionellen Zusammenhang gesetzt wird, bewirkt Aufmerksamkeit
Emotional-Involvement-Aspekt	Ansprechen der bzw. Appell an die Gefühle des:der Betrachter:in, Emotionen negativer wie positiver Natur bewirken Aufmerksamkeit
Trend-Aspekt	Bezug auf religiöse Symbolik, die im Trend ist (bspw. Weihnachten), soll bewirken, dass das Produkt damit assoziiert wird
Aura-Aspekt	Das Produkt befindet sich in der mythisch-sakralen Aura der religiösen Symbolik, die auf das Produkt übertragen wird, soll Überhöhung des Produkts bewirken
Humor- und Überraschungs-Aspekt	Humorvolle oder überraschende Vereinigung von Produkt und religiöser Symbolik, soll positive Stimmung des:der Kund:in bewirken, die wiederum mit dem Produkt assoziiert werden soll
Provokations-Aspekt	Teil des Emotional-Involvement-Aspekts: absichtliche Provokation des Betrachters durch Aufbrechen moralischer Konventionen, bewirkt Aufmerksamkeit z. B. durch öffentliche Diskussion
Existenzial-/ Wertübertragungs-Aspekt	Das Produkt wird mithilfe religiöser Symbolik mit existenziellen Bedürfnissen und Werten (Liebe, Nähe, Sicherheit usw.) in Verbindung gebracht, soll bewirken, dass das Produkt als „Wert"-voll wahrgenommen wird

Kompetenzerwerb

Die Schüler:innen können

- religiöse Motive und Ausdrucksformen in den Medien bzw. in der Kultur, konkret am Beispiel Werbung, wahrnehmen, identifizieren und erläutern (Wahrnehmungs- und Deutungskompetenz).
- Chancen und Grenzen der Verwendung religiöser Symbolik in Werbemedien aus wirtschaftlicher sowie ethischer und kirchlich-religiöser Perspektive beurteilen (Urteilskompetenz).
- legitimationsbedürftige bis hin zu als selbstverständlich geltende Kompositionen aus religiöser Symbolik und Werbemedien kritisch bewerten (Dialog- und Urteilskompetenz).

Professionalität und Rolle der Lehrperson

Ein digitales Unterrichtsarrangement legitimiert sich nur durch eine lernwirksame und nachhaltige Auswirkung auf den Lernprozess und -ertrag gegenüber einem klassisch-analogen Szenario. Somit ist die Lehrkraft dafür verantwortlich, einen solchen Nutzen der interaktiven Medien zu gewährleisten. Um dies zu realisieren, sollte die Lehrperson die **VOR**-Struktur beachten (**V**orbereitung, **O**rdnung, **R**eliabilität), d. h. eine Vorbereitung der digitalen Lernumgebungen (z. B. das Padlet, die Kialo-Diskussion), eine klare Ordnung in der inhaltlichen Struktur und Phasierung des Unterrichtsprozesses sowie eine reliable, d. h. sichere Kenntnis der Anwendung der Tools aus Schüler:innen- wie aus Lehrer:innenperspektive.

Chancen

Etherpad: Die Verwendung eines Etherpads bietet konkrete Vorteile, bspw. Kommunikation, Kooperation und Kollaboration: Da die Gruppenmitglieder parallel an derselben oder unterschiedlichen Teilaufgabe(n) des Endergebnisses arbeiten, wird unmittelbar kooperativ bzw. kollaborativ gearbeitet. Die Digitalität ermöglicht bei Bedarf das interaktive Einpflegen verschiedener Medien als Belege oder Beispiele. Darüber hinaus kann die Lehrperson in Echtzeit den Arbeitsfortschritt sämtlicher Gruppen beobachten und so gezielter beraten als im herkömmlichen Unterricht.

Padlet: Aufgrund des ähnlichen Charakters als simultan von mehreren Lernenden nutzbares Tool gelten sämtliche o. g. Vorzüge eines Etherpads für Padlet ebenfalls. Im Padlet ist für die Lernenden zudem in Echtzeit ersichtlich, wie ihre Gruppe in der Zeit liegt. Ferner können Überschneidungen bei den zu analysierenden Anzeigen unmittelbar vermieden werden. Die Auswahl dieser Werbeanzeigen ist im Padlet nicht nur auf Bilder beschränkt. Auch Videos oder Werbeclips aus dem Radio können leicht eingepflegt und analysiert werden. Diese Vorgehensweise bietet zudem zeitökonomische, distributive und motivationale Vorteile. Eine → individuelle Lernbegleitung im Sinne der Differenzierung erfolgt durch die eigenständige Auswahl des Analysemediums durch die Lernenden, starke Tandems können mehrere Anzeigen analysieren.

Kialo: Konkrete Vorteile dieser digitalen Vorgehensweise gegenüber klassischen Unterrichtsmodellen liegen in der Kommunikation, der Interaktion und der Argumentation, da z. B. Belege für Fakten, Zahlen, Zitate aus der Bibel, dem Grundgesetz usw. leicht hinzugefügt werden können. Durch die kooperative Vorgehensweise können in 10 Minuten weitaus mehr Argumente gesammelt werden als im Unterrichtsgespräch, ferner wird man heterogenen Lerngruppen gerecht, da schüchterne oder langsamere Schüler:innen sich leichter einbringen können (→ individuelle Lernbegleitung). Ein weiterer Vorteil liegt in der Förderung der (Fach-)Sprachlichkeit, da die Argumente editiert und präzisiert werden können (→ Übung/Überarbeitung). Zuletzt ist die Diskussion nachhaltig gesichert und jederzeit wieder abrufbar.

Grenzen

Auf inhaltlicher Ebene ist zu beachten, dass ein Pauschalurteil vonseiten der Lernenden, das die Werbeindustrie unter Generalverdacht stellt, zu vermeiden ist. Ein unreflektierter Manipulationsverdacht bzw. -vorwurf ignoriert die Chancen zum Dialog und zur Inszenierung bzw. Präsentation religiöser Elemente in unserer Gesellschaft. Auf methodischer Ebene ist zu beachten, dass von der Lehrperson ein entsprechendes Unterrichtssetting mit einer klaren Struktur und konkreten Anweisungen bzw. Hilfestellungen mögliche Grenzen wie Ablenkung und Überforderung durch das digitaldidaktische Design des Unterrichtsvorhabens abfedern können.

Arbeitsfragen für die hochschuldidaktische Umsetzung

- Erläutern Sie die Merkmale kompetenzorientierten Religionsunterrichts nach Feindt am Beispiel der Unterrichtssequenz „Religiöse Symbolik in der Werbung".
- Erläutern Sie Vorteile der Tools Padlet, Kialo oder eines EtherPads gegenüber herkömmlichen Unterrichtsarrangements.
- Beschreiben Sie den Unterschied zwischen Kollaboration und Kooperation und erläutern Sie Chancen und Grenzen solcher Arbeitsformen im Unterricht.

Weiterführende Literatur

Feindt Andreas (2010). Wie geht kompetenzorientierter Unterricht? Didaktische Herausforderungen im Zentrum der Lehrerarbeit. In Friedrich Jahresheft. Lehrerarbeit – Lehrer sein, S. 85–89.

Deutscher Werberat. (o. D.). Verletzung religiöser Gefühle. Werberat.de. https://www.werberat.de/verletzung-religioser-gefuhle.

Bohrmann, Thomas (2012). Wenn Werbung den Himmel auf Erden verspricht. In Schweitzer, Friedrich/Schröder, Bernd/Naurath, Elisabeth/Kohler-Spiegel, Helga/Englert, Rudolf (Hrsg.). Gott googeln? (JRP Bd. 28, S. 101–107). Neukirchen.

Haas, Michael (2013). Religion und Neue Medien: Eine Untersuchung über (quasi-)religiöses Verhalten von Jugendlichen in ihrem gegenwärtigen Mediengebrauch. kopaed. https://kups.ub.uni-koeln.de/5421/

Möller, Martin (2008). RU praktisch fachdidaktisch: Für das Referendariat und die ersten Berufsjahre in der Sekundarstufe. Göttingen.

Pirner, Manfred L. (2003). „Nie waren sie so wertvoll wie heute". In Buschmann, Gerd/Pirner Manfred L. (Hrsg.). Werbung, Religion, Bildung. Kulturhermeneutische, theologische, medienpädagogische und religionspädagogische Perspektiven. Beiträge zur Medienpädagogik 8. München, S. 55–70.

Sorokina, Ganna (2018). Religiöses in der Werbung. https://docserv.uni-duesseldorf.de/servlets/DocumentServlet?id=46361.

Oliver Held ist Studienrat mit den Fächern Geschichte und Katholische Religion am Maria-Sibylla-Merian-Gymnasium in Telgte.

5.4.6 Lernräume – Lebensräume: Mit der App BIPACOURS die Bedeutung von (religiösen) Räumen mit Jugendlichen reflektieren

(Anna Hans/Jan-Hendrik Herbst Claudia Gärtner/ Annalena Sieveke/Anika Thanscheidt)

Beim digitalen Lernen werden nicht nur andere Medien und Methoden verwendet, sondern auch Orte und Räume des Lernens und Lebens wandeln sich grundlegend. So werden bei Videokonferenzen die Grenzen zwischen Öffentlichkeit und Privatraum porös, Schule kann dabei als Eindringling in das Kinder- oder Wohnzimmer wahrgenommen werden. Aus Protest gegen diese Raumverschiebungen demonstrierten italienische Schüler:innen für offene Schulräume und verlegten ihren Lernort in den öffentlichen Raum auf die Straße.

Allgemeine Beschreibung des Best-Practice-Beispiels

Menschen leben in Raum und Zeit. Der Raum wird jedoch bei digitalem Lernen, insbesondere im Lockdown, verändert und eingeschränkt – auch wenn Virtualität grenzenlos erscheinen mag. Das Unterrichtsbeispiel geht der Bedeutung von Räumen für Jugendliche nach. Mit der App BIPARCOURS suchen Schüler:innen individuell relevante Lebens- und Lernorte auf. Sie erkunden deren Bedeutung sowie den Einfluss auf ihr Leben, ihre Identitätsentwicklung und auch auf digitales Lernen. Im Zentrum steht damit eine kritische Reflexion des eigenen Lebens und Lernens unter Bedingungen der Digitalität. Religion bzw. Religiosität wird hierbei als eine Dimension des Lebens betrachtet, die durch die Integration von religiösen Räumen in die Unterrichtsreihe eingebracht wird. Daneben bieten religiöse und spirituelle Impulse den Schüler:innen die Möglichkeit, ihre Wahrnehmung eines Raumes aus einer anderen Perspektive zu betrachten. So unterstützen sie die kritische Reflexion. Mit der App werden folgende Räume von den Schüler:innen individuell erkundet: das eigene Zimmer und Zuhause, Kirche/Sakralraum, Schule/Schulhof, Treffpunkt im öffentlichen Raum sowie ein individueller Lieblingsort. Weitere Räume, etwa Sport-/Freizeitstätten, können die Lehrkräfte eigenständig in den Parcours einpflegen. Die Raumerkundungen mit der App können im Distanzlernen aber auch begleitend im Präsenzunterricht verwendet werden.

Vorbereitung der Lernseqeunz

1. Die Bedeutung von (religiösen) Räumen für Jugendliche – theoretische Begründung des Praxisbeispiels

Jugendliche erschließen sich mit zunehmendem Alter immer selbständiger fremde und neue Räume. Mit dem Wechsel zur weiterführenden Schule müssen sie sich in unterschiedlichen Klassen-, Kurs- und Fachräumen zurechtfinden. Sie besuchen ggf. eine Schule in einer anderen Stadt, fahren in ein Ferienlager, erkunden mit Freund:innen die Innenstadt, sitzen ohne Eltern im Wartezimmer beim monatlichen Kieferorthopäd:innenbesuch, gehen regelmäßig in ein Jugendzentrum oder besuchen die Messdiener:innengruppe im Pfarrheim. Auch im virtuellen Raum halten sich Jugendliche oftmals exzessiv auf – und verlieren sich dort manchmal.

Neue Räume zu erkunden und sich in ihnen zu bewegen, ist Teil adoleszenter Identitätsarbeit. Dabei sind nicht nur konkrete dreidimensionale Räume (Klassenzimmer), sondern auch Sozialräume bedeutsam, die durch Beziehungen konstituiert werden. „Raum ist Relation und entsteht durch Beziehung. Der Stadtteil, in dem man zuhause ist, entsteht durch Kontakte und Bindungen, die man dort hat. [...] Der Fokus der Sozialraumorientierung ist die Relation" (Früchtel 2014, S. 6). Gerade der Sozialraum wird in der Adoleszenz äußerst bedeutsam. Heranwachsende erfahren sich als autonom handelnde Subjekte und können sich in unterschiedlichen Räumen ausprobieren und ihre Identität entwickeln: Sei es als Shoppingking:queen in der Innenstadt oder als Lagerfeuerspezialist:in im Sommercamp. Durch digitales Lernen bzw. den Lockdown ist gerade dieser Sozialraum stark verändert oder beeinträchtigt. Durch Expeditionen in neue (Sozial-)Räume werden in dieser Altersphase auch Rückzugsorte wichtig. Insbesondere das eigene Zimmer wird teilweise tagelang kaum verlassen und ist für Erwachsene verboten.

Online-Lernen, besonders im Lockdown, stellt die räumliche Ordnung von Jugendlichen auf den Kopf: Plötzlich schaut die Mathematiklehrerin vom Bildschirm in das Jugendzimmer hinein, Klassenkamerad:innen können via Digitalkonferenz den Rückzugsort inspizieren oder entdecken, dass man sich das Zimmer mit mehreren Geschwistern teilen muss. Zugleich entfallen die vielfältigen Raumerfahrungen in der Schule: Experimentieren in den Fächern Chemie und Biologie, Musizieren in der Aula oder Verstecken auf dem Schulhof. Durch Online-Lernen zu Hause wird der Lebens- und Lernraum kleiner und enger, teils auf bedrohliche Weise. Privater und öffentlicher Raum, Lern- und Lebensraum gehen ineinander über, vielleicht auch ineinander auf. Dies hat nicht nur Auswirkungen auf den fachlichen Lernerfolg, sondern auch auf die Identitätsentwicklung.

Räumliche Erfahrungen entfallen nicht nur in der Schule. Auch der Freizeitbereich ist von pandemiebedingten Einschränkungen stark beeinträchtigt. Räume, die stark zur Identitätsfindung beitragen, wie etwa die Sporthalle, die Musikschule, das Jugendzentrum oder schlichtweg das Einkaufszentrum, in dem man am Nachmittag Zeit mit der Peergroup verbringt, sind nicht mehr oder nur eingeschränkt zugänglich. Diese Einschnitte im räumlichen (Er-)Leben gilt es zu reflektieren – bleibt ein solches (Verlust-)Erlebnis resonanzlos und unreflektiert, kann das mitunter starke Einwirkungen auf die persönliche Entwicklung haben. Es verändert den Blick auf sich selbst, auf das eigene Leben und Lernen – und dies gerade in der Phase der Jugend, in der Identität, Lebenskonzepte, Selbst- und Fremdwahrnehmung oftmals instabil oder fluide sind. Hier bietet der Religionsunterricht eine Chance, im Sinne der Biografiearbeit lebensbedeutsame Räume zu thematisieren und diese auch in religiöser Hinsicht zu reflektieren.

2. Räume mit der App BIPARCOURS im Religionsunterricht erschließen – technische Voraussetzungen des Praxisbeispiels

Im folgenden Unterrichtsbeispiel werden mit der App BIPARCOURS verschiedene Räume aufgesucht und für religiöse Lernprozesse erschlossen. Die App ist ein Angebot vom Bildungspartner NRW, mit der z. B. Themenrallyes, Führungen und Stadt- und Naturrundgänge erstellt werden können. Sie kann kostenlos heruntergeladen (www.biparcours.de) und auf einem Smartphone oder Tablet installiert werden. Das Erstellen eines solchen Parcours ist einfach und intuitiv und ohne Vorkenntnisse möglich. Via QR-Code (s. u.) ist ein ausgearbeiteter Parcours zu finden, mit dem die Schüler:innen folgende Räume selbständig im Distanz- oder Präsenzunterricht erschließen können: das eigene Zimmer und Zuhause, Kirche/Sakralraum, Schule/Schulhof, Treffpunkt im öffentlichen Raum sowie ein individueller Lieblingsort. Die App ermöglicht es, bestehende Parcours zu modifizieren, sodass auch diese Raumauswahl ohne größeren technischen Aufwand verändert werden kann. Voraussetzung dafür ist, sich kostenfrei auf biparcours.de zu registrieren und den Parcours über den zu Beginn des Parcours angegebenen Link in den Bereich der selbsterstellten Parcours zu kopieren. Der entwickelte Parcours unterstützt durch Impulse und Fragen die Wahrnehmung und Reflexion dieser Räume und Raumerfahrungen. Er bietet Möglichkeiten, Fotos und Eindrücke von diesen Räumen digital zu sammeln, zu präsentieren und später zu besprechen.

Darstellung der Lernsequenz

Um Räume religionspädagogisch zu thematisieren, ist es hilfreich, drei Raumtypen zu unterscheiden, die für religiöses Lernen relevant sind: erstens der dreidimensionale Raum, worunter z. B. dezidiert religiöse Räume (z. B. Sakral- und Meditationsräume), religiös relevante Räume (z. B. Natur, Museen oder Friedhöfe) oder religionspädagogische Räume (z. B. ein Klassenzimmer oder Gemeindezentrum) fallen; zweitens Sozialräume, in denen durch Personen unabhängig von der gegenständlichen Gestaltung „atmosphärisch bestimmte Raumqualitäten" (Kaupp 2019, S. 388) geschaffen werden, die z. B. religiöse Gespräche oder Erfahrungen eröffnen; und drittens imaginierte Räume, die z. B. durch Rollenspielen, Fantasiereisen, Filmen aufgespannt werden. Durch diese können „Alternativen zur Realität erprobt und eventuell eingeübt werden" (Kaupp 2016, S. 137), indem bspw. in einer Fantasiereise in eine religiöse Welt eingetaucht und eine religiöse Deutung der Welt ausprobiert wird.

Der in der App entworfene Parcours integriert alle drei Raumtypen:

- Dreidimensionale Räume: Es werden Orte wie eine Kirche aufgesucht und im Anschluss an religionspädagogische Grundlagenüberlegungen zur Kirchenraumpädagogik oder zur Erschließung außerschulischer Lernorte (z. B. Schulte (2019); Gärtner (2018)) erkundet.
- Sozialräume: Es werden öffentliche Orte für Freizeitaktivitäten aufgesucht, an denen die Bedeutung von Beziehungen reflektiert werden kann, die insbesondere im Lockdown fehlen.
- Imaginierte Räume: Es werden durch spirituelle und religiöse Impulse, wie z. B. Lieder oder biblische Texte, neue Denkräume und Vorstellungswelten eröffnet, in denen alternative (religiöse) Weltdeutungen erprobt werden können.

Dabei gliedert sich das Praxisbeispiel in fünf Einheiten.

1. Sensibilisierung/Entwicklung der Fragestellung:
Anhand von Fotos erarbeiten die Schüler:innen den Einfluss von Räumen auf Lernen und Leben. In einem ersten Schritt erkennen die Schüler:innen, inwiefern sich durch digitales Lernen die Lernräume verändern und hierdurch die Grenzen zu ihren (privaten) Lebensräumen verschwimmen. Hierzu betrachten sie Fotos, die Schüler:innen beim digitalen Lernen in unterschiedlichen Räumen zeigen. Die Fotos werden im Distanzlernen in einer Videokonferenz gezeigt oder via Padlet zugänglich gemacht und schriftlich anhand von Impulsfragen bearbeitet. Mögliche Impulsfragen sind hier: Warum wählen die gezeigten Personen diese Orte zum Lernen? Was ändert sich beim Lernen, wenn es plötzlich an einem anderen Ort stattfindet? Habt ihr solche Erfahrungen mit verschiedenen Orten zum Lernen auch schon gemacht? Wie geht/ging es euch dabei? Vertiefend können die Schüler:innen selbst Orte sammeln (z. B. via Fotos), die für ihr Lernen und Leben wichtig sind, die sie ggf. aber im Lockdown nicht aufsuchen können. Die Lehrkraft kann diese Sammlung durch Impulsfotos unterstützen oder ergänzen. Ggf. können hier auch religiös relevante Orte (Kirche, Moschee, Meditationsraum, Natur …) eingebracht werden.

2. Kennenlernen der App:
Die Schüler:innen lernen den Aufbau und die technischen Möglichkeiten der App kennen. Zur Durchführung des Parcours benötigen die Schüler:innen ein Smartphone oder Tablet, auf dem sie die kostenfreie App BIPARCOURS installiert haben, sowie Kopfhörer, um die im Parcours hinterlegten Audiospuren hören zu können. Mit der App können die Schüler:innen den QR-Code scannen und direkt loslegen. Um keine mobilen Daten nutzen zu müssen, bietet die App an, dass der Parcours heruntergeladen wird. So können die Schüler:innen auch ohne die Belastung ihres Datenvolumens an der Rallye teilnehmen. Aus dem gleichen Grund weist der Hinweistext am Ende des Parcours darauf hin, dass die Schüler:innen das Abschließen des Parcours erst wieder zu Hause erledigen, da ihre gesammelten Ergebnisse dann über das WLAN dort versendet werden. Zudem sollten die unterschiedlichen Optionen der Ergebnissicherung (vgl. 4.) mit den Schüler:innen erörtert werden.

3. Erschließung von Räumen:
Die Schüler:innen suchen individuell und asynchron mithilfe der App die unterschiedlichen Räume auf und setzen sich mit den Impulsen auseinander, die ihnen die App bietet. Hierbei ist zu beachten, dass die Erkundung der einzelnen Räume unterschiedlich viel Zeit in Anspruch nimmt. Beim eigenen Rückzugsort sowie beim Treffpunkt im öffentlichen Raum bildet ein projektbezogenes, offenes Aufgabenformat den Abschluss der Raumerkundung. Die inhaltliche Einbettung des Parcours in das jeweilige Unterrichtsvorhaben sowie die anschließende Form der Auswertung, Vertiefung und projektbezogenen Weiterentwicklung spezifischer Räume im digitalen oder präsenten Religionsunterricht sollten daher bei Adaption der Appstruktur für den

eigenen Unterricht berücksichtigt werden. Eine detaillierte Struktur und Erläuterung der einzelnen Elemente und Schritte des Parcours finden sich unter dem QR-Code am Ende des Kapitels.

4. Ergebnissicherung:
Die Schüler:innen geben im Laufe des Parcours kurze Texte oder Stichworte ein und machen Foto-, Video- und/oder Audioaufnahmen. Diese können am Ende gesammelt an die Lehrkraft übermittelt werden. Da es sich auch um private Räume und persönliche Reflexionen der Schüler:innen handelt, wird im Parcours darauf hingewiesen, dass nur das eingegeben bzw. gezeigt werden soll, was die Schüler:innen der Lehrkraft übermitteln möchten. Besonders intime Reflexionsimpulse sind darüber hinaus so gesetzt, dass keine Eingabe der Gedanken möglich und nötig ist. Der Parcours bietet darüber hinaus immer die Möglichkeit, Fragen ohne Beantwortung zu überspringen. Die Lehrkraft findet die Ergebnisse der Schüler:innen in ihrem Bereich auf biparcours.de unter dem Reiter „Ergebnisse des Parcours". Alternativ ist es möglich, dass die Schüler:innen zum Schutz der Privatsphäre die Ergebnisse nicht absenden, sondern den Parcours unabgeschlossen beenden. In der Besprechung im Unterricht können sie dann die App erneut öffnen und in den Parcours gehen, um ihre Ergebnisse wieder aufzurufen. Die Lehrkraft sollte den Schüler:innen zu Beginn transparent machen, wie sie mit den Ergebnissen umgehen wird, bspw. wenn sie beabsichtigt, diese der Lerngruppe zugänglich zu machen.

5. Auswertung:
Diese Unterrichtseinheit zielt auf die Expression und Reflexion der Raumerfahrungen. Indem damit individuelle Erfahrungen geteilt werden, eröffnen sich Perspektiven für gemeinschaftliches Lernen und die kommunale Dimension religiöser Bildung – auch unter Bedingungen der Digitalität. Dies kann dadurch gelingen, dass die geteilten Erfahrungen gemeinsam weiterbearbeitet werden, indem z. B. Probleme erörtert, Chancen oder (förderliche, hinderliche) Strukturen erkannt und ggf. verändert werden usw. Damit zielt die Auswertung bei den Schüler:innen auch auf das Erleben von Selbstwirksamkeit. Wie die persönlichen Erfahrungen und Reflexionen ausgewertet und gemeinsam besprochen werden können, hängt stark von der Lerngruppe ab. Folgende Möglichkeiten bieten sich an, die jeweils durch ein unterschiedliches Maß an Privatheit und (klassen-)öffentlichem Diskurs gekennzeichnet sind:

- Schüler:innen sammeln (anonymisiert) ihre Reflexionen und Erfahrungen auf einem Padlet und diskutieren diese anschließend mit der gesamten Klasse (z. B. in einer Videokonferenz)
- Schüler:innen erstellen digitale Fotocollagen, in denen individuell bedeutsame Lernerfahrungen zum Ausdruck kommen, die sie (z. B. auf einem Padlet) teilen und die von Lehrkraft und/oder Mitschüler:innen kommentiert werden.
- Schüler:innen erstellen (digitale) Fotocollagen, die im Präsenzunterricht im Klassenraum ausgestellt und anhand der Methode „Museumsgang" besprochen werden können.

Insbesondere in Lerngruppen, in denen die Besprechung privater Erfahrungen aus unterschiedlichen Gründen erschwert ist, bietet es sich an, dass die Schüler:innen die Möglichkeit erhalten, in (selbstgewählten) Kleingruppen ihre Erfahrungen zu besprechen und die Ergebnisse zu zeigen.

Kompetenzerwerb

Die Schüler:innen können

- mithilfe der App ausgewählte Räume (neu) wahrnehmen und erarbeiten, was ihnen diese Räume bedeuten. Dabei reflektieren sie, inwiefern sich diese Räume durch digitales Lernen bzw. den Lockdown für sie verändern und welche Auswirkungen dies auf ihr Lernen und Leben besitzt.
- ihre eigene Position in verschiedenen Raumdimensionen und die Verbindung zwischen Raum und Lebenswelt mittels Audio-, Bild- und Textmedien beschreiben.
- Formen (implizit) religiöser Räume deuten und die Bedeutung für ihr Leben reflektieren.
- anhand der Reflexion über biblische Narrationen, Psalmen, performative Zugänge zur Wahrnehmung des Kirchenraumes neue Perspektiven auf Sozialräume, Kirchräume oder imaginierte Räume entwerfen.
- durch die Auseinandersetzung mit digitalen Entgrenzungen zwischen Privatem und Öffentlichem sowie mit der Erfahrung kontinuierlicher Verfügbarkeit und Abrufbarkeit von Leistung in digitaler Kommunikation eine kritische Sensibilität für die Herausforderungen der Digitalität entwickeln.
- anhand der unbedingten Liebe Gottes als kritisches Korrektiv zu einer leistungsbedingten Belohnung einen reflexiven Zugang zu ihren lebensweltlichen Beziehungen und ihren eigenen Erfahrungen von Anerkennung formulieren.
- anhand der Reflexion über (religiöse) Räume und über die mit den Räumen verbundenen Beziehungen Handlungsstrategien entwerfen, um mit den pandemiebedingten Veränderungen konstruktiv und kreativ umzugehen.

Professionalität und Rolle der Lehrperson

- Wahrnehmungskompetenz für die individuelle Situation der Schüler:innen, aus der heraus sie lebensbedeutsame Räume entdecken: Welche Überforderungssituationen können aus der Auseinandersetzung mit verloren gegangenen Räumen und den mit ihnen verbundenen Erfahrungen resultieren?
- Sensibilität im Umgang mit den Ergebnissen und Achtung vor der Privatsphäre der Schüler:innen: Welche Erfahrungen und Lernerträge können offen diskutiert werden? Wo sind anonyme Formen sinnvoll oder was verbleibt besser privat?
- Moderierende Rolle, die den Schüler:innen Impulse und Möglichkeiten anbietet, ihre Raumerfahrungen zu teilen und diese auf eine Gemeinschaftserfahrung hin zu öffnen: Wie können Räume des gemeinsamen Austausches eröffnet werden?
- Selbstwirksamkeitserfahrungen anregen: Wie können die Schüler:innen ihre Erfahrungen kreativ verarbeiten, auf diese Weise ihre Raumerfahrungen reflektieren und sich ggf. neue Räume erschließen?

- Theologisch-fachliche Expertise, insbesondere in den Reflexionsphasen: Wo werden religiöse Dimensionen in den Räumen und Raumerfahrungen wahrnehmbar und wie lassen sich diese erschließen und vertiefen?

Chancen

- Mit digitalem Medium reale Räume erkunden: ganzheitliches, auch leibliches Lernen, das gängige Rhythmen im Lockdown (aber auch des Präsenzunterrichts) unterbricht und neue Perspektiven für (digitales) Lernen eröffnet.
- Reflexion von zentralen Erfahrungen des digitalen Lernens, z. B. Verlust von Raumgrenzen oder Diffusion von privat und öffentlich.
- Religiöse Dimension der Wirklichkeit als ein möglicher Deutungsaspekt, diesen als ein Korrelationsangebot von Raumerfahrungen ins Lerngeschehen integrieren.
- Individualisiertes Lernangebot durch eine leicht bedienbare, kostenfrei verfügbare App.

Grenzen

- Technische Voraussetzungen: mobiles Endgerät mit installierter App.
- Bei längeren Phasen des Distanzlernens: angemessene Beurteilung der „emotionalen Ausgangslage" der Schüler:innen durch Lehrkräfte; Belastung der Schüler:innen.
- Vielfältige Reflexionsphasen des Parcours, die in schwächeren Lerngruppen ggf. zusätzliche Stützen und Zwischenschritte benötigen.
- Mangelnde Zugänglichkeit der erschlossenen Räume durch Lockdown oder durch größere, von Schüler:innen nicht allein zu bewältigende Entfernungen.

Arbeitsfragen für die hochschuldidaktische Umsetzung

- Analysieren Sie, wie in dem Beispiel digitales Lernen konzipiert und zugleich hierüber kritisch reflektiert wird. Diskutieren Sie Ihre Arbeitsergebnisse im Horizont von mediendidaktischen Konzepten.
- Reflektieren Sie den aus der Reformpädagogik stammenden Ausdruck „Der Raum als dritter Pädagoge" im Horizont des Praxisbeispiels. Überlegen Sie, wie Räume (dreidimensionale, soziale und imaginierte Räume) in Schulen gestaltet sein müssten, damit religiöses Lernen gefördert wird.
- Die religiösen und spirituellen Impulse des Parcours sind in Anlehnung an eine Religionsdidaktik der Korrelation bzw. kritischen Interrelation (Schillebeeckx) entworfen. Reflektieren Sie die Chancen und Grenzen eines solchen religionsdidaktischen Ansatzes in Hinblick auf Lern- und Lebensräume.
- Das vorgestellte Beispiel schlägt einen sorgsam reflektierten Umgang mit den individuellen Erfahrungen und Lernergebnissen der Raumerkundungen vor. Reflektieren Sie, wie oder ob in einem solchen Lernsetting eine Lern- bzw. Leistungskontrolle stattfinden kann.

Weiterführende Literatur

Früchtel, Frank (2014). „Raum ist Beziehung". Sozialraumorientierung und unterstützte Beschäftigung. Fachkompetenz unterstützte Beschäftigung, Bd. 3. Hamburg.

Gärtner, Claudia (2018). Lernen am außerschulischen Ort. In Eisenhardt, Saskia/Kürzinger, Kathrin S./Naurath, Elisabeth/Pohl-Patalong, Uta (Hrsg.). Religion unterrichten in Vielfalt: konfessionell – religiös – weltanschaulich. Göttingen, S. 230–239.

Kaupp, Angela (2016). Raum Bildung – der Gewinn eines „spatial turn" für die Praktische Theologie. In Kaupp, Angela (Hrsg.). Raumkonzepte im theologischen Diskurs. Interdisziplinäre und interkulturelle Zugänge. Ostfildern, S. 127–146.

Kaupp, Angela (2019). Räume und ihre Bedeutung für religiöse Bildung. In. Katechetische Blätter 144 (2019), S. 387–391.

Schulte, Andrea (2019). Außerschulische Lernorte, Berlin.

Taxacher, Gregor (2021). Auf dem Weg zur Dekarnation? Theologische Anmerkungen zur digitalen Lehre. https://www.feinschwarz.net/auf-dem-weg-zur-dekarnation-theologische-anmerkungen-zur-digitalen-lehre/.

Prof. Dr. Claudia Gärtner lehrt Praktische Theologie am Institut für Katholische Theologie der TU Dortmund.

Anna Hans ist wissenschaftliche Mitarbeiterin am Institut für Katholische Theologie der TU Dortmund im Forschungsprojekt hekuru, zuvor war sie Lehrerin für Religion und Mathematik.

Jan-Hendrik Herbst ist wissenschaftlicher Mitarbeiter am Institut für Katholische Theologie der TU Dortmund, zuvor war er Referendar an einem Gymnasium in Hamm mit den Fächern Mathematik und Katholische Religionslehre.

Annalena Sieveke ist wissenschaftliche Mitarbeiterin am Institut für Katholische Theologie der TU Dortmund, zuvor war sie Referendarin an einem Gymnasium in Rheine mit den Fächern Latein und Katholische Religionslehre.

Anika Thanscheidt ist wissenschaftliche Mitarbeiterin am Institut für Katholische Theologie der TU Dortmund.

Im folgenden QR-Code finden sich weiterführende Materialien, Unterrichtsvorschläge, Ergänzungen, Fotos oder (analoge) Variationen der digitalen Best-Practice-Beispiele, welche heruntergeladen werden können. Diese Zusatzmaterialien werden regelmäßig aktualisiert.

6 Gelingende Lernprozesse im digitalen Religionsunterricht: Impulse aus Perspektive der Lehrenden

6.1 Forschungskategorien

Im Folgenden werden aus den in Kapitel 5 ausgeführten Beispielen jene Kategorien herausgearbeitet, die Lehrende für gelingende Unterrichtsbeispiele im digitalen Raum formulieren oder beschreiben.

Forschungsmethodisch dient die Qualitative Inhaltsanalyse nach Philipp Mayring (2008) als Grundlage, mithilfe derer das Datenmaterial induktiv-deduktiv ausgewertet wird. Eine „induktive Kategoriedefinition […] leitet die Kategorien direkt aus dem Material in einem Verallgemeinerungsprozess ab, ohne sich auf vorab formulierte Theoriekonzepte zu beziehen", während eine „deduktive Kategoriedefinition […] das Auswertungsinstrument durch theoretische Überlegungen [bestimmt]" (Mayring 2008, S. 74 f.). Bei der hier gewählten Mischform des induktiv-deduktiven Kodierens werden beide Formen der Kategoriebildung verwendet, um die Best-Practice-Beispiele der Lehrer:innen in Kapitel 5 als Textmaterial systematisch auszuwerten. Ziel dieser Auswertung ist es, Kategorien zu benennen, die aus Perspektive der Religionslehrer:innen Faktoren für gelingende Lernprozesse darstellen.

Die Entscheidung zugunsten der Kombination von deduktiver und induktiver Kategoriebildung fiel aufgrund der Tatsache, dass die Lehrer:innen weitere und andere Kategorien beschreiben als aus der deduktiven Kategoriedefinition infolge der Auswertung des Forschungsstandes in Kapitel 1 benannt wurden. Diese Weite an Kategorien, die von uns aus dem Textmaterial ausgewertet werden konnte, ist sicherlich damit zu erklären, dass wir unsere Vorgaben bewusst frei formuliert haben: Religionslehrer:innen waren eingeladen, uns ein für sie gelungenes Unterrichtsbeispiel zu beschreiben, wie Lernen im digitalen Religionsunterricht ermöglicht werden kann. Die Fülle an genannten Kategorien machte es notwendig, nicht nur deduktiv Kategorien zu bilden, sondern auch induktiv Kategorien aus dem Textmaterial der Best-Practice-Beispiele abzuleiten.

Als deduktive Kategorien wurden beispielsweise Kategorien operationalisiert an das Textmaterial herangetragen wie der didaktische Umgang mit technischen Herausforderungen, schüler:innenadäquate, differenzierte Fragestellungen, lebensweltrelevante Themen des Unterrichts oder die Lehrenden-Lernenden-Beziehung. Allerdings ergaben sich auch Kategorien aus der systematischen und sorgfältigen Auswertung des Textmaterials, wie beispielsweise die Kombination aus asynchronen und synchronen Elementen des digitalen Unterrichts. Zudem zeigte die Analyse auch, dass einige von uns erwartete Kategorien, beispielsweise die Lehrenden-Lernenden-Beziehung, verstärkt auftraten und damit eine neue Relevanz erlangen, andere weniger wichtig sind als es die deduktive Kategoriedefinition erwarten ließ, wie beispielsweise die differenzierten Fragestellungen, das Feedback oder die Fachkompetenz der Lehrenden. Diese Beobachtungen müssen am Ende sicherlich diskutiert werden – besonders vor dem Hintergrund der Qualitätskriterien, die in Kapitel 1 genannt wurden und den Kriterien, die aus Perspektive der Schüler:innen für gelingende Lernprozesse im digitalen (Religions-)Unterricht entscheidend sind: Denn die in Kapitel 6 beschriebenen Kriterien aus Perspektive der Religionslehrer:innen sind nicht deckungsgleich mit jenen aus den Kapiteln 1 und 4, was in Teil III dieser Arbeit sorgfältig diskutiert und bewertet wird.

Aus dem Textmaterial der Best-Practice-Beispiele haben wir also sowohl induktiv als auch deduktiv Kategorien beschrieben. Im Folgenden wird die Form der strukturierenden Inhaltsanalyse mit dem Ziel gewählt, das Textmaterial der Best-Practice-Beispiele nach Kriterien zu ordnen und zu diskutieren. Um eine größtmögliche Transparenz und Nachvollziehbarkeit unserer Ergebnisse zu gewährleisten, werden die Kategorien zuerst fallspezifisch gefüllt, in einem zweiten Schritt dann im Rahmen von fallübergreifenden Ergebnissen formuliert.

Selbstverständlich erhebt diese Auswertung keinen Anspruch auf die Vollständigkeit von Kriterien, die für gelingende Lernprozesse im digitalen Religionsunterricht zugleich hinreichend und notwendig sind. Sie kann aber sehr wohl erste Tendenzen aufzeigen, welche Faktoren aus Sicht der Lehrenden aktives Lernen im digitalen Raum ermöglichen.

6.2 Kriterien für gelungene Lernprozesse – Kategoriebildung

6.2.1 Digitales Format erfordert eine besondere Didaktik und/oder Methodik

Aus den Unterrichtsbeispielen lässt sich herauslesen, dass der digitale Religionsunterricht anderer didaktischer und/oder methodischer Formen bedarf als der Unterricht in Präsenz.

So formulieren Claudia Gärtner et al. und Oliver Held, dass Lernen im digitalen Raum nur ermöglicht werden kann, wenn dieser methodisch und didaktisch sorgfältig vorbereitet wurde. Für Oliver Held legitimiert sich „ein digitales Unterrichtsarrangement […] nur durch eine lernwirksame und nachhaltige Auswirkung auf den Lernprozess und -ertrag gegenüber einem klassisch-analogen Szenario", weshalb die Lehrperson „die VOR-Struktur beachten (Vorbereitung, Ordnung, Reliabilität) [muss], d. h. eine Vorbereitung der digitalen Lernumgebungen […], eine klare Ordnung in der inhaltlichen Struktur und Phasierung des Unterrichtsprozesses sowie eine reliable, d. h. sichere Kenntnis der Anwendung der Tools aus Schüler- wie aus Lehrerperspektive". Claudia Gärtner et al. betonen, dass „beim digitalen Lernen […] nicht nur andere Medien und Methoden verwendet [werden], sondern auch Orte und Räume des Lernens und Lebens […] sich grundlegend wandeln. So werden bei Videokonferenzen die Grenzen zwischen Öffentlichkeit und Privatraum porös, Schule kann dabei als Eindringling in das Kinder- oder Wohnzimmer wahrgenommen werden". Dieser Hinweis mag elementar für die Didaktik und Methodik des digitalen Unterrichts sein: Denn zum einen verweist er darauf, dass „neue Medien und Methoden" eingesetzt werden, zum anderen betont er aber, dass das Lernen (und Leben) unter den Bedingungen der Digitalität Lehrende und Lernende zu deren kritischen Reflexion herausfordert. So setzt eine digitale Didaktik nicht nur besondere Methoden und Formen der (Zusammen-)Arbeit voraus, sondern erfordert von den Lehrenden auch einen kritischen Blick auf Methodik und Didaktik in der Vorbereitung, Durchführung, aber vor allem Reflexion von Unterricht – mit und ohne die Lernenden.

Dass das digitale Format besondere Formen der Unterrichtsgestaltung erfordert, ist in den Best-Practice-Beispielen mannigfach belegt: So weist Stefanie Pfister im Rahmen ihrer allgemeinen Einführung, wie Gesprächsführung im digitalen Religionsunterricht gelingen kann, darauf hin, dass „Mimik und Gestik [...] in Videokonferenzen zeitverzögert [erscheinen]", sowie „unmittelbar bestätigende Bemerkungen" fehlen. Zudem sind gleichzeitige Wortbeiträge nicht zu verstehen, weshalb „sich die Schüler:innen im Allgemeinen mit ihren Äußerungen zurück[halten]". Ihres Erachtens ist daher eine „neue methodische Gestaltung erforderlich, weil der „Unterricht [...] geradezu vom Miteinander von Sprechen, Mimik, Gestik, Unterbrechen, Nachfragen, Bestätigen" lebt, weshalb „digitale Gesprächssituationen im [digitalen] Unterricht anders strukturiert und aufgebaut sein müssen". Für sie garantieren konkrete Rollenvorgaben, aber auch klare Kommunikationsregeln gelingende Gesprächssituationen im digitalen Format. So ernennt sie beispielsweise (sinnvolle) Störer:innen, die die Aufgabe haben, die Lehrperson bei (akustischen oder inhaltlichen) Verständnisproblemen zu unterbrechen. Weiter gibt sie Co-Moderator:innen Rechte, sie technisch zu unterstützen und so für einen technisch reibungslosen Ablauf zu sorgen. Als Regeln für die Kommunikation setzt sie Meldeketten, Lehrerecho, Ping-Pong-Diskussionen, bei denen jede:r etwas sagen muss, oder den Chat ein. Sowohl die „Rollenvorgaben" als auch die klaren Kommunikationsregeln haben das Ziel, dass Schüler:innen Sicherheit erlangen, wie sie sich kommunikativ einbringen können.

Florian Vorherr stellt im Rahmen seines Kapitels zu Ritualen im digitalen Unterricht eine Vielzahl von technisch unterschiedlich gestalteten Ritualen dar. Methodisch beschreibt er unterschiedliche kreative, verbale oder non-verbale sowie technisch abwechslungsreiche Rituale (z. B. Mood-Board, Statusemojis, kollaboratives Tool), die viel Freiheit lassen und unterschiedliche „Lernendenvorlieben" ansprechen, aber mit konkreten Arbeitsaufträgen verbunden sind (z. B. die Vervollständigung des Satzes „Ich habe den Smiley gewählt, weil ...), um Sicherheit im ungewohnten digitalen Raum zu ermöglichen.

Auch Beate Brauckhoff modifiziert das Godly-Play-Konzept und setzt es im digitalen Setting deutlich anders ein als im Unterricht in Präsenz, indem jede:r Schüler:in eine eigene Godly-Play-Materialkiste zu Hause hat. Um die Godly-Play-Methode digital zu ermöglichen, verzichtet sie beispielsweise auf den vorbereiteten Raum und reduziert sie auf ihr Kernelement.

Stefanie Pfister stellt in ihrer Einheit zu den Gottesvorstellungen eine Variante vor, die ihres Erachtens gerade im digitalen Raum gut funktioniert und sogar die Vorteile des heimischen Umfeldes aufgreift. Sie bittet die Schüler:innen, Material aus deren Umfeld (Wohnung, Natur, Schultasche, ...) auf einem Tablett auszubreiten und damit via Kamerafunktion zu arbeiten. Dann, wenn sie in Präsenz in Kleingruppen (Vierertische) gearbeitet hätte, lässt sie in Breakout-Sessions arbeiten. Dies hält sie für eine adäquate Möglichkeit, Gespräche, Erarbeitungen, Diskussionen oder den Austausch von Persönlichem (wie die Gottesvorstellungen es sind) in einem geschützten Raum zu ermöglichen. Auch Annchristin Lettmann und Lea Steen betonen in ihren kreativen Legebildern die methodischen Möglichkeiten von Materialien zu Hause und favorisieren den intensiven Austausch in Breakout-Sessions mit der Lehrkraft.

Für Markus Arnold und Tobias Haas ist „durch die fehlende Präsenz in der Schule, dem damit fehlenden persönlichen Kontakt und ohne das soziale Umfeld […] das gewohnte Lernverhalten von Lernenden eingeschränkt und braucht eine größere Unterstützung für die Memorierung von Lerninhalten". Deshalb haben sie sich für eine Methode entschieden, „mit Hilfe derer das Lernen durch Emotionen trotz Distanz gelingen kann". Ihres Erachtens muss „die Atmosphäre im anderen Lernumfeld als der Schule […] so viel Lust machen, dass Lernende bereit sind, sich auf diese neuen Erfahrungen einzulassen", weshalb sie sich für die Methode der Sketchnotes entschieden haben.

Für Stefan Hartelt kann digitaler Religionsunterricht dann gelingen, wenn er allen Schüler:innen technisch möglich ist: Deshalb ist sein asynchrones Unterrichtsbeispiel so aufbereitet, dass „technisch gesehen […] der Unterricht mit jedem internetfähigen Gerät abgerufen und bearbeitet werden [kann], auch mit dem Smartphone ist dies dank Responsive Design möglich".

6.2.2 Klarheit und Strukturiertheit von Aufgaben und des Unterrichtsverlaufs

Aus den Best-Practice-Beispielen lässt sich herauslesen, dass Religionslehrer:innen die *Klarheit und Strukturiertheit von Aufgaben(-stellungen)* als Voraussetzung beschreiben, dass Lernen im digitalen Religionsunterricht gelingen kann.

Dezidiert weist Oliver Held darauf hin, dass „eine klare Ordnung in der inhaltlichen Struktur und Phasierung des Unterrichtsprozessess" grundlegend für Lernen im digitalen Format ist. Markus Arnold und Tobias Haas sowie Hannah Geiger verwenden sogar eine ganze Unterrichtsstunde, um in die Methode der Sketchnotes bzw. die Flipped-Classroom-Einheit einzuführen: Für Hannah Geiger ist es wichtig, zu Beginn der Einheit in einer synchronen Sitzung klar und transparent, einen „Überblick über die Einheit sowie über die Notenbildung" zu geben. Auch Stefanie Pfister (in ihrem Kapitel zum Texttheater) und Katrin Mohnke sehen in einer Einführungsstunde die Voraussetzung, dass Lernende in der folgenden Unterrichtseinheit wissen, was sie wann und warum zu tun haben. So formuliert Stefanie Pfister im einführenden Plenum klar, was das Ziel der Unterrichtseinheit ist und welche Aufgaben die Schüler:innen in den Breakout-Sessions zu erfüllen haben. Auch Katrin Mohnke sieht eine Einführungsstunde vor, um klar zu kommunizieren, was Inhalt und Ziel der Unterrichtseinheit sind, während Claudia Gärtner et. al es als wichtig erachten, ausreichend, Zeit vorzusehen, um Schüler:innen den selbstständigen, sicheren technischen Umgang mit der App zu ermöglichen.

Aus vielen der Best-Practice-Beispielen lässt sich herauslesen, wie wichtig *klare Arbeitsaufträge und Aufgabenstellungen während des Unterrichtsverlaufs* sind und wie diese gegebenenfalls anders gestaltet werden müssen als im Präsenzunterricht. So begründet Stefanie Pfister, dass ein stummer Impuls im digitalen Religionsunterricht nicht wie im Präsenzunterricht gestaltet werden kann, weil er sein Ziel verfehlen würde, da Mimik, Gestik und körperliche Präsenz der Lehrperson digital nicht reproduzierbar sind. Sowohl der stumme Impuls als auch Diskussionen und Unterrichtsgespräche müssen mit konkreten Fragen, Aufgaben und Rollen versehen sein, damit sie Lernenden Lernen ermöglichen. Dies betonen auch Karin Hank, Kerstin Bieber und Beate Brauckhoff, indem sie klare Aufgaben beispielsweise für die Entdeckertour, das stumme Schreibgespräch über Freundschaft oder die Blitzlichtrunde bzw. für die Bearbeitung der Godly-Play-Sequenzen formulieren. Beim Beispiel der Textverdichtung sieht Stefanie Pfister in den klaren Arbeitsaufträgen ebenfalls die Voraussetzung, dass Lernen ermöglicht wird, z. B. indem sie Schüler:innen bei der Formulierung von Sätzen aus Perspektive der biblischen Person oder der Arbeit in Kleingruppen unterstützt. Für sie ist es „wichtig […], dass die Lehrperson den Ablauf der Arbeitsphase im Breakout-Room in schriftlicher Form mit in die Gruppen gibt, damit alle nachvollziehen können, welche Schritte sie in der Kleingruppe nacheinander bearbeiten sollen". Auch Katrin Mohnke betont, dass klare Aufgaben die Arbeit in Kleingruppen erst ermöglichen, vor allem dann, wenn sie arbeitsteilig Ergebnisse für die gesamte Lernendengruppe im anschließenden Plenum erarbeiten sollen und es also auf das Ergebnis jeder Kleingruppe ankommt.

Besonders wichtig scheinen *klare Arbeitsaufträge als Voraussetzung für* gelingende Lernprozesse dort zu sein, wo Schüler:innen in einer *Kombination aus asynchronen und synchronen Unterrichtssequenzen* oder in der komplett asynchron konzipierten Unterrichtseinheit in ihrer Selbstständigkeit sehr gefordert sind. So weist Stefan Hartelt darauf hin, dass Schüler:innen im asynchronen Lernsetting „mit Arbeitsaufträgen konkret zur Bearbeitung angeleitet" werden müssen, denn seines Erachtens ist es nicht „zu unterschätzen, wie sehr die Schüler:innen konkrete Arbeitsaufträge für ihre Lernprozesse benötigen und diese gegebenenfalls auch einfordern". Auch für Hannah Geiger sind in ihrem Flipped-Classroom-Beispiel klare Aufgabenstellungen, eindeutige Rechercheaufgaben und „Leitfragen" während der asynchronen, aber auch synchronen Erarbeitungsphasen von entscheidender Bedeutung, damit Schüler:innen einen Lernzuwachs verzeichnen können. Für Claudia Gärtner et al. ist es elementar, dass die Schüler:innen aufgrund eindeutig formulierter Aufgaben (ggf. mit konkreten Beispielen) selbstständig arbeiten können.

Auch die *Klarheit von Regeln* scheint für gelingende Lernprozessse im digitalen Religionsunterricht wichtig zu sein. So formuliert Stefanie Pfister bei ihren unterschiedlichen Best-Practice-Beispielen eindeutige Verhaltens- und Kommunikationsregeln für die Schüler:innen, beispielsweise, wann die Kamera an- oder ausgeschaltet (z. B. bei den Gottesvorstellungen oder dem Texttheater) oder nach welchen Regeln Gespräche im digitalen Unterricht geführt wird (Meldeketten, Ping-Pong, …). Auch Annchristin-Lettmann und Lea Steen führen konkrete Regeln zum Ein- und Ausschalten von Kameras und Mikros auf.

6.2.3 Lernen für alle ermöglichen: Redeanlässe, Lernwiderstände, Time on Task

In allen Unterrichtsbeispielen betonen oder beschreiben die Religionslehrer:innen die Wichtigkeit und Notwendigkeit, dass Lernen für alle ermöglicht wird. Ihres Erachtens kann Lernen im digitalen Religionsunterricht nur dann gelingen, wenn Lernhindernisse oder -widerstände, seien es technischer, inhaltlicher oder motivationaler Art, abgebaut werden und Schüler:innen sich emotional und im Hinblick auf die Erwartungen der Lehrperson sicher fühlen. Digitaler Unterricht muss didaktisch so gestaltet sein, dass Schüler:innen Redeanlässe geboten werden, sich mit ihrem Wissen und ihren Meinungen einbringen zu wollen und zu können. Beschrieben werden auch didaktische Gestaltungsmittel, um die Unterrichtszeit effektiv zu nutzen und damit möglichst viel Zeit für das Lernen aller Schüler:innen zur Verfügung zu haben (Time on Task).

Als Möglichkeit, für Schüler:innen *Redeanlässe zu schaffen,* nennt Stefanie Pfister in ihrem Beispiel zur Kommunikation im digitalen Religionsunterricht Meldeketten: Jede:r Schüler:in kann sich beteiligen, weil sie:er selbst den Wortbeitrag thematisch bestimmt. Dieser zu Beginn der Unterrichtsstunden geschaffene Redeanlass baut die Hürde ab, sich erneut zu melden (wer sich einmal getraut hat, etwas laut zu sagen, wird wahrscheinlicher zum Unterricht beitragen) oder dem Unterricht – aufgrund der ermöglichten Identifikation durch den Beitrag – konzentrierter zu folgen. Ihres Erachtens ermöglichen auch mehrkanalige Lernwege das Lernen für alle durch eine höhere Konzentration der Schüler:innen.[29] Durch die methodische Abwechslung kann die Konzentration gefördert und Schüler:innen mit unterschiedlichen Lernvoraussetzungen oder -bereitschaften angesprochen werden: So ermöglicht das Erstellen eines Wikis kooperatives Arbeiten in kleineren Gruppen und ist ebenso wie (anonyme) Umfragen eine probate Methode, stilleren Schüler:innen Lernprozesse zu eröffnen.

In Stefanie Pfisters Beispiel zur Textverdichtung wird Lernen für alle dadurch ermöglicht, dass jede:r Schüler:in Sätze formulieren kann, weil es nicht um Richtig oder Falsch geht, sondern um den Sinn, die Gefühle oder Perspektiven, die die Schüler:innen für sich definieren. Auch bei ihrem Beispiel zu den Gottesvorstellungen geht es nicht um Richtig oder Falsch: Indem die Schüler:innen zum Satz „Gott ist heute für mich wie …" in Einzelarbeit, mit ausgeschalteter Kamera, ihre persönliche Gottesvorstellung mit Materialien gestalten, lernen sie für sich: Sie reflektieren ihr Gottesbild, indem sie kreativ, mit den Händen und so mit anderen Sinnen als nur kognitiv aktiv sind. Bei Kerstin Bieber und Karin Hank können ebenfalls alle Schüler:innen im Unterrichtsgespräch über das (z. T. als kreative Hausaufgabe) Gesammelte oder Erstellte etwas beitragen.

Für Florian Vorherr, Karin Hank und Kerstin Bieber geben Rituale im Religionsunterricht *„Sicherheit und Vertrautheit"* sowie *„Halt und Orientierung"* und tragen

29 Sicherlich dürfen die mehrkanaligen Lernwege nicht im Sinne eines „Methodenfeuerwerks" gesehen werden, sondern sind didaktisch sorgfältig, dem Inhalt und den Lernenden entsprechend auszuwählen.

dazu bei, dass sich Schüler:innen „auf den Religionsunterricht einlassen können“. Für Florian Vorherr ist aus den neurobiologischen Erkenntnissen abzuleiten, „dass die emotionale Verfasstheit entscheidend zum Lernenkönnen beiträgt. Diese emotionale Verfasstheit abzurufen und gegebenenfalls durch sie begründete Lernblockaden zu Beginn der Stunde zu artikulieren und abzubauen, ist auch für den Religionsunterricht von Bedeutung“. Für ihn stellen gerade das digitale Setting und die Fernunterrichtssituation neue, oft unbewältigte Herausforderungen für Lernende dar. Seine beschriebenen Rituale sind als niederschwellige Redeanlässe zu sehen, die beispielsweise durch die Vervollständigung des Satzes „Ich habe den Smiley gewählt, weil …“ eine Möglichkeit bieten, Persönliches einzubringen und individuell „gehört“ zu werden. Gleichzeitig schafft er dadurch auch einen Redeanlass, der die Hemmschwelle zu weiteren Wortbeiträgen in der Unterrichtsstunde senkt.

Beate Brauckhoffs verwendetes Konzept des Godly Play besteht elementar aus Ritualen und festgelegten Abläufen, was den Schüler:innen Sicherheit geben kann, da sie wissen, wann sie zuhören oder kreativ werden (sollen). Ihres Erachtens können unterschiedliche Möglichkeiten der Bearbeitung (Podcast, Lückentext, Nachstellen der Geschichte) als Angebot interpretiert werden, unterschiedliche Lernzugänge anzubieten und Lernvoraussetzungen anzusprechen.

Um die Unterrichtszeit effektiv zu nutzen (Time on Task) und damit möglichst viel Zeit für das Lernen aller Schüler:innen zu ermöglichen, setzt Stefanie Pfister „sinnvolle Störer:innen“ oder „Rede-Wächter:innen“ ein, die sofort Rückmeldung geben, wenn die Unterrichtsaufgaben oder -prozesse ihnen zu schnell oder zu langsam erscheinen, sie Aussagen der Lehrperson akustisch oder inhaltlich nicht verstehen oder anderer Meinung sind. Ihres Erachtens tragen diese Expert:innen dazu bei, dass der Unterrichtsfluss für alle spannungsreich bleibt.

6.2.4 Lernprozessbegleitende Unterstützung: Hilfe bei Verständnisschwierigkeiten und Feedback

Einige der Unterrichtsbeispiele sehen dezidiert die Möglichkeit vor, dass Schüler:innen ihre *Verständnisschwierigkeiten* sofort bzw. zeitnah der Lehrperson in „ritualisierter, transparenter“ Form mitteilen können: So setzt Stefanie Pfister zu diesem Ziel kleine Umfragen im Unterrichtsgeschehen ebenso ein wie die „sinnvollen Störer:innen“ (s. o.). In ihrer Unterrichtseinheit Texttheater ist es für sie selbstverständlich, dass „die Lehrkraft jede Gruppe einmal in der Arbeitsphase [in den Breakout-Sessions] besucht“, falls Fragen geklärt werden müssen. Die Schüler:innen wissen außerdem, dass sie über den Hilfebutton, über den die meisten Videokonferenzsysteme verfügen, ihre Lehrperson um Hilfe bitten können, ohne dass kostbare Lernzeit verloren geht. Florian Vorherr nennt ein Ritual, das als „spielerische Abfragen am Ende einer Arbeitsphase“ der Lehrperson ein zeitnahes Feedback darüber gibt, was (nicht) verstanden wurde. Auch Hannah Geiger kann mithilfe der „Abgabe der Aufgaben“, die die Schüler:innen 24 Stunden vor der synchronen Einheit bei ihr einreichen müssen, Verständnisschwierigkeiten diagnostizieren sowie die synchrone Lernphase entsprechend anpassen und individuelles Feedback geben. Damit ist zum einen die Möglichkeit eines individuellen, lernprozessbegleitenden Feedbacks gegeben, zum anderen aber auch die Möglichkeit, im Unterricht auf sichtbar gewordene Schwierigkeiten einzugehen. In Katrin Mohnkes Unterrichtsbeispiel kann „eine der Wahlaufgaben [...] der Lehrperson 24 Stunden vor der nächsten synchronen Videokonferenz zugeschickt [werden]", woraufhin die Lehrperson individuelles Feedback gibt.

Im Vergleich zu den von Stefanie Pfister eingeführten Rückmeldungen im Unterrichtsverlauf sind beide Möglichkeiten jedoch etwas zeitversetzter, um auf Verständnisschwierigkeiten von Schüler:innen einzugehen. Für Claudia Gärtner et al. stellen die „vielfältige[n] Reflexionsphasen des Parcours" wichtige Hinweise für die Lehrperson dar, um „ggf. zusätzliche Stützen und Zwischenschritte" als konstruktive Unterstützung im Lernprozess anzubieten.

6.2.5 Schüler:innenadäquate, differenzierte Fragestellung

In den Unterrichtsbeispielen lassen sich verschiedene Möglichkeiten einer auf die spezifische Lernendengruppe abgestimmte bzw. (binnen-)differenzierende Fragestellung ausmachen. So können die von Stefanie Pfister verwendeten mehrkanaligen Lernwege Lernzugänge für unterschiedliche Lernendentypen darstellen. Stillere Schüler:innen haben die Möglichkeit, sich schriftlich auszudrücken (z. B. im Wiki) oder über eine anonyme Umfrage ihre Meinung einzubringen, während weniger zurückhaltende Schüler:innen das Plenum für ihre Beiträge nutzen können.

Für Florian Vorherr können und müssen auch Rituale an die jeweilige Lernendengruppe und die Lehrperson angepasst werden, wenn er schreibt, dass es gilt, ein „für die Gruppe und die Lehrperson passendes Ritual [zu] finden". Seines Erachtens sind je nach Alters- und Klassenstufe unterschiedliche Rituale erforderlich, weil das Mitteilungsbedürfnis oder die -bereitschaft verschieden sind. Unterschiedliche Formen (z. B. auch theologisierendes Gespräch) sind für unterschiedliche Altersgruppen und Lehrpersonen geeignet. Innerhalb der Aufgabenbearbeitung formulieren sowohl Kerstin Bieber und Karin Hank als auch Beate Brauckhoff, Hannah Geiger und Katrin Mohnke differenzierende Angebote für die Schüler:innen. Die Grundschüler:innen (Bieber/Hank) „vertiefen ihre Erkenntnisse in einer kreativen Aufgabe in Einzelarbeit, deren Form sie selbst auswählen können" (Schreiben einer Geschichte, Comic zeichnen, mit Spielfiguren Szene nachstellen und fotografieren). Beate Brauckhoff bietet jede Stunde eine andere Möglichkeit der Bearbeitung der Passionsgeschichte an (Lückentext, Geschichte nachstellen, auf Padlet Eindrücke notieren, Podcast oder Reportage erstellen, Film drehen) und Hannah Geiger stellt alternative Möglichkeiten der Erarbeitung zur Auswahl (Erklärvideo, PPP, mündliche Präsentation, verschiedene Formen der Ergebnissicherung). Auch bei Katrin Mohnke können die Schüler:innen zwischen zwei Aufgabenformen im abschließenden Teil der Unterrichtseinheit wählen. Die Wahlmöglichkeit stellt allerdings bei allen vier besprochenen Beispielen keine Wahl nach leistungsdifferenzierenden oder -fördernden Kriterien dar, sondern kann nach Vorlieben von den Schüler:innen gewählt werden.

Für Oliver Held zeichnet sich „jede Lerngruppe durch ihre Heterogenität aus“, weshalb er das digitale Tool Kialo nutzt, um Schüler:innen in unterschiedlicher, von ihnen selbst gewählter Tiefe oder selbst gewählten Interessen eine Schreib-Diskussion zu ermöglichen, die auch für „schüchterne oder langsamere Schüler:innen“ eine Möglichkeit zur Mitarbeit darstellt. Seines Erachtens kann die „Tiefe der Diskussion sowie die Kommunikation der Lernenden untereinander [...] enorm gefördert [werden] durch die Möglichkeit, die Diskussionsbeiträge [...] mit weiteren Pro-/Contra-Aspekten [zu] kommentieren“ oder zu bewerten, was sogleich eine Vertiefung, aber auch Differenzierung ermöglicht. Eine leistungsgemäße Differenzierung geschieht in seinem Beispiel „durch die eigenständige Auswahl des Analysemediums durch die Lernenden, [sodass] starke Tandems [...] mehrere Anzeigen analysieren“ können.

Für Claudia Gärtner et al. bietet die von ihnen verwendete App die Möglichkeit, dass die Schüler:innen „individuell und asynchron [...] unterschiedliche Räume auf[suchen] und [...] sich mit den Impulsen auseinander[setzen]“. Dieses hohe Maß an individueller Selbstbestimmung findet sich in ihrem Unterrichtsbeispiel auch in der Art der je nach Kreativität differenziert zu ermöglichenden Ergebnissicherung bzw. Auswertung wieder: Je nach Vertrautheit der Schüler:innen und/oder ihrer (von der Lehrperson kompetent zu beurteilenden) Bereitschaft zur verbalen Expression und Reflexion der individuellen Raumerfahrungen, schlägt sie erstens eine Diskussion von anonymisierten Reflexionen und Erfahrungen vor, zweitens „digitale Fotocollagen, in denen individuell bedeutsame Lernerfahrungen zum Ausdruck kommen“ und drittens eine Ausstellung von Fotocollagen im Klassenzimmer, die im Rahmen eines Museumsgangs im Präsenzunterricht besprochen wird.

6.2.6 Beziehung zwischen Lehrer:in und Schüler:innen

Die Lehrenden-Lernenden-Beziehung wird in wenigen Best-Practice-Beispielen dezidiert namentlich als Kriterium für gelingende Lernprozesse im digitalen Format genannt. Dies mag vielleicht daran liegen, dass unsere Vorgaben, welche Faktoren für Lehrpersonen gegeben sein müssen, damit aus ihrer Perspektive digitaler Religionsunterricht gelingt, so weit (und frei) waren, dass Lehrpersonen nicht zwangsläufig ihre (vielleicht von ihnen als ohnehin) gute Beziehung zu den Schüler:innen als Teil ihres Unterrichtsbeispiels notiert haben. Diese Vermutung wird dadurch gestützt, dass in sehr vielen Beispielen durchklingt, dass eine angenehme, vertrauensvolle Atmosphäre herrschen muss oder dass Rituale für Vertrauensbildung verwendet werden, um eine Lehrenden-Lernenden-Beziehung zu fördern.

So stellen für Florian Vorherr die Rituale eine Möglichkeit dar, die (auch eigene) emotionale Verfasstheit einzubringen und die:den Schüler:in in ihrer:seiner Individualität und als Person wahrzunehmen. Stefanie Pfisters „digitale Plauderei“ zu Beginn der Unterrichtsstunde gibt ihr ebenfalls die Möglichkeit (und stellt sie vor die Herausforderung), sich selbst in ihrer eigenen emotionalen Verfasstheit authentisch einzubringen. Für beide stellen solche ritualisierten Momente eine gute Möglichkeit dar, damit die Beziehungsebene im digitalen Format gelingen kann.

Auch das individuelle Feedback bei Hannah Geiger und Katrin Mohnke kann als Element einer lernförderlichen Lehrenden-Lernenden-Beziehung interpretiert werden. Ebenso ist es für Annchristin Lettmann und Lea Steen unabdingbar, dass in ihren digitalen Unterrichtssettings eine vertrauensvolle Atmosphäre herrscht, die sich z. B. durch Fragestellung, Rituale, sorgfältige Auswahl der Gruppenmitglieder in der Breakout-Session, Besuch und Hilfe der Lehrkraft im Breakout-Room, sensible Auswertung und Darstellung der Legebilder etc. zeigt.

Für Claudia Gärtner et al. ist die Beziehung der Lehrperson zur:m Schüler:in gerade in einer „längeren Phase des Diszanzlernens“ elementar, um die „emotionale[...] Ausgangslage [...] und Belastung der Schüler:innen“ beurteilen zu können und vor allem bei „schwächeren Lerngruppen ggf. zusätzliche Stützen und Zwischenschritte“ anzubieten.

6.2.7 Beziehung zwischen Schüler:innen und Schüler:innen

Resonanz kann nicht nur durch die Beziehung zwischen Lehrenden und Lernenden entstehen, sondern auch indem die Beziehung zwischen den Lernenden untereinander ermöglicht und gefördert wird. Aus den Unterrichtsbeispielen lassen sich zwei Kategorien erkennen, die Beziehung zwischen Schüler:innen stiften: So beschreiben die Lehrenden zum einen, dass der *Austausch von Persönlichem oder Vertraulichem* und zum anderen dass die didaktische Ermöglichung von *Interaktion, kooperativem oder kollaborativem Arbeiten* dazu beiträgt, dass Schüler:innen in Beziehung zueinander treten und in der Begegnung mit den anderen auch sich (anders) begegnen.

Den *Austausch von Persönlichem oder Vertraulichem* sehen Kerstin Bieber und Karin Hank am Ende ihrer Unterrichtseinheit vor, indem sie die Schüler:innen auffordern, eine:r Freund:in eine unbezahlbare (nicht käuflich-kommerzielle) Freude zu schenken. Außerdem fordern sie die Schüler:innen dazu auf, eine persönliche Seite für ein Freund:innenbuch zu gestalten, diese mit Erfahrungen und Wünschen zu füllen. Diese Seiten werden von der Religionslehrperson zu einem Klassenfreund:innenbuch zusammengefügt, das als Erinnerung an die Corona-Zeit, an das Unterrichtsthema und als Stärkung der Gruppengemeinschaft gesehen und gelesen werden kann. In Stefanie Pfisters Beispiel der Textverdichtung werden die Schüler:innen in kleinen, geschützten Gruppen gebeten, „ihren eigenen Text langsam und deutlich vorzulesen, sodass er in Ruhe von der Gruppe gehört werden kann“. Die Mitschüler:innen benennen im Folgenden jenen gehörten Satz, der für sie persönlich am beeindruckendsten war. Damit bestätigen sie die vorformulierten Sätze der:des Mitschüler:in und geben so eine positive Rückmeldung. In ihrem Beispiel zu den Gottesvorstellungen stellen die „vertrauensvollen Freundschaftsgruppen“ die Voraussetzung dar, dass sich Schüler:innen in einem geschützten Rahmen über ihre persönlichen Gottesvorstellungen austauschen. Außerdem nutzt Stefanie Pfister (Texttheater) ebenso wie Hannah Geiger und Katrin Mohnke Breakout-Sessions, um es Schüler:innen in geschützten Kleingruppen zu ermöglichen, gemeinsam etwas zu erarbeiten oder sich über persönliche Meinungen und Positionen auszutauschen. Auch für Claudia Gärtner et al. stellen „insbesondere in Lerngruppen, in denen die Besprechung privater Erfahrungen aus unterschiedlichen Gründen erschwert ist“, die (selbstgewählten) Kleingruppen eine Möglichkeit dar, „ihre Erfahrungen zu besprechen und die Ergebnisse zu zeigen“.

Religionslehrende nennen außerdem die didaktische Ermöglichung von *Interaktion, kooperativem oder kollaborativem Arbeiten* als Möglichkeit von Resonanzerfahrung zwischen Schüler:innen. Für Oliver Held „erfolgt der Arbeitsprozess [innerhalb von Gruppen] kollaborativ, wenn gemeinsam am Endergebnis [beispielsweise an der Padlet-Spalte oder in der Verschriftlichung des Kialo-Ergebnisses] gearbeitet wird bzw. kooperativ, wenn innerhalb der Gruppe unterschiedliche Teilaufgaben“ bearbeitet werden. Er sieht sowohl Partner:innen- als auch Gruppenarbeit vor, um Schüler:innen zur gemeinsamen Arbeit anzuleiten sowie Diskussionen, um die Interaktion zwischen ihnen zu fördern. Beate Brauckhoff nutzt bei Videos Arbeitsaufträge, die es den Schüler:innen ermöglichen, an einem Ergebnis kollaborativ zu arbeiten. Bei Markus Arnold und Tobias Haas wird die Interaktion der Mitschüler:innen durch die Diskussion über die gemeinsame Visualisierung von Symbolen gefördert: Die Schüler:innen müssen sich darauf einigen, welche Termini durch welche Symbole visualisiert werden können. In Hannah Geigers erster synchronen Unterrichtseinheit dienen die in Breakout-Sessions von den einzelnen Schüler:innen notierten Positionen zur Frage „Was ist gerecht?“ als Ausgangspunkt für die Diskussion über soziale Ungerechtigkeit in Deutschland. Ihres Erachtens ermutigt diese Interaktion in Kleingruppen Schüler:innen, sich im Folgenden im Plenum zu positionieren und die Positionen auf dem Board zu hierarchisieren oder zu clustern. Auch in der die Unterrichtseinheit abschließenden synchronen Unterrichtsstunde dienen Breakout-Sessions dazu, in geschütztem Rahmen, eigene Forderungen für mehr soziale Gerechtigkeit zu formulieren, die im Anschluss im Plenum diskutiert werden. Interaktion und Kollaboration werden also in den synchronen Phasen vor allem durch die Kleingruppenarbeit ermöglicht, während in der asynchronen Phase der Unterrichtseinheit die Schüler:innen in Zweierteams ein soziales Problem (Armut, Rassismus, Diskriminierung von Menschen mit Behinderung, …) recherchieren und als Kurzpräsentation vorbereiten.

Stefan Hartelt baut in seine asynchrone Unterrichtseinheit kollaborative Tools mit ein, die er nicht als Zwang zur Zusammenarbeit, sondern als Möglichkeit der „Sichtung der Ideen der anderen“ verstanden wissen möchte. Seines Erachtens ist „mit einem integrierten kollaborativen Online-Tool […] eine klassenübergreifende Zusammenarbeit möglich, wodurch die einzelne Idee einer Schülerin oder eines Schülers vielen anderen Schüler:innen hilfreich werden konnte“. Er macht dies deutlich am Beispiel der Frage, was Schüler:innen in dieser Krise ermutigen könnte: Die Schüler:innen notieren auf einem kollaborativen Tool ihre individuelle Idee und da seine Unterrichtseinheit in mehreren Klassen stattfindet, ermöglicht dieses Online-Tool, dass viele Schüler:innen von den Ideen ihrer Mitschüler:innen profitieren. „Bereits vorhandene, für gut befundene Ideen können mit Herzchen bewertet werden, wodurch ein Ranking entsteht. Eigene Ideen werden ergänzt“. Seines Erachtens findet keine synchrone, also zeitgleiche Kollaboration der Schüler:innen statt, wohl aber durch das Ranking eine (asynchrone) Interaktion zwischen ihnen.

6.2.8 Beziehung der Schüler:innen zur Sache bzw. zum Unterrichtsinhalt

In der Mehrheit der vorgestellten Unterrichtsbeispiele kann die Aufnahme der lebensweltrelevanten Themen oder Probleme von Schüler:innen als ein Kriterium für gelingenden digitalen Religionsunterricht interpretiert werden. Aus Perspektive der Religionslehrenden kann durch die *Lebensweltrelevanz* eine Beziehung zum Unterrichtsthema oder -inhalt ermöglicht werden. So lässt Stefanie Pfister im Rahmen ihrer „digitalen Plauderei" zu Stundenbeginn Schüler:innen von dem berichten, was sie momentan beschäftigt. Ähnlich gibt Florian Vorherr dem persönlichen Erleben im Rahmen von Ritualen Raum, da er der Meinung ist, dass es „über Rituale [...] gelingen [kann], dass die Lernenden ihre Lebenswelt mit dem Religionsunterricht verbinden" und von sich berichten.

Einen anderen Zugang zur Lebensweltrelevanz wählen Kerstin Bieber/Karin Hank, Beate Brauckhoff, Stefanie Pfister, Markus Arnold/Tobias Haas, Hannah Geiger, Katrin Mohnke und Oliver Held, indem sie Themen auswählen und vorgeben, die ihres Erachtens einen Bezug zur Lebenswelt der Schüler:innen darstellen: So setzen Kerstin Bieber und Karin Hank das Thema Freundschaft als lebensweltrelevantes Thema für Grundschüler:innen voraus, die Freundschaft gerade eben nicht in Präsenz (er-)leben können. Sie setzen außerdem bei den Lieblingsbeschäftigungen der Primaschüler:innen an und machen sich den „Lebensweltbezug vor der eigenen Haustüre" zunutze, indem es als unterrichtliches Element integriert wird, Schüler:innen auf eine Entdeckertour in die Natur bzw. vor die Haustüre zu schicken. Mit den auf der Entdecker:innentour gesammelten „Schätzen" oder dem Erstellen eines Freundschaftsgeschenks ermöglichen sie eine kreative, ästhetische (z. B. körperliche Bewegung vor der Haustüre, aber auch durch Call and Response im virtuellen Klassenzimmer) und damit eine mit anderen Sinnen erlebte Beziehung zu den Unterrichtsinhalten. In Stefan Hartelts asynchroner Unterrichtseinheit dienen die Erfahrungen in der Pandemie dazu, die eigene Betroffenheit aufzuarbeiten und zu reflektieren, während Claudia Gärtner et al. an den „physischen" Lebensweltbezug der Schüler:innen anknüpfen, indem sie die real erfahrbaren (religiösen) Sozialräume der Schüler:innen zum Unterrichtsgegenstand machen. Hannah Geigers Flipped-Classroom-Unterrichtseinheit nimmt die Soziale Gerechtigkeit als Thema in den Blick und ermöglicht die Lebensweltrelevanz des (vielleicht für viele Schüler:innen lebensweltferneren) Themas durch eine didaktisch ermöglichte Identifizierung mit unterschiedlichen Biografien, die die Ungerechtigkeiten in unserer Gesellschaft verdeutlichen. Schließlich stellt für Katrin Mohnke das Thema der Beendbarkeit des menschlichen Lebens ein lebensweltrelevantes und durch die Person von Herrn Gärtner ein personalisiertes Thema dar. Oliver Held wählt in seiner Einheit zum Zusammenhang von Religion und Werbung „eine Werbeanzeige für ein Produkt aus [...], das einen Bezug zur Lebenswelt der Lerngruppe" darstellt.

Einige Religionslehrer:innen wählen *biblische Texte,* um sie für einen Bezug zur Lebenswelt der Schüler:innen fruchtbar zu machen. So reflektieren bei Stefanie Pfister (Textverdichtung) Schüler:innen an einem (für sie und ihre Welt sicherlich fremden) biblischen Text ihre eigenen Fragen, Zweifel, Sehnsüchte und Erfahrungen. Markus Arnold und Tobias Haas nehmen die Weihnachtsgeschichte als kulturellen Bestandteil der Lebenswelt von Schüler:innen im (evangelischen) Religionsunterricht auf und erarbeiten die historische Gewordenheit der Form, die die Schüler:innen heute traditionell kennen. Durch die Aufarbeitung der Weihnachtsgeschichte als zusammengesetztem Werk irritieren sie die Schüler:innen und fordern sie durch die kreative Bearbeitung via Sketchnotes dazu heraus, für sich die Bedeutung der Weihnachtsbotschaft theologisch bzw. theologisierend und emotional zu erschließen. Für Beate Brauckhoff stellt die Auseinandersetzung mit der Passionsgeschichte Jesu einen Lebensweltbezug dar: Ihres Erachtens erfahren „die Schüler:innen [...], dass Jesus sich in der Krise von Gott getragen und unterstützt weiß. Dies kann einen Aspekt darstellen, um in der gegenwärtigen pandemischen Krise die Schüler:innen zu ermutigen, darüber nachzudenken, was sie in der Krise stärkt". Sie verbindet den Passionsweg Jesu mit dem Leben der Schüler:innen, indem sie sie dazu auffordert, über ihre leichten und schweren „Lebenswege" nachzudenken.

Aus dem Textmaterial der Best-Practice-Beispiele wird außerdem deutlich, dass Lehrer:innen über subjektive Theorien verfügen, wie Schüler:innen neues Wissen in ihr Wissen integrieren können. Ihres Erachtens ermöglicht *eine Beziehung zum Inhalt die Re-Konstruktion von Wissen.* Für Stefanie Pfister (Textverdichtung) kann dies „beim Verdichten eines Textes" geschehen, indem die „Schüler:innen aus ihrem eigenen Text Kernwörter aus[wählen], in denen sich [für sie] der Sinn des Textes konzentriert, diese herausschreiben und zu einem neuen Assoziationsnetz anordnen". Wissen kann re-konstruiert werden, indem die Schüler:innen zuerst visuelle Eindrücke sammeln und dann in assoziative Texte übertragen und versprachlichen: „Die Schüler:innen setzen ihre eigenen Erfahrungen und ihren Bezug zum biblischen Text ein und konstituieren damit den Sinn neu". Auch in ihrem Unterrichtsbeispiel des *Texttheaters* ermöglicht die Methode eine Re-Konstruktion von „gewussten", also bekannten Texten durch eine neue, ungewöhnliche Entdeckung der Textelemente: Die dramatischen Elemente ermöglichen neue Eindrücke, die in Wissensbestände integriert werden können. Für Markus Arnold und Tobias Haas stellt die Übersetzung von „verbalen" Begriffen in visuelle Symbole (durch die Methodik der Sketchnotes) eine Möglichkeit dar, innere Bilder „zu Papier zu bringen" und so Wissen zu re-konstruieren. Für Hannah Geiger und Katrin Mohnke kann Wissen (neu) konstruiert werden, wenn Möglichkeiten der Identifikation, der Perspektivübernahme und der kritischen Auseinandersetzung mit eigenen und fremden Positionen ermöglicht wird. Hannah Geiger gibt Schüler:innen dazu die Möglichkeit, indem sie per Rollenkarten sozial privilegierte oder weniger privilegierte Biografien einnehmen müssen, während Katrin Mohnke Textmaterial als Grundlage zur Positionierung und Reflexion zur Verfügung stellt. Bei Stefan Hartelt kann das hohe Maß an Selbstregulation, das er durch seine komplett asynchron konzipierte Unterrichtseinheit von den Schüler:innen fordert, als Möglichkeit gesehen werden, Wissen eigenständig zu erwerben und für sich anzueignen. Für Claudia Gärtner et al. wird es den Schüler:innen ermöglicht, ihr Wissen zu re-konstruieren, indem sie „ihre Wahrnehmung eines [auch religiösen] Raumes aus einer anderen Perspektive [...] betrachten". Außerdem eröffnet das digitale Lernen die Chance, dass Schüler:innen den Verlust oder die starke Einschränkung ihrer (Sozial-)Räume, „die stark zur Identitätsfindung beitragen, wie etwa die Sporthalle, die Musikschule, das Jugendzentrum oder schlichtweg das Einkaufszentrum, in dem man am Nachmittag Zeit mit der Peergroup verbringt", reflektieren, da „ein solches (Verlust-)Erlebnis resonanzlos und unreflektiert [...] mitunter starke Einwirkungen auf die persönliche Entwicklung haben kann". Ihre Reflexion der drei Raumtypen (Dreidimensionale Räume, Sozialräume und Imaginierte Räume) eröffnen zum einen „neue Denkräume und Vorstellungswelten", ermöglichen zum anderen auch die Reflexion und Re-Konstruktion bestehender (religiöser) Weltdeutungen. Oliver Held bahnt ebenfalls eine Re-Konstruktion von Wissen im Rahmen seiner Einheit zu Religion und Kommerz an, indem er die „alltägliche" Gegenwart von Werbung aufgreift und ihre Ziele aus einer anderen Perspektive kritisch reflektieren lässt. Dezidiert weist er darauf hin, dass der Einstieg in seine Unterrichtseinheit so angelegt ist, dass Schüler:innen ermutigt werden, „auf bereits vorhandenes Wissen aus dem sozialwissenschaftlichen bzw. wirtschaftlichen Unterricht" zurückzugreifen. In diesem Sinne wird eine kognitive Aktivierung der Beziehung zwischen Schüler:in und Unterrichtsinhalt ermöglicht. Am Ende seiner „Unterrichtssequenz sind die Lernenden aufgefordert, eine Syntheseleistung zu erbringen und die Argumente der Kialo-Diskussion in einem zusammenhängenden Textprodukt strukturiert zu verschriftlichen", was seines Erachtens auch zur metakognitiven Reflexion des eigenen Lernprozesses beiträgt.

6.2.9 Partizipation als Förderung von Schüleraktivität

Allen Religionslehrenden ist es in ihren Unterrichtsbeispielen wichtig, die Schüler:innen am Unterrichtsgeschehen teilhaben zu lassen, sie mit ihren Fragen und Wünschen (in unterschiedlicher Intensität) in den Unterrichtsverlauf zu integrieren und sie durch Partizipation zu aktivieren.

So benennt Stefanie Pfister bei ihrem Beispiel der Gesprächsführung Schüler:innen zu „Störer:innen, Wächter:innen und Co-Moderator:innen" und ermöglicht so Partizipation. Auch Hannah Geiger verteilt „im privaten Chat [an jede:n Schüler:in] eine Rollenkarte [...], wobei die entsprechende Rolle in der nachfolgenden Übung eingenommen" wird, was ermöglicht, dass alle Schüler:innen am Unterrichtsgeschehen partizipieren können bzw. müssen. In allen Unterrichtsbeispielen von Stefanie Pfister ist es ihr wichtig, dass sie Gelegenheiten schafft, die alle Schüler:innen zur Mitarbeit motivieren, indem „alle Schüler:innen [...] etwas formulieren [können], weil sie für sich den Sinn des Textes definieren oder mit ihren Mitschüler:innen interagieren". Auch die Arbeit in Breakout-Sessions erhöht ihres Erachtens die Schüler:innenaktivität: Jede:r kann im geschützten Raum partizipieren. Diese Art von Partizipationsermöglichung findet sich bei sehr vielen Beispielen, so u.a. bei Hannah Geigers Flipped-Classroom-Beispiel oder Katrin Mohnke. Auch Annchristin Lettmann und Lea Steen verweisen auf die Möglichkeit, dass alle Schüler:innen ihre Legebilder als Foto einreichen und sich alle in den Breakout-Rooms dazu austauschen. Vor allem, wenn Schüler:innen in Breakout-Sessions arbeitsteilig Ergebnisse erstellen sollen, wie beispielsweise bei den Texttheatern bei Stefanie Pfister oder in der arbeitsteiligen Textbearbeitung bei Katrin Mohnke, wird deutlich, wie wichtig die Arbeit der:des einzelnen Schüler:in für das Unterrichtsgeschehen ist, weil die Gruppe der Lernenden auf jedes einzelne Ergebnis angewiesen ist. Diese Partizipationsmöglichkeit kann motivierend auf die Schüleraktivität wirken, wobei natürlich eine Hands-on-Aktivität nicht mit einer kognitiven Aktivierung zu verwechseln ist.

Sowohl Florian Vorherr als auch Kerstin Bieber und Karin Hank sehen Rituale als Möglichkeit der Partizipation, da sie Sicherheit und Orientierung schaffen und gerade „im digitalen Religionsunterricht [...] ein wichtiges Moment für Schüler:innen darstellen", indem sie „zur aktiven Teilnahme aller ein[laden], alle werden einmal gehört, dürfen sich [auf unterschiedliche Weise] äußern".

Einige Religionslehrer:innen fördern und ermöglichen die Partizipation der Schüler:innen, indem sie sie anregen und auffordern, selbsttätig kreativ zu werden und Eigenes zu produzieren. So lassen Kerstin Bieber und Karin Hank die Ergebnisse der Unterrichtseinheit in Freundschaftstüten sammeln. Ihres Erachtens kann so die Kreativität der Schüler:innen gefördert sowie ihre Fähigkeit zur Resilienz gestärkt werden, indem sie sich an Schönes, aber auch an die Inhalte der Unterrichtseinheit erinnern. Ähnlich kreativ lässt auch Beate Brauckhoff ihre Schüler:innen am Unterrichtsgeschehen partizipieren, indem sie die Schüler:innen selbst Godly-Play-Materialkisten herstellen lässt, mit denen sie „die Geschichten nachstellen" können. In Stefanie Pfisters Beispiel zu den Gottesvorstellungen „erhalten die Schüler:innen den Arbeitsauftrag, [...] verschiedene Materialen [...] aus der Natur, ihrer Wohnung, aus ihrem Haushalt, ihrem Zimmer etc. vor sich auf einem Tablett für die Zoom-Sitzung bereit[zu]legen", mithilfe derer sie in Einzelarbeit die eigene Gottesvorstellung gestalten.

Eine besondere Form der Partizipation findet sich in Stefan Hartelts asynchronem Unterrichtsbeispiel: Das Ergebnis jeder:s einzelnen Schüler:in ist wichtig, weil die eigenständig erarbeiteten Ergebnisse auf kollaborativen Tools für alle sichtbar und gewinnbringend werden. Auch bei Claudia Gärtner et al. arbeiten die Schüler:innen individuell und asynchron, tragen aber ihre Ergebnisse in höchst unterschiedlichen Formen in eine App ein, die (je nach Vertrautheit der Gruppe) gemeinsam im Hinblick auf die Bedeutung (religiöser) Räume für ihr Leben reflektiert werden können.

6.2.10 Kombination von asynchronen und synchronen Elementen

In einigen Unterrichtsbeispielen lässt sich als Kriterium für gelingende Lernprozesse im digitalen Religionsunterricht die *Kombination von asynchronen und synchronen Elementen* herauslesen. Sowohl bei Katrin Mohnke als auch bei Hannah Geiger erfüllen die *asynchronen Elemente andere Funktionen als die synchronen.* Beide fördern und ermöglichen auf unterschiedliche Art und Weise das Lernen. So dienen die synchronen Elemente bei Katrin Mohnke der inhaltlichen Annäherung, der Klärung von Verständnisfragen und Begrifflichkeiten sowie der Diskussion in Kleingruppen und im Plenum, während die asynchronen Anteile der eigenständigen Bearbeitung von Fragen zum Film/Buch und zu einer ersten inhaltlichen Positionierung dienen. In Hannah Geigers Flipped-Classroom-Beispiel „finden die Phasen der Erarbeitung, teilweise auch der Übung bzw. Vertiefung von Unterrichtsinhalten in asynchronen Selbststudienphasen statt, die sich auch in der Sozialform als Partner:innen- oder Kleingruppenarbeit ereignen können. In synchronen Phasen ist Zeit für die gemeinsame Sicherung, für Rückfragen, Diskussionen und interaktive Anwendungen. Dieses Konzept nutzt synchrone Phasen bewusst als Zeiten des gemeinsamen Lernens von- und miteinander und asynchrone Phasen als Zeiten des individuellen Lernprozesses".

Das Beispiel von Stefan Hartelt ist als überwiegend asynchrones Format konzipiert, lediglich am Schluss der Unterrichtseinheit findet eine Reflexionsrunde im synchronen Setting statt. Seines Erachtens gibt das „asynchrone Lernsetting den Schüler:innen die Möglichkeit, sich individuell mit der Corona-Krise auseinanderzusetzen und Bewältigungsstrategien zu entwickeln" und „die Chance, dass die Schüler:innen auf einfache, intuitive Weise die Inhalte eigenständig, aber vor allem zeitlich und örtlich unabhängig von der Lehrkraft und ihren Mitschüler:innen bearbeiten können". Allerdings „bleiben die Schüler:innen selbst dafür verantwortlich, wie intensiv sie sich von der Thematik emotional betreffen lassen". Seines Erachtens erfordert das asynchrone Lernsetting „einen verhältnismäßig hohen Grad der Selbstlerndisziplin vonseiten der Schüler:innen, was bei diesem Unterricht durch die Aktualität des Themas jedoch gegeben ist". Im Beispiel von Kerstin Bieber und Karin Hank fördern die asynchronen Elementen ebenfalls die Selbstorganisation und Kreativität der Schüler:innen.

6.3 Wie gelingt Lernen im digitalen Religionsunterricht? Impulse aus Perspektive der Lehrenden

Wir haben Religionslehrer:innen gebeten, uns anhand eines konkreten (erprobten) Unterrichtsbeispiels zu zeigen, wie und wann für sie Lernen im digitalen Religionsunterricht ermöglicht wird und gelingen kann. Die Auswertung dieser Best-Practice-Beispiele hat gezeigt, dass aus der Perspektive der Lehrer:innen Kriterien gegeben sein müssen, damit Lernen im digitalen Religionsunterricht für Lernende gelingen kann:

6.3.1 Didaktische Reflexion des digitalen Settings

Lernen kann im digitalen Religionsunterricht gelingen, wenn dieser methodisch und didaktisch sorgfältig vorbereitet und reflektiert wurde. Elementar für das digitale Format ist eine *andere Didaktik und Methodik* als sie der Religionsunterricht in Präsenz erfordert. Digitales Lernen bedarf nicht nur des Einsatzes anderer Medien und Methoden, sondern muss auch reflektieren, in welchen (anderen) Räumen und

Orten des Lebens Lernen stattfindet und welche Konsequenzen dies haben kann. Lehrende müssen also in der Lage sein, „neue“ Medien und Methoden im digitalen Raum lernförderlich einzusetzen, aber zugleich auch, Lernen (und Leben) unter den Bedingungen der Digitalität kritisch zu reflektieren. Religionslehrer:innen ist bewusst, dass das digitale Lernen-Müssen das gewohnte, seit Jahren „konditionierte“ Lernverhalten der Schüler:innen beschränkt oder verändert: Ohne die persönlichen Kontakte und das soziale Umfeld in der Schule muss Lernen anders gestaltet werden, damit „die Atmosphäre im anderen Lernumfeld als der Schule [...] so viel Lust mach[t], dass Lernende bereit sind, sich auf diese neuen Erfahrungen einzulassen“ und dass „Lernen durch Emotionen trotz Distanz gelingen kann“. Das digitale Setting und die Fernunterrichtssituation stellen neue, oft unbewältigte Herausforderungen für Lernende dar, die in der Unterrichtsvorbereitung bedacht werden müssen. In diesem Sinne setzt eine digitale Didaktik nicht nur besondere Methoden voraus, sondern erfordert auch einen kritischen Blick auf Methodik und Didaktik in der Vorbereitung, Durchführung, aber vor allem Reflexion von Unterricht. Aus Perspektive der Lehrer:innen hat der digitale Religionsunterricht ebenso wie der Religionsunterricht in Präsenz Lernprozesse zum Ziel: Digitales Lernen unterscheidet sich also nur in Form und Methodik vom Lernen in Präsenz, nicht aber in seiner Zielsetzung. So gesehen können die Unterrichtsbeispiele der Religionslehrer:innen dahingehend interpretiert werden, dass es sich beim digitalen Religionsunterricht um ein anderes Medium, andere Medien im Plural und damit um andere Narrative handelt, anhand derer Lernprozesse ermöglicht werden.

Dass das digitale Format besondere Formen der Unterrichtsgestaltung erfordert, ist in den Best-Practice-Beispielen an vielen Stellen belegt: Die Religionslehrer:innen begründen dies mit den technischen Gegebenheiten des synchronen Unterrichtens, beispielsweise dass „Mimik und Gestik [...] in Videokonferenzen zeitverzögert [erscheinen]“, sowie „unmittelbar bestätigende Bemerkungen“ fehlen, weshalb „digitale Gesprächssituationen im [digitalen] Unterricht anders strukturiert und aufgebaut sein müssen“. Unterrichtsgespräche können dann gelingen, wenn konkrete Verhaltens-, Kommunikations- oder sogar Rollenvorgaben (z. B. Störer:innen) formuliert oder non-verbale, kreative, kollaborative oder kooperative Methoden eingesetzt werden, um die Lernenden zur aktiven Mitarbeit zu motivieren. Dass Lernen nun an einem anderen Ort, nämlich meist zu Hause, stattfindet, kann bewusst genutzt werden, beispielsweise, indem Materialien aus dem häuslichen Umfeld im Unterricht betrachtet und verwendet werden und so eine persönliche, private Komponente des Unterrichts eröffnen oder indem selbstgesteuertes Lernen in asynchronen Lernsettings gefördert wird.

6.3.2 Klarheit und Strukturierung des Unterrichtsprozesses

Aus Perspektive der Lehrenden kann Lernen im digitalen Religionsunterricht gelingen, wenn Aufgaben klar und der Unterrichtsablauf transparent und nachvollziehbar strukturiert und formuliert sind. Eine klare Ordnung in der inhaltlichen Struktur und Phasierung des Unterrichtsprozesses ist aus Perspektive der Religionslehrer:innen grundlegend für das Lernen im digitalen Format. Deshalb verwenden sie zu Beginn der Unterrichtseinheit bewusst Zeit darauf, technische Anforderungen und Organisatorisches zu klären, Methoden sowie Verhaltens- bzw. Kommunikationsregeln einzuführen oder einen Überblick über Aufbau und Ziel der Unterrichtseinheit zu geben. Aus vielen der Best-Practice-Beispiele lässt sich herauslesen, wie wichtig aus Perspektive der Religionslehrer:innen klare Arbeitsaufträge und Aufgabenstellungen während des Unterrichtsverlaufs für die Ermöglichung und Effizienz (Time on Task) von Lernprozessen sind. Konkrete Fragen und Aufgaben müssen präzise formuliert werden, damit sie Lernenden Lernen sowohl in Einzel-, Partner:innen- oder Gruppenarbeit als auch im Unterrichtsgespräch ermöglichen. Einige Religionslehrer:innen betonen, dass sie noch konkreter, klarer und unmissverständlicher formuliert sein müssen als im Religionsunterricht in Präsenz, da die unterstützende Mimik oder Gestik der Lehrperson im digitalen Raum wegfällt. Besonders wichtig scheinen klare Arbeitsaufträge als Voraussetzung für gelingende Lernprozesse dann zu sein, wenn Schüler:innen in einer Kombination aus asynchronen und synchronen Unterrichtssequenzen oder in der komplett asynchron konzipierten Unterrichtseinheit in ihrer Selbstständigkeit sehr gefordert sind.

6.3.3 Differenzierte Aktivierung und konstruktive Unterstützung des Lernprozesses

Lernen im digitalen Religionsunterricht kann gelingen, wenn Unterricht so gestaltet ist, dass er *Lernen für alle ermöglicht.* Aus Perspektive der Lehrenden bedeutet dies, dass Lernhindernisse oder -widerstände, seien es technischer, inhaltlicher oder motivationaler Art, abgebaut werden, Schüler:innen sich emotional und im Hinblick auf die Erwartungen der Lehrperson sicher fühlen und ihnen (differenzierte, niederschwellige) Rede- und Arbeitsanlässe geboten werden, um sich mit ihrem Wissen und ihren Meinungen einbringen zu wollen und zu können, wohlwissend, dass eine Hands-on-Aktivität nicht mit einer kognitiven Aktivierung zu verwechseln ist. Die kognitive Aktivierung von Schüler:innen gelingt aus Perspektive der Religionslehrer:innen mit unterschiedlichen methodischen Gestaltungsmitteln, die nicht darauf abzielen, ein „Methodenfeuerwerk" zu zünden, sondern differenziert auf heterogene Lerngruppen hinsichtlich des Vorwissens, der Interessen und Motivation einzugehen und sowohl extrovertierten als auch eher zurückhaltenden Schüler:innen gleichermaßen Gelegenheit zum aktiven Lernen zu bieten. Für alle Religionslehrenden stellt in diesem Sinne die *Partizipation der Lernenden* ein bedeutsames Kriterium zur Förderung des aktiven Lernens dar.

Lernen im digitalen Religionsunterricht kann aus Perspektive der Religionslehrer:innen gelingen, wenn *schüler:innenadäquate, differenzierte Fragestellungen oder Methoden* die Auseinandersetzung mit den Unterrichtsinhalten ermöglichen: Dies kann mithilfe von auf die spezifische Lernendengruppe abgestimmten bzw. (binnen-) differenzierenden Fragestellungen und Lernzugängen für unterschiedliche Lernendentypen geschehen. Es scheint, dass die Vielfalt der (differenzierenden) Methoden aufgrund des digitalen Formats ausgeprägter und breiter ist als es im Religionsunterricht in Präsenz möglich wäre. So nutzen Religionslehrer:innen bewusst digitale Tools bzw. Apps, um Schüler:innen in unterschiedlicher (von ihnen selbst gewählter) Intensität, divergierendem Vorwissen, Interessen, präferierter Art der Bearbeitung oder persönlicher Leistungsbereitschaft zur aktiven Auseinandersetzung mit den Unterrichtsinhalten zu motivieren. Auch aus der Beschreibung jener Unterrichtsbeispiele, die als Kombination von asynchronen und synchronen Elementen konzipiert sind, kann als Kriterium gelingender Lernprozesse die Differenzierung interpretiert werden, die besonders in leistungsheterogenen Lernendengruppen die Selbstorganisation fördert.

Lernen im digitalen Religionsunterricht kann aus Perspektive der Religionslehrer:innen gelingen, wenn bestimmte Lernprozesse in geschütztem Rahmen (Breakout-Sessions, stummes Schreibgespräch, ausgeschaltete Kamera) stattfinden. Dezidiert betonen einige Religionslehrer:innen, dass die emotionale Verfasstheit der Schüler:innen entscheidend zum Lernenkönnen beiträgt, weshalb auch über Rituale „Sicherheit und Vertrautheit", sowie „Halt und Orientierung" gegeben werden, damit sich Schüler:innen auf den Religionsunterricht einlassen können.

Lernen im digitalen Religionsunterricht kann aus Perspektive der Religionslehrer:innen gelingen, wenn eine *lernprozessbegleitende Unterstützung* in Form von Hilfe bei *Verständnisschwierigkeiten und individuellem Feedback* stattfindet. Einige der Unterrichtsbeispiele sehen dezidiert die Möglichkeit vor, dass Schüler:innen ihre Verständnisschwierigkeiten sofort bzw. zeitnah der Lehrperson in ritualisierter Form mitteilen können, sodass Lehrer:innen reagieren und die Schüler:innen bei ihrem Lernen adäquat unterstützen können. Individuelles Feedback, das die Lernleistung der Schüler:innen bedenkt und formuliert, scheint dagegen etwas weniger von Bedeutung für gelingende Lernprozesse zu sein, da nur wenige Religionslehrer:innen es als Teil ihres Best-Practice-Beispiels nennen. Allerdings kann die Tatsache, dass Feedback als Kriterium nur am Rande genannt wurde, auf unterschiedliche Weise interpretiert werden: So kann es sein, dass Religionslehrer:innen Feedback so selbstverständlich anwenden und für Lernprozesse einsetzen, dass sie es, weil zu selbstverständlich, nicht genannt haben. Es kann natürlich auch sein, dass der Zeitaufwand, den die Formulierung eines individuellen Feedbacks erfordert, es in der Praxis nicht zulässt, Feedback zu geben (zudem unter den besonderen Herausforderungen des digitalen Religionsunterrichts) und deshalb kein Bestandteil aller Unterrichtsbeispiele ist.

6.3.4 Kombination von asynchronen und synchronen Elementen

Lernen im digitalen Religionsunterricht kann aus Perspektive der Religionslehrer:innen gelingen, indem asynchrone und synchrone Elemente didaktisch miteinander kombiniert werden, da beide auf unterschiedliche Art und Weise das Lernen fördern und ermöglichen. Während synchrone Elemente aus Perspektive der Religionslehrer:innen der inhaltlichen Annäherung, der Klärung von Fragen, der (Ergebnis-)Sicherung sowie der Diskussion dienen, fördern die asynchronen Anteile eine eigenständige, selbstregulierte Erarbeitung von Inhalten. Ihre Kombination ist im digitalen Raum durch digitale Tools möglich und für Schüler:innen, auch vor dem Hintergrund der Bedeutung von digitalen Medien in ihren Lebenswelten, reizvoll.

6.3.5 Resonanz: Beziehungsgestaltung Lehrer:in – Schüler:in – Unterrichtsinhalt

Lernen im digitalen Religionsunterricht kann aus Perspektive der Religionslehrer:innen gelingen, wenn der Unterricht Resonanz ermöglicht. Aus Perspektive der Religionslehrer:innen sind im digitalen Setting drei Arten von Resonanzermöglichung bzw. Beziehungsgestaltung in Unterrichtsprozessen elementar: Die Beziehung zwischen Lehrenden und Lernenden, die Beziehung zwischen Lernenden und Lernenden sowie die Beziehung zwischen Lernenden und Unterrichtsinhalt. Allerdings wird die *Lehrenden-Lernenden-Beziehung* in nur wenigen Best-Practice-Beispielen dezidiert als Kriterium für gelingende Lernprozesse im digitalen Format genannt. Dies mag vielleicht daran liegen, dass unsere Vorgaben, welche Faktoren für Lehrpersonen gegeben sein müssen, damit aus ihrer Perspektiver digitaler Religionsunterricht gelingt, so weit (und frei) waren, dass Lehrpersonen nicht zwangsläufig ihre (vielleicht von ihnen als ohnehin so angesehene) gute Beziehung zu den Schüler:innen als Teil ihres Unterrichtsbeispiels notiert haben. Diese Vermutung wird dadurch gestützt, dass in sehr vielen Beispielen anklingt, dass eine angenehme, vertrauensvolle Atmosphäre herrschen muss oder dass Rituale für Vertrauensbildung verwendet werden, um eine Lehrenden-Lernenden-Beziehung zu fördern. Religionslehrer:innen beschreiben also die Beziehung zu den Schüler:innen dann als Kriterium für gelingende Lernprozesse, wenn sie von Vertrauen und Wertschätzung geprägt ist und eine lernförderliche Atmosphäre ermöglicht. Gerade in einer längeren Phase des digitalen Unterrichtens ist eine professionelle Beziehung zwischen Lernenden und Lehrenden elementar, um die „emotionale […] Ausgangslage […] und Belastung der Schüler:innen" beurteilen zu können.

Lernen im digitalen Religionsunterricht kann aus Perspektive der Religionslehrer:innen gelingen, wenn die *Beziehung zwischen Schüler:innen und Schüler:innen* ermöglicht wird. Aus den Unterrichtsbeispielen lassen sich zwei Kategorien erkennen, die Beziehung zwischen Schüler:innen erlauben: Erstens ermöglicht der Austausch von Persönlichem oder Vertraulichem eine Beziehung zwischen Schüler:innen. Zweitens ermöglichen Phasen der Interaktion, des kooperativen oder kollaborativen Arbeitens didaktisch, dass Schüler:innen in Beziehung zueinander treten und in der Begegnung mit den anderen auch sich (anders) begegnen. Das kooperative oder kollaborative Arbeiten wird in vielen Beispielen durch die Verwendung digitaler Tools ermöglicht oder unterstützt, die eine Interaktion der Schüler:innen sowohl in synchronen als auch in asynchronen Settings und zudem auch (binnen-)differenziertes Lernen ermöglichen.

Lernen im digitalen Religionsunterricht kann aus Perspektive der Religionslehrer:innen außerdem gelingen, wenn die *Beziehung der Schüler:innen zur Sache bzw. zum Unterrichtsinhalt* ermöglicht wird. Um eine Resonanz zwischen Schüler:innen und Unterrichtsgegenstand herzustellen, benennen die Religionslehrer:innen zum einen die Lebensweltrelevanz des Unterrichtsgegenstandes, zum anderen die Ermöglichung von Re-Konstruktion von (bestehendem) Wissen als didaktische Mittel ihrer Wahl. Jene Zugänge, die durch die Lebensweltrelevanz Schüler:innen und Unterrichtsgegenstand in Relation zueinander setzen möchten, könnten in schüler:innenorientierte und lehrer:innenzentrierte Möglichkeiten differenziert werden. So wählen jene Religionslehrer:innen den schüler:innenorientierten Weg, die das, was Lernende im Rahmen von Ritualen oder Anfangssituationen als für sie relevant artikulieren, zum Thema (eines Teils) des Unterrichts machen. In den meisten Fällen allerdings gehen Lehrer:innen den anderen Weg, indem sie (in Übereinstimmung mit dem Bildungsplan) Themen vorgeben, die ihres Erachtens einen Bezug zur Lebenswelt der Schüler:innen darstellen und sie so aufbereiten, dass sich diese den Schüler:innen als existenziell oder lebensrelevant erschließen. Diese Variante ist etwa bei den Themen Freundschaft, der Auseinandersetzung mit der Corona-Pandemie und daraus resultierenden (neuen) Lebensräumen, Sozialer Gerechtigkeit, Religiosität, Werbung/Kommerz, der Verfügbarkeit des menschlichen Lebens oder bei der Arbeit mit biblischen Texten zu beobachten.

Aus dem Textmaterial der Unterrichtsbeispiele wird außerdem deutlich, dass Religionslehrer:innen über subjektive Theorien verfügen, wie Schüler:innen neues Wissen in ihr Wissen integrieren können. Ihres Erachtens ermöglicht eine Beziehung der Lernenden zum Inhalt die Re-Konstruktion von Wissen, was im digitalen Religionsunterricht über kreativ-visuelle, assoziative, verfremdend-biografische, auf die Selbstregulation und -reflexion der Lernenden abzielende Methoden und gestützt auf digitale Tools synchron oder asynchron geschehen kann.

Teil III:

Gelingende Lernprozesse ermöglichen – Perspektiven und Herausforderungen für eine Didaktik des digitalen Religionsunterrichts

Im Folgenden werden die Fragen und Perspektiven der Teile I und II miteinander diskutiert. Dabei ermöglicht der systematische Vergleich der Lehrenden- und Lernenden-Perspektive in Kapitel 7 differenzierte Ergebnisse, ob und inwiefern Lernende und Lehrende unterschiedliche, ähnliche oder identische Gelingensbedingungen von Lernprozessen im digitalen Religionsunterricht formulieren. Hier werden aus den Kapiteln 4 und 6 detailliert Kategorien miteinander verglichen, um auch marginale Wahrnehmungsunterschiede oder divergierende Gewichtungen für die didaktische Forschung fruchtbar machen zu können. Sofern Lernende und Lehrende dazu Aussagen getroffen haben, werden auch Gemeinsamkeiten und Unterschiede zwischen digitalem Religionsunterricht und Religionsunterricht in Präsenz dargestellt. In Kapitel 8 werden die Ergebnisse von Kapitel 7 mit den Kriterien von Unterrichtsqualität (Kapitel 1) diskutiert. Diese Diskussion hat erstens zum Ziel, Aussagen zu treffen, ob sich Unterrichtsqualität aus allgemein bildungswissenschaftlicher Forschungsperspektive von jener aus religionsdidaktischer Perspektive unterscheidet, sowie zweitens, um erfassen zu können, ob es Unterschiede zwischen Unterrichtsqualität von digitalem (Religions-)Unterricht und (Religions-)Unterricht in Präsenz gibt. Aus den Ergebnissen der Kapitel 2–8 werden in Kapitel 9 Thesen für eine Konzeption einer Didaktik des digitalen Religionsunterrichts prägnant formuliert, während Kapitel 10 einen Rückblick und Ausblick in Form von Impulsen für eine Didaktik des Religionsunterrichts in Präsenz wagt.

7 Gelingende Lernprozesse im Religionsunterricht ermöglichen: systematischer Vergleich der Lehrenden- und Lernenden-Perspektive

In Kapitel 7 werden die Perspektiven von Lernenden und Lehrenden miteinander verglichen, die in den Kapiteln 4 und 6 (als Ergebnisse der Kapitel 2, 3 und 5) dargestellt wurden. Die hier gewählte Reihenfolge der Kategorien ergibt sich aus ihrer

Sichtbarkeit der Unterrichtsprozesse: Die Darstellung geschieht von den strukturellen, überwiegend auf der Oberfläche sichtbaren Kriterien für gelingende Lernprozesse hin zu den Kriterien, die in der Tiefenstruktur zu nennen sind. Obwohl hier bereits jene Unterscheidung zwischen Oberflächen- und Tiefenstruktur anklingt, die in der Diskussion um Unterrichtsqualität in Kapitel 1 ausgeführt wird, werden die Kategorien nicht bereits hier unter die drei Hauptkategorien (effektive Klassenführung, kognitive Aktivierung und konstruktive Unterstützung) sortiert, sondern werden terminologisch so differenziert verwendet, wie sie sich aus den empirischen Forschung in den Kapitel 2–6 ergeben.

Diese originäre und ausführliche Darstellung der Kategorien ermöglicht es, die Unterschiede und Gemeinsamkeiten zwischen Lernenden- und Lehrenden-Perspektive im digitalen Religionsunterricht während des ersten Lockdowns herauszuarbeiten, was angesichts des gegenwärtigen Forschungsstandes das Ziel und die Stärke der vorliegenden Arbeit sein wird. Die ausgewerteten Daten ermöglichen einen differenzierten Vergleich der Perspektiven hinsichtlich der Gelingensbedingungen von digitalem Religionsunterricht: Welche Faktoren bewerten Lernende und Lehrende im digitalen Religionsunterricht als bedeutsam für gelingende Lernprozesse? Sind Gemeinsamkeiten und Unterschiede in deren Gewichtung zu beobachten? Und schließlich: Lassen sich Unterschiede in den Wahrnehmungen der Gelingensbedingungen von Lernprozessen im digitalen (Religions-)Unterricht und im Religionsunterricht in Präsenz feststellen?

7.1 Unterstützung in struktureller Hinsicht

Lehrende und Lernende stimmen in weiten Teilen darin überein, dass Lernen im digitalen Religionsunterricht nur dann gelingen kann, wenn die strukturellen Voraussetzungen dafür geschaffen sind: So müssen aus Perspektive der (Religions-) Schüler:innen technische und räumliche Voraussetzungen erfüllt sein. Sie benötigen sowohl einen Raum bzw. Rückzugort zum (ungestörten) Lernen als auch Hard- und Software, um am digitalen Religionsunterricht teilnehmen zu können. Sie sind außerdem darauf angewiesen, dass Lehrende sie im Umgang mit den technischen Herausforderungen unterstützen. Auch Religionslehrer:innen sind sich dessen bewusst, dass das digitale Setting neue, oft unbewältigte Herausforderungen darstellt, weshalb sie eigens Zeit darauf verwenden, technische Anforderungen und Organisatorisches zu Beginn der Unterrichtseinheit zu klären. Aus Perspektive der Lehrenden kann Lernen im digitalen Religionsunterricht nur dann gelingen, wenn Lernhindernisse oder -widerstände, eben auch technischer Art, abgebaut sind.

Allerdings kann aus dem Vergleich beider Perspektiven konstatiert werden, dass Lehrende sensibler und umfassender jene Herausforderungen bedenken müssen, denen sich Schüler:innen in struktureller Weise gegenübersehen als dies im Rahmen der vorliegenden Ergebnisse der Fall ist: Dass Schüler:innen in manchen Fällen nicht über einen (eigenen) Raum zum ungestörten Lernen verfügen, scheint nicht im Bewusstsein aller Lehrenden zu sein.

7.2 Didaktik und Methodik

Aus Perspektive der Lernenden können Lernprozesse im digitalen Religionsunterricht dann gelingen, wenn er über eine Vielfalt und Varianz an Methoden und Sozialformen verfügt. Als wenig lernförderlich bis negativ wird der digitale Religionsunterricht dann erlebt, wenn er didaktisch und methodisch monoton gestaltet ist, also die Schüler:innen nicht zum Lernen motiviert und nur „Monologe“ der Lehrperson ermöglicht. Diese knappe, aber übereinstimmende Wahrnehmung der Lernenden deckt sich mit der der Lehrenden, wenngleich letztere differenzierter darüber Auskunft geben:

Aus Perspektive der Religionslehrer:innen kann Lernen im digitalen Religionsunterricht gelingen, wenn dieser methodisch und didaktisch sorgfältig vorbereitet und reflektiert ist. Elementar für das digitale Format ist ihres Erachtens eine andere Didaktik und Methodik als sie der Religionsunterricht in Präsenz erfordert. Digitales Lernen bedarf nicht nur des Einsatzes anderer Medien und Methoden, sondern muss auch reflektieren, in welchen (anderen) Räumen und Orten des Lebens Lernen stattfindet und welche Konsequenzen dies haben kann. Lehrende müssen also in der Lage sein, „neue“ Medien und Methoden im digitalen Raum lernförderlich einzusetzen, aber zugleich auch, Lernen (und Leben) unter den Bedingungen der Digitalität kritisch zu reflektieren. Lernen kann aus Perspektive der Religionslehrer:innen im digitalen Religionsunterricht gelingen, wenn bestimmte Lernprozesse in geschütztem Rahmen (Breakout-Sessions, stummes Schreibgespräch, ausgeschaltete Kamera) stattfinden. Dezidiert betonen einige Religionslehrer:innen, dass die emotionale Verfasstheit der Schüler:innen entscheidend zum Lernenkönnen beiträgt, weshalb auch über Rituale „Sicherheit und Vertrautheit“,sowie „Halt und Orientierung“ gegeben werden, damit sich Schüler:innen auf den Religionsunterricht einlassen können. Aus den Unterrichtsbeispielen wird nicht ersichtlich, ob sie dies im Unterschied zum Religionsunterricht in Präsenz betonen. Es ist allerdings eher anzunehmen, dass jene Religionslehrer:innen, die Rituale im digitalen Religionsunterricht einsetzen, diese auch im Präsenzunterricht einsetzen, weil sie davon überzeugt sind, dass sie jene positive psychosoziale Wirkung haben.

Im Vergleich der beiden Perspektiven wird deutlich, wie bedeutsam sowohl Lernende als auch Lehrende die durch das digitale Setting evozierte Andersartigkeit von Didaktik und Methodik bewerten. Beide am Lernprozess beteiligten Gruppen weisen darauf hin, dass Lernen für alle nur dann gelingen kann, wenn didaktische Prozesse und methodische Transformationen sorgfältig, anders und mit neuen Formen bedacht werden als dies der Religionsunterricht in Präsenz erfordert. Die Religionslehrer:innen bringen dies vielleicht deshalb detaillierter und mit konkreten Beispielen zum Ausdruck, weil es ihrem professionellen Blick entspricht, solche didaktischen Vorgänge und die damit intendierten Wirkungen zu reflektieren und ihnen dies im Vergleich zwischen digitalem Setting und Unterricht in Präsenz deutlich vor Augen tritt.

7.3 Kombination von synchronen und asynchronen Elementen

Lernen kann aus Perspektive der Schüler:innen im digitalen Religionsunterricht gelingen, wenn Lehrende Unterricht im synchronen Lernformat mit asynchronen Elementen kombinieren. Die Synchronizität des Lernformates wird dann als lernförderlich gesehen, wenn sie didaktisch Diskussionen und Gruppenarbeit ermöglicht und damit, dass alle Lernenden mitarbeiten können und wollen. Asynchrone Elemente, wie Lern- bzw. Erklärvideos, Textarbeit und Aufgaben werden von Religionsschüler:innen als lernförderlich bewertet, weil sie eine zeitlich flexible, intensive, eigenständige und kreative Beschäftigung mit Unterrichtsinhalten ermöglichen. Religionsschüler:innen schätzen die Möglichkeit, sich kreativ(er), intensiv(er) und zeitlich flexibl(er) mit ausgewählten Inhalten zu beschäftigen als dies im Präsenzunterricht möglich ist. Dies gilt vor allem für Schüler:innen, die über ausreichend Selbstorganisations- und -regulationskompetenz verfügen. Mitunter fühlen sich Schüler:innen in der Schule in ihrem Lernen gestört oder Stressmomenten ausgesetzt und schätzen deshalb das selbstbestimmte, ungestörte Lernen zu Hause im individuellen Lerntempo, mit eigenen Lernwegen und flexibler Einteilung der eigenen Arbeitszeit sehr. Auch aus Perspektive der Religionslehrer:innen wird die Kombination von synchronen und asynchronen Elementen als Faktor für gelingende Lernprozesse interpretiert, was sie damit begründen, dass beide auf unterschiedliche Art und Weise das Lernen fördern und ermöglichen. Während synchrone Elemente ihres Erachtens der inhaltlichen Annäherung, der Klärung von Fragen, der (Ergebnis-)Sicherung und der (vertiefenden oder meinungsfördernden) Diskussion dienen, fördern die asynchronen Anteile eine eigenständige, selbstregulierte Erarbeitung von Inhalten.

Im Vergleich wird deutlich, dass sowohl Lehrende als auch Lernende eine Kombination von synchronen und asynchronen Elementen bedeutsam für gelingende Lernprozesse bewerten. Die Perspektive der Lernenden stellt sich insofern als heterogen dar, als dass ein Teil der Religionsschüler:innen vor allem und überwiegend synchronen Unterricht als lernförderlich erachtet, weil er zum einen den direkten Kontakt zur Lehrperson und den Mitschüler:innen und damit Beziehung ermöglicht, zum anderen eine Tagesstruktur: Beides kann als zur Mitarbeit motivierend interpretiert werden. Hingegen schätzen andere Religionsschüler:innen (auch) asynchrone Elemente, weil sie entweder über (ausreichend) Kompetenzen der Selbstorganisation und -regulation verfügen oder Lernen im unterrichtlichen Kontext in Präsenz als Stressor empfinden. Beide Gruppen sehen im selbstbestimmten, ungestörten Lernen zu Hause einen Faktor für gelingende Lernprozesse. Auch bei den Religionslehrer:innen ist eine Heterogenität zu konstatieren, die im Anteil von synchronen und asynchronen Elementen begründet liegt, die sie für ihre Unterrichtskonzeption/-beispiele angeben (was allerdings auch an der Offenheit unserer Anfrage liegen mag). Verwenden die Religionslehrer:innen asynchrone und synchrone Elemente, so tun sie dies bewusst und begründen die Vorteile und Ziele pädagogisch. Allerdings ist die (heterogene) Perspektive jener Religionsschüler:innen hier von großer Bedeutung, um die Religionslehrer:innen für eine schüler:innenadäquate Wahl synchroner oder asynchroner

Elemente zu sensibilisieren. Es scheint nämlich, als ob aus Perspektive der Lernenden sehr viel deutlicher formuliert wird, für welche Lernendentypen asynchrone Elemente lernförderlich sind als dies Lehrenden (vielleicht) bewusst ist. Religionslehrer:innen haben mitunter nicht dezidiert im Blick, dass vor allem selbstregulierte Schüler:innen von ihnen profitieren oder jene, die über ein (familiäres) Unterstützungssystem verfügen – und zwar je jünger, je weniger.

Damit Lernen im digitalen Religionsunterricht gelingen kann, sollten Lehrer:innen genau reflektieren, für welche Schüler:innen sie Lernen evozieren sollen und möchten: Inwiefern verfügen diese Schüler:innen bereits über Kompetenzen für selbstorganisiertes und -reguliertes Lernen und wie können Lehrende sie darin unterstützen, diese für sich zu erwerben? Inwiefern haben sie Schüler:innen in ihrer Lernendengruppe, denen, aufgrund ihrer Kompetenzen, ihres Lerntyps oder ihrer (negativen) Erfahrungen mit Unterricht im synchronen Format, asynchrone Elemente um ein Vielfaches mehr Möglichkeiten zum ungestörten, stressfreien, intensiven, zeitlich flexiblen und kreativen Lernen bieten als synchrone Settings?

7.4 Klarheit der Unterrichtsstruktur und der Aufgaben

Lernen kann im digitalen Religionsunterricht aus Perspektive der Schüler:innen gelingen, wenn Lehrende klare Arbeitsaufträge formulieren, damit Lernende wissen, was sie wann, wie und warum zu erarbeiten haben. Für Schüler:innen gelingt Lernen außerdem dann, wenn die Struktur des Unterrichtsaufbaus transparent kommuniziert wird. Diese Wahrnehmung teilen die befragten Religionslehrer:innen vollumfänglich, beschreiben sie vielleicht etwas detaillierter: Aus ihrer Perspektive kann Lernen im digitalen Religionsunterricht gelingen, wenn Aufgaben sowie Kommunikations- und Verhaltensregeln klar formuliert sind und der Unterrichtsablauf transparent und nachvollziehbar strukturiert ist, auch damit sich Schüler:innen emotional und im Hinblick auf die Erwartungen der Lehrperson sicher und für das Lernen bereit fühlen. Eine klar erkennbare (und nachvollziehbare) Struktur des Unterrichtsprozesses wird sogar als grundlegend für Lernprozesse erachtet. Aus Perspektive der Religionslehrer:innen müssen die Aufgaben und Regeln im digitalen Religionsunterricht im Vergleich zum Religionsunterricht in Präsenz noch konkreter, klarer und unmissverständlicher formuliert sein, da die unterstützende Mimik oder Gestik der Lehrperson im digitalen Raum wegfällt. Besonders wichtig scheinen klare Arbeitsaufträge als Voraussetzung für gelingende Lernprozesse dann zu sein, wenn Schüler:innen in einer Kombination aus asynchronen und synchronen Unterrichtssequenzen eigenständig(er) arbeiten sollen.

Im Vergleich der beiden Perspektiven wird deutlich, wie bedeutsam sowohl Lernende als auch Lehrende die Klarheit von Aufgaben und die transparente Nachvollziehbarkeit der Unterrichtsstruktur für gelingende Lernprozesse bewerten. Die Religionslehrer:innen bringen dies vielleicht deshalb detaillierter zum Ausdruck, weil es ihrem professionellen Blick entspricht, solche didaktischen Vorgänge und die damit intendierten Wirkungen (emotionale Sicherheit und Motivation) zu reflektieren. Außerdem scheint ihnen im Vergleich zum Religionsunterricht in Präsenz deutlich zu sein, dass die Körpersprache, also Mimik und Gestik, Teil ihres Repertoires im Religionsunterricht in Präsenz ist, worauf sie im digitalen Setting nicht zurückgreifen können.

7.5 Direkte, synchrone Kommunikation

Aus Perspektive der Schüler:innen kann Lernen im digitalen Religionsunterricht gelingen, wenn regelmäßig Kontakt zu den Religionslehrer:innen besteht. Die Religionsschüler:innen betonen, dass Lehrende sowohl im Unterricht als auch außerhalb der Unterrichtszeit erreichbar sein und als Kommunikationspartner:innen zur Verfügung stehen müssen, um sie bei auftretenden Unsicherheiten oder Verständnisschwierigkeiten zu unterstützen. Besonders hilfreich sind regelmäßige synchrone Lernformate, um einen direkten und synchronen Kontakt zwischen Lernenden und Lehrenden zu gewährleisten. Es ist Religionslehrer:innen bewusst, dass das Lernen ohne die persönlichen Kontakte und das soziale Umfeld in der Schule anders gestaltet werden muss, damit Lernen gelingen kann. Sie betonen auch, dass das digitale Format große Herausforderungen für Lernende darstellt. Aus den meisten Unterrichtsbeispielen wird deutlich, dass Religionslehrer:innen die Kommunikation und Kontaktpflege in synchronen Unterrichtsformaten als selbstverständlichen Bestandteil ihrer Unterrichtskonzeption ansehen. Auch jene Unterrichtsbeispiele, die asynchrone Elemente enthalten oder in einem Beispiel sogar hauptsächlich als asynchrones Setting konzipiert sind, beinhalten synchrone Teile, um die direkte Live-Kommunikation zwischen Lehrenden und Lernenden zu ermöglichen. Allerdings kann aus den Unterrichtsbeispielen nicht interpretiert werden, welchen Stellenwert Religionslehrer:innen der Lernbegleitung ihrer Schüler:innen durch den direkten Kontakt außerhalb des Unterrichts zuschreiben.

Im Vergleich der beiden Perspektiven wird sehr deutlich, wie bedeutsam die Schüler:innen die Erreichbarkeit und Ansprechbarkeit ihrer Lehrer:innen bewerten – und wie oft dies während des ersten Lockdowns nicht gewährleistet war (vor allem in anderen Fächern).[30] Für jene Religionslehrer:innen, die aus ihren Unterrichtsentwürfen für den digitalen Religionsunterricht auswählen konnten, scheint der regelmäßige Kontakt durch den synchronen Unterricht eine Selbstverständlichkeit zu sein. Trotzdem macht die Perspektive der Schüler:innen deutlich, wie wichtig und bedeutsam die Ansprechbarkeit und Erreichbarkeit sowie der direkte, im Idealfall synchrone Kontakt zur Lehrperson für gelingende Lernprozesse sind.

30 Es ist zu vermuten, dass jene Religionslehrer:innen, die im Rahmen von Kapitel 5 ihre Unterrichtsbeispiele vorstellen, nicht jene sind, die keinen Kontakt zu ihren Schüler:innen pflegten, weshalb es nahe liegt, dass sie die Bedeutung der außerunterrichtlichen Erreichbarkeit bei Verständnisschwierigkeiten oder Problemen nicht in dem Maße betonen wie es die Schüler:innen tun.

7.6 Formatives Feedback

Aus Perspektive der Schüler:innen kann Lernen im digitalen Religionsunterricht gelingen, wenn Lernende klare, zielorientierte, regelmäßige und zeitnahe Rückmeldungen von Lehrenden erhalten. Lehrende müssen über die Kompetenz verfügen, sowohl den Leistungsstand von Schüler:innen als auch ihr Leistungspotenzial individuell einschätzen zu können, um den Lernprozess zielgerichtet zu unterstützen und so aktives Lernen zu ermöglichen. Aus Perspektive der Religionsschüler:innen leistet ein solches formatives Feedback einen wichtigen Beitrag zur Motivation der Schüler:innen. Auch aus Perspektive der Religionslehrer:innen kann Lernen im digitalen Religionsunterricht dann gelingen, wenn eine lernprozessbegleitende Unterstützung stattfindet. Lehrende beschreiben diese Unterstützung zum einen als Hilfe bei Verständnisschwierigkeiten, zum anderen als individuelles Feedback. Insgesamt scheint die erstgenannte Form der Unterstützung häufiger als Kriterium gelingender Lernprozesse bewertet zu werden, betrachten doch einige der Religionslehrer:innen die Möglichkeit als Bestandteil ihres digitalen Unterrichts, dass Schüler:innen ihre Verständnisschwierigkeiten sofort bzw. zeitnah in ritualisierter Form mitteilen, sodass Lehrer:innen reagieren und die Schüler:innen bei ihrem Lernen adäquat unterstützen können. Individuelles Feedback, das die Lernleistung von und mit den Schüler:innen reflektiert und kommuniziert, scheint dagegen etwas weniger von Bedeutung zu sein.

Der Vergleich der beiden Perspektiven macht deutlich, dass sowohl Lehrende als auch Lernende eine Unterstützung des Lernprozesses als elementar erachten. Im Gegensatz zu den Religionslehrer:innen betonen die Religionsschüler:innen die Bedeutsamkeit eines individuellen, klaren, zielorientierten, regelmäßigen und zeitnahen Feedbacks dezidierter. Für die Religionsschüler:innen trägt das formative Feedback maßgeblich zu ihrer Motivation bei. Die Religionslehrer:innen nennen dagegen die Unterstützung bei Verständnisschwierigkeiten nachdrücklicher als das formative Feedback. Jedoch kann die Tatsache, dass die Religionslehrer:innen Feedback als Kriterium nur am Rande erwähnen auf unterschiedliche Weise interpretiert werden: So kann es sein, dass Religionslehrer:innen das lernprozessbegleitende Feedback für so selbstverständlich erachten und für Lernprozesse einsetzen, dass sie es, weil zu selbstverständlich, nicht genannt haben. Es kann natürlich auch sein, dass der Zeitaufwand, den die Formulierung eines individuellen Feedbacks erfordert, es in der Praxis nicht zulässt, Feedback zu geben (zudem unter den besonderen Herausforderungen des digitalen Religionsunterrichts) und dies deshalb kein Bestandteil aller Unterrichtsbeispiele ist.

7.7 Beziehung zwischen Lehrenden und Lernenden

Aus Perspektive der Lernenden kann Lernen im digitalen Religionsunterricht gelingen, wenn es Lehrenden gelingt, eine wertschätzende, lernförderliche Beziehung zu Lernenden aufzubauen. Lehrende müssen Schüler:innen als Individuum wahrnehmen, das sich nicht in der Rolle der Schüler:in erschöpft. Für Schüler:innen ist es wichtig, dass Lehrende sie ernst nehmen: Das bedeutet, dass sie ihnen die Möglichkeit geben, als Expert:innen ihres Lernens an Lernprozessen und -inhalten zu partizipieren. Die Religionsschüler:innen bewerten die Lehrenden-Lernenden-Beziehung als grundlegende Voraussetzung und elementaren Faktor für gelingende Lernprozesse, die ihres Erachtens bedeutsamer für den Lernzuwachs im Religionsunterricht als in anderen Fächern ist: Sie ist die Voraussetzung für Lernprozesse im digitalen Religionsunterricht, sowohl im digitalen Format als auch im Präsenzunterricht. Religionslehrer:innen bewerten die Lehrenden-Lernenden-Beziehung ebenfalls als bedeutsam für gelingende Lernprozesse im digitalen Religionsunterricht. Dies kann auch formuliert werden, obwohl eine wertschätzende Lehrenden-Lernenden-Beziehung nur in wenigen Best-Practice-Beispielen dezidiert als Kriterium für gelingende Lernprozesse genannt wird, denn in vielen Beispielen klingt an, dass eine angenehme, vertrauensvolle, wertschätzende Atmosphäre im Religionsunterricht herrschen muss. Für Religionslehrer:innen ist gerade in einer längeren Phase des digitalen Unterrichtens eine professionelle Beziehung zwischen Lernenden und Lehrenden elementar, um die „emotionale […] Ausgangslage […] und Belastung der Schüler:innen" beurteilen zu können.

Im Vergleich der beiden Perspektiven wird deutlich, wie klar und eindeutig Lernende die Lehrenden-Lernenden-Beziehung als Kriterium für gelingende Lernprozesse im Religionsunterricht bewerten. Die Religionsschüler:innen formulieren dezidiert, dass die Lehrenden-Lernenden-Beziehung die wichtigste Voraussetzung für das Lernen-Wollen und Lernen-Können im Religionsunterricht darstellt, sowohl im digitalen Setting als auch in Präsenz. Schüler:innen wollen als Individuen wahrgenommen und partizipiert werden – mit ihren Interessen, ihrem Vorwissen und ihren Theorien von gelingendem Lernen. Bemerkenswert sind angesichts dieser eindeutig formulierten Bedeutsamkeit der Lehrenden-Lernenden-Beziehung für gelingende Lernprozesse im Religionsunterricht vier Differenzierungen:

Bemerkenswert ist erstens, dass die Religionsschüler:innen der wertschätzenden, professionellen Beziehungsgestaltung zwischen Lehrer:in und Schüler:innen im Religionsunterricht eine höhere Bedeutung für gelingende Lernprozesse zuschreiben als in anderen Fächern. Sie begründen dies damit, dass nur eine vertrauensvolle und wertschätzende Atmosphäre eine Auseinandersetzung mit existenziellen Themen des Religionsunterrichts sowie eine (persönliche und damit angreifbar-verletzliche) Positionierung und Meinungsfindung ermöglicht.

Bemerkenswert ist zweitens, dass sich aus Perspektive der Religionsschüler:innen die Lehrenden-Lernenden-Beziehung nicht im 45-Minuten-Takt aufbauen lässt: Für Schüler:innen ist es Bestandteil einer professionellen Beziehungsgestaltung, dass Lehrende sie auf dem Schulhof ansprechen, nachfragen und so mit ihren (außerunterrichtlichen) Interessen wahrnehmen. Dieser Hinweis ist besonders für den digitalen Religionsunterricht relevant, da keine alltäglichen Begegnungen im Schulhaus stattfinden können: Aus Perspektive der Lernenden müssen sich Lehrende im digitalen Religionsunterricht anderer Formate und Kommunikationswege bedienen, um das persönliche Gespräch zu Schüler:innen zu suchen.

Bemerkenswert ist drittens, dass aus Perspektive der Religionsschüler:innen die Beziehungsgestaltung die Voraussetzung für die kognitive Aktivierung darstellt. Ihres Erachtens sind nur jene Religionslehrer:innen in der Lage, kognitiv aktivierenden Unterricht zu gestalten, die die Schüler:innen mit ihren Interessen, ihrem Vorwissen und kognitiven Leistungspotenzial wahrnehmen. Nur so können Themen lebensweltrelevant, spannend, herausfordernd und damit kognitiv aktivierend didaktisch aufbereitet werden.

Bemerkenswert ist viertens, dass aus Perspektive der Religionsschüler:innen die Beziehungsgestaltung die Voraussetzung auch für die konstruktive Unterstützung von Schüler:innen darstellt. Ihres Erachtens können nur jene Religionslehrer:innen individuelle Lernprozesse konstruktiv unterstützen, die den Leistungsstand, die motivationalen und emotionalen Bedingungen, die strukturellen Voraussetzungen, die Verständnisschwierigkeiten, also individuelle Lernwiderstände oder -hindernisse ihrer Schüler:innen wahrnehmen.

7.8 Beziehung zwischen Schüler:innen

Aus Perspektive der Lernenden kann Lernen im digitalen Religionsunterricht gelingen, wenn Interaktion, kooperatives bzw. kollaboratives Arbeiten sowie Diskussionen und der Austausch von Ideen und Meinungen im Religionsunterricht didaktisch ermöglicht werden. Die Schüler:innen begründen dies damit, dass sie nur im Austauch mit anderen zu einer eigenen Positionierung finden sowie Inhalte artikulieren, bewerten und ihre Bedeutung (für sich) erschließen können. Für Religionsschüler:innen beschränkt sich die Beziehungsgestaltung zu (ihren) Mitschüler:innen nicht auf die Unterrichtsstunde, sondern sie nehmen Schule als Lebensraum wahr, in dem soziale Begegnungen stattfinden.

Aus Perspektive der Religionslehrer:innen kann Lernen im digitalen Religionsunterricht gelingen, wenn Schüler:innen in Beziehung zu anderen Schüler:innen treten und in der Begegnung mit den anderen auch *sich* (anders) begegnen. Ihres Erachtens kann die Beziehung zwischen Schüler:innen und Schüler:innen auf zweifache Art ermöglicht werden: Erstens, indem Lehrende im Religionsunterricht Raum geben für den Austausch von Persönlichem oder Vertraulichem in einem geschützten Rahmen. Zweitens, indem Lehrende Phasen der Interaktion, des kooperativen oder kollaborativen Arbeitens in ihrem Unterricht vorsehen.

Im Vergleich der beiden Perspektiven wird deutlich, dass sowohl Lernende als auch Lehrende die Beziehung zwischen Schüler:innen als bedeutsamen Faktor für gelingende Lernprozesse im digitalen Religionsunterricht bewerten. Schüler:innen und Lehrer:innen sind davon überzeugt, dass Kooperation, Kollaboration und Interaktion zu einem Lernzuwachs führen. Aus Schüler:innenperspektive mag der Hinweis auf den Kontext Schule als sozialen Begegnungsraum gerade deshalb relevant sein, weil er im digitalen Setting durch andere Formate kompensiert oder ersetzt werden muss: Lehrende müssen reflektieren, wo sie Beziehungen und Begegnungen außerhalb der (digitalen) Unterrichtsstunde anbahnen können. Aus Perspektive der Religionslehrer:innen ist der Hinweis bemerkenswert, dass Schüler:innen erst in der Beziehung und Begegnung mit anderen Schüler:innen (auch) sich (anders) begegnen können. Erst durch Beziehung wird (Persönlichkeits-)Bildung ermöglicht: „Der Mensch wird am Du zum Ich" (Buber 1962, S. 97).

7.9 Beziehung zwischen Schüler:innen und Unterrichtsgegenstand

Aus Perspektive der Religionsschüler:innen kann Lernen im digitalen Religionsunterricht gelingen, wenn Lehrende Unterricht und Unterrichtsinhalte didaktisch so gestalten, dass Schüler:innen eine Beziehung zu den Inhalten aufbauen können. Aus Perspektive der Religionsschüler:innen kann dies auf vierfache Art und Weise geschehen: Erstens durch Methoden und Medien, die eine selbstständige, aktive Auseinandersetzung mit dem Unterrichtsgegenstand evozieren. Zweitens durch das gemeinsame, kooperative, interaktive Arbeiten am Thema mit Mitschüler:innen, vor allem auch durch Diskussionen und Austausch von Meinungen. Dies scheint aus Perspektive der Schüler:innen für den Religionsunterricht weitaus bedeutsamer zu sein als in anderen Fächern, um zu einer eignen Positionierung zu finden und Inhalte artikulieren, bewerten und ihre Bedeutung (für sich) erschließen zu können. Drittens kann Lernen im digitalen Religionsunterricht durch Themen und dazugehörige Aufgaben gelingen, die für die Schüler:innen kognitiv anregend, herausfordernd und damit nicht zu leicht, gedanklich anregend und „spannend" sind. Viertens kann Lernen im digitalen Religionsunterricht durch Themen gelingen, deren Lebensweltrelevanz sich den Schüler.innen erschließen kann, indem sie Bezüge zu aktuellen persönlichen, gesellschaftlichen oder politischen Fragestellungen aufweisen.

Aus Perspektive der Religionslehrer:innen kann Lernen im digitalen Religionsunterricht gelingen, wenn Schüler:innen eine Beziehung zur Sache bzw. zum Unterrichtsinhalt ermöglicht wird. Diese Resonanz zwischen Schüler:innen und Unterrichtsgegenstand kann für Religionslehrer:innen in zweierlei Art und Weise didaktisch ermöglicht werden: Erstens durch die Lebensweltrelevanz des Unterrichtsgegenstandes, was einerseits bedeutet, dass Lehrende Themen der Lernenden zum Unterrichtsgegenstand machen, andererseits, dass Lehrende die Themen (des Bildungsplanes) so aufbereiten, dass sich diese den Schüler:innen als existenziell oder lebensrelevant erschließen. Aus Perspektive der Religionslehrer:innen ermöglicht zweitens die Re-Konstruktion von (bestehendem) Wissen der Schüler:innen eine Beziehung zum Unterrichtsgegenstand. Dies kann ihres Erachtens über kreativ-visuelle, assoziative, verfremdend-biografische oder auf die Selbstregulation und -reflexion der Lernenden abzielende Methoden geschehen. Das digitale Format des Religionsunterrichts eröffnet außerdem die Möglichkeit, Materialien aus dem häuslichen Umfeld unmittelbar im Unterricht zu integrieren und so eine persönliche, private Komponente des Unterrichts und damit eine Beziehung zum Unterrichtsgegenstand zu ermöglichen.

Der Vergleich der Lernenden- und Lehrenden-Perspektive macht deutlich, dass beide eine Beziehung der Schüler:innen zum Unterrichtsgegenstand als bedeutsam für gelingende Lernprozesse im Religionsunterricht erachten. Beide stimmen auch darin überein, dass Schüler:innen dann in Resonanz zum Unterrichtsgegenstand treten können, wenn sich ihnen dieser als lebensweltrelevant und existenziell bedeutsam erschließt. Unterschiedlich sind die beschriebenen Wege, wie Resonanz zum Unterrichtsgegenstand ermöglicht wird. Bemerkenswert ist, dass Religionsschüler:innen es als elementar für ihr Lernen-Können und -Wollen erachten, dass Unterrichtsthemen didaktisch so aufbereitet sein müssen, dass sie eine kognitive Herausforderung für sie darstellen. Dieser Hinweis mag gerade deshalb bedeutsam sein, weil er belegt, was Susanne Schwarz in ihrer großen quantitativen Studie nachweisen konnte, nämlich dass „eindeutig zu erkennen ist, dass die Mehrheit der Religionsschüler.innen keine kognitive Überforderung erlebt" (Schwarz 2019, S. 430). Schüler:innen müssen also kognitiv herausgefordert werden, um lernen zu können und zu wollen.

7.10 Differenzierung

Aus Perspektive der Religionsschüler:innen kann Lernen im digitalen Religionsunterricht gelingen, wenn Aufgaben *möglichst* differenzierend formuliert werden. Diese Differenzierung kann sich sowohl in der Art des Lernens (Wahl von Eigenständigkeit, Kooperation, Kollaboration, Interaktion) als auch in der Methodik (kreativ, visuell, ...) ausdrücken. Allerdings bewerten längst nicht alle Religionsschüler:innen die Differenzierung als Kriterium für gelingende Lernprozesse im digitalen Religionsunterricht. Im Vergleich zu dieser zurückhaltenden Bewertung der Religionsschüler:innen haben Religionslehrer:innen eine dezidiertere Vorstellung von Differenzierung als Faktor für gelingende Lernprozesse. Ihres Erachtens kann Lernen im digitalen Religionsunterricht gelingen, wenn Schüler:innen adäquate, differenzierte Fragestellungen oder Methoden die Auseinandersetzung mit den Unterrichtsinhalten ermöglichen: Dies kann mithilfe von auf die spezifische Lernendengruppe abgestimmten bzw. (binnen-) differenzierenden Fragestellungen und Lernzugängen für unterschiedliche Lernendentypen geschehen, um auf heterogene Lerngruppen hinsichtlich des Vorwissens, der Interessen und Motivation einzugehen und sowohl extrovertierten als auch eher zurückhaltenden Schüler:innen Gelegenheit zum aktiven Lernen zu bieten. Es scheint, dass die Vielfalt der (differenzierenden) Methoden aufgrund des digitalen Formats ausgeprägter und breiter ist als es im Religionsunterricht in Präsenz möglich wäre. Aus Perspektive der Religionslehrer:innen ermöglicht ein differenzierender Zugang zum Unterrichtsgegenstand ebenfalls die Beziehung zwischen Schüler:in und Unterrichtsgegenstand.

Der Vergleich der Lernenden- und Lehrenden-Perspektive macht deutlich, dass beide das Prinzip der Differenzierung als bedeutsam für gelingende Lernprozesse im Religionsunterricht bewerten, wenngleich die Religionslehrer:innen es sehr viel detaillierter und dezidierter zum Ausdruck bringen und es für sie deshalb von größerer Bedeutung sein könnte. Allerdings kann dies auch an der professionell bedingten Kompetenz und damit dem Wissen der Religionslehrer:innen liegen, wie sie differenzierend didaktisch wirken können.

7.11 Fachkompetenz

Aus Perspektive der Religionsschüler:innen kann Lernen im digitalen Religionsunterricht gelingen, wenn Religionslehrer:innen über eine hohe Fachkompetenz verfügen. Lernende bewerten die Fachkompetenz als elementar, weil sie es ihres Erachtens ermöglicht, Unterrichtsinhalte fachlich korrekt, didaktisch lerngruppenadäquat und kognitiv aktivierend aufzubereiten. Zweitens bewerten die Lernenden die Fachkompetenz der Religionslehrer:innen als bedeutsam, weil sie es (auch) ermöglicht, individuelle Lernprozesse konstruktiv zu begleiten. Ihres Erachtens ist das formative Feedback ebenfalls nur jenen Religionslehrenden möglich, die über eine hohe Fachkompetenz verfügen, damit sie diagnostizieren können, was Lernende fachlich (schon) beherrschen und welche Entwicklungspotenziale sie haben. In diesem Sinne bildet die Fachkompetenz der Religionslehrperson (in ähnlicher Weise wie deren Beziehungsgestaltung) die Voraussetzung für die kognitive Aktivierung, die Schüler:innenorientierung der Unterrichtsinhalte sowie die konstruktive Unterstützung, um Lernprozesse zu ermöglichen. Die Religionslehrer:innen treffen keine Aussagen über die Fachkompetenz als Faktor für gelingende Lernprozesse, was auch an unserem Forschungsdesign liegen mag. Es ist anzunehmen (und den Unterrichtsbeispielen auch abzulesen), dass die Religionslehrer:innen die Fachkompetenz als Voraussetzung für guten Unterricht ansehen.

Dennoch stellen die Wahrnehmungen der Religionsschüler:innen hier einen wichtigen, ernstzunehmenden Hinweis dar, wie Lernen im digitalen Religionsunterricht gelingen kann: Die hohe Fachlichkeit der Lehrpersonen wird von den Schüler:innen (sehr wohl) wahrgenommen und als elementar für das Lernen-Wollen und -Können im Religionsunterricht bewertet. Allerdings ist eine wertschätzende Lehrenden-Lernenden-Beziehung für die Schüler:innen bedeutsamer für gelingende Lernprozesse im digitalen Religionsunterricht als die Fachkompetenz der Religionslehrperson oder die Inhalte des Religionsunterrichts.

8 Qualitätskriterien von digitalem Religionsunterricht in der Diskussion mit Qualitätskriterien von Präsenzunterricht

Im Rahmen von Kapitel 8 werden Qualitätskriterien von Präsenzunterricht (Kapitel 1.3) mit den Kriterien für gelingende Lernprozesse im digitalen Religionsunterricht diskutiert mit dem Ziel darüber Aufschluss zu geben, erstens inwiefern Qualitätskriterien, die im Unterricht in Präsenz erforscht wurden, auch Geltung für den digitalen Unterricht haben und zweitens, ob aus der Diskussion Gelingensbedingungen formuliert werden, die sich aus dem Spezifikum des Religionsunterrichts ergeben. Diese Ergebnisse werden von großer Bedeutung sein, weil bislang zum einen keine empirischen Studien zu Qualitätskriterien des digitalen Unterrichts vorliegen, zum anderen, weil der in der allgemeinen bildungswissenschaftlichen Forschung untersuchte Unterricht momentan vorwiegend auf der empirischen Erforschung des Präsenzunterrichts der Hauptfächer, nicht aber des Religionsunterrichts beruht.

8.1 Diskussion von Qualitätskriterien von Präsenzunterricht und digitalem Religionsunterricht

Im Folgenden wird die Frage diskutiert, inwiefern sich die im digitalen Religionsunterricht erfassten Qualitätskriterien mit denen decken, die die empirische Bildungsforschung im Präsenzunterricht anderer Fächer validieren konnte. Zur systematischen Diskussion der Qualitätskriterien im Präsenzunterricht mit den im Rahmen dieser Studie erforschten Gelingensbedingungen von Lernprozessen im digitalen Religionsunterricht bilden im Folgenden jene drei Tiefenstrukturen des Unterrichts eine orientierende Struktur, die als generische Grunddimensionen der Unterrichtsqualität gegenwärtig empirisch validiert sind: 1) Effektive Klassenführung, 2) Konstruktive Unterstützung und 3) Kognitive Aktivierung (ausführlich siehe Kapitel 1.4). Sie werden mit Gage (2009) und Klieme (2019, S. 404 f.) um das Kriterium der Fachlichkeit als fachwissenschaftliche und -didaktische Kompetenz der Lehrperson erweitert.

8.1.1 Effektive Klassenführung

Für gelingende Lernprozesse im digitalen Religionsunterricht sind folgende Kriterien der Basisdimension der effektiven Klassenführung bedeutsam:

Im digitalen Religionsunterricht kann zur *Prävention von Störungen* erstens die Unterstützung in struktureller Hinsicht beitragen, was sicherlich gegenüber den Anforderungen im Präsenzunterricht ein Novum darstellt. Im digitalen Religionsunterricht (wie auch im digitalen Unterricht anderer Fächer, siehe Kapitel 2) müssen Lehrende Lernende im Hinblick auf die technischen Herausforderungen unterstützen. Damit Lernen im digitalen Unterricht überhaupt gelingen kann, müssen Lernende über einen Raum zum Lernen und Hard- und Software für digitalen Unterricht verfügen, sowie im Umgang damit unterstützt werden. Zur Prävention von Störungen kann zweitens die Klarheit der Unterrichtsstruktur, der Aufgaben und Arbeitsaufträge sowie der Kommunikations- und Verhaltensregeln beitragen. Für den digitalen Religionsunterricht wird eine klar erkennbare (und nachvollziehbare) Struktur des Unterrichtsprozesses von den Befragten sogar als grundlegend für Lernprozesse erachtet. Die Aufgaben und Regeln im digitalen Religionsunterricht müssen im Vergleich zum Religionsunterricht in Präsenz noch konkreter, klarer und unmissverständlicher formuliert sein, da die unterstützende Mimik oder Gestik der Lehrperson im digitalen Raum wegfallen. Besonders wichtig sind klare Arbeitsaufträge als Voraussetzung für gelingende Lernprozesse, wenn Schüler:innen in einer Kombination aus asynchronen und synchronen Unterrichtssequenzen eigenständig(er) arbeiten sollen. Zur Prävention von Störungen kann drittens die direkte, synchrone Kommunikation beitragen: Lehrende müssen bei auftretenden Unsicherheiten oder Verständnisschwierigkeiten erreich- und ansprechbar sein.

Im digitalen Religionsunterricht ist ein breites *didaktisches Repertoire* gefordert, das Lernen für alle ermöglicht. Im Vergleich zum Religionsunterricht in Präsenz ist eine andere Didaktik und Methodik erforderlich, die die Gefahr des Monologisierens (von Lehrenden) aktiv durch Formen der Interaktion, Kooperation, Kollaboration, Diskussionen und den Austausch von Meinungen (auch im geschützten Rahmen) vermeidet. Auch die Kombination von synchronen und asynchronen Elementen kann Lernen für unterschiedliche Lerntypen didaktisch ermöglichen, da beide unterschiedliche Funktionen im Lernprozess erfüllen und auf unterschiedliche Art und Weise das Lernen fördern. Gegenüber dem Unterricht in Präsenz stellt die absichtliche, eigenständige Integration von asynchronen Elementen in die Unterrichtskonzeption eine didaktische Dimension für Unterrichtsqualität dar.

Für den digitalen Religionsunterricht stellt auch die *Bereitstellung von Materialien* einen wichtigen Faktor für gelingende Lernprozesse dar. Die Anforderungskriterien für Materialen sind im digitalen Setting andere, weshalb Religionslehrende und -lernende darauf hinweisen, dass die Methodik und Medien anders oder neu ausgewählt werden und von klaren Arbeitsaufträgen begleitet sein müssen.

Zusammenfassend lässt sich konstatieren, dass die *effektive Klassenführung* ein bedeutsames Kriterium für die Qualität auch von digitalem Religionsunterricht ist. Im Vergleich zu den Aspekten der Basisdimension der effektiven Klassenführung in Präsenz lassen sich aufgrund der hier vorliegenden Ergebnisse vier bemerkenswerte Unterschiede konstatieren. Erstens kann Lernen im digitalen Religionsunterricht nur gelingen, wenn die (technischen und räumlichen) Voraussetzungen des Lernen-Könnens gegeben sind. Zweitens ist die Klarheit der Aufgaben und Regeln im digitalen Setting im Vergleich bedeutsamer und elementarer als in Präsenz, um Lernen zu ermöglichen, besonders auch im Hinblick auf das eigenständige Arbeiten in asynchronen Unterrichtssequenzen. Drittens muss eine Didaktik für den digitalen Unterricht aktiv und im Vergleich zum Präsenzunterricht viel bewusster und gezielter Interaktion, Kooperation, Kollaboration, Diskussionen und den Austausch von Meinungen anbahnen. Viertens kann eine Didaktik im digitalen Raum durch asynchrone, in die Unterrichtskonzeption absichtsvoll integrierte Sequenzen jenen Lernendentypen Lernen ermöglichen, die das selbstregulierte, vom Druck im Klassenzimmer befreite Arbeiten zu Hause als lernförderlich wahrnehmen und schätzen.

8.1.2 Konstruktive Unterstützung

Damit Lernprozesse im digitalen Religionsunterricht gelingen, ist die konstruktive Unterstützung[31] der Schüler:innen in unterschiedlicher Hinsicht von großer Bedeutung – und dies umso mehr je jünger die Schüler:innen sind und je weniger familiäre Unterstützung sie bekommen (können). Im Vergleich zum Unterricht in

31 Im Folgenden wird unter konstruktiver Unterstützung die Interaktion zwischen Lehrenden und Lernenden mit dem Ziel verstanden, die individuellen Lernprozesse zu unterstützen. In diesem Sinne subsummieren wir auch das Prinzip der Differenzierung als konstruktive Unterstützung, was der „methodisch-didaktische[n] Dimension, nämlich dem differenzierenden und individualisierte[n] Unterricht" nach Klieme (2019, S. 403) entspricht, wenngleich die Differenzierung auch mit guten Argumenten der kognitiven Aktivierung (als Interaktion[-sermöglichung] zwischen Lernenden und Unterrichtsgegenstand) zugeordnet werden könnte.

Präsenz setzt die konstruktive Unterstützung allerdings schon früher an, nämlich indem sie die Voraussetzungen für Lernen schafft: Lernen ist im digitalen Unterricht erstens nur möglich, wenn Lehrende Lernende bei der *technischen und häuslich-räumlichen Infrastruktur* unterstützen, zweitens, wenn Lehrende Lernende beim *Erwerb von Selbstorganisationskompetenz* unterstützen: Dies stellt vor allem für jene Schüler:innen die Voraussetzung zum (asynchronen) Lernen dar, die ihre Selbstregulations und -organisationskompetenz als gering einschätzen und keine Unterstützung vonseiten der Lehrer:innen und Eltern bzw. Geschwister erhalten. Drittens kann Lernen im digitalen Unterricht gelingen, wenn Lehrende bei auftretenden Unsicherheiten oder Verständnisschwierigkeiten zeitnah erreich- und ansprechbar sind, was auch durch synchronen Lernformate der Fall sein kann.

Die als Kriterium für konstruktive Unterstützung genannte *„positive, durch Respekt und Wertschätzung geprägte Beziehungen zwischen Lehrkräften und Lernenden“* (Sliwka/Klopsch/Dumont 2019, S. 4) ist für den digitalen Religionsunterricht eindrücklich empirisch belegt. Besonders aus Perspektive der Lernenden kann dezidiert formuliert werden, dass sie die wichtigste Voraussetzung für gelingende Lernprozesse und damit von größerer Bedeutung als in anderen Fächern ist: Erstens, indem sie essenziell für eine vertrauensvolle und wertschätzende Atmosphäre ist, die eine Auseinandersetzung mit existenziellen Themen des Religionsunterrichts sowie eine (persönliche und damit angreifbar-verletzliche) Positionierung und Meinungsfindung ermöglicht. Zweitens stellt sie die Voraussetzung für die kognitive Aktivierung dar, weil in der Wahrnehmung der Religionsschüler:innen nur jene Religionslehrer:innen in der Lage sind, kognitiv aktivierenden Unterricht zu gestalten, die die Schüler:innen mit ihren Interessen, ihrem Vorwissen und kognitiven Leistungspotenzial wahrnehmen. Im Vergleich zur Beziehungsgestaltung im Präsenzunterricht und dem alltäglichen Begegnungsraum Schule müssen sich Lehrende im digitalen Religionsunterricht anderer Formate und Kommunikationswege bedienen, um das persönliche Gespräch zu Schüler:innen zu suchen.

Auch das *formative Feedback* als regelmäßige Erfassung des individuellen Lernfortschritts ist als Gelingensbedingung für das Lernen im digitalen Religionsunterricht empirisch belegt: Vor allem für die befragten Religionsschüler:innen ist ein individuelles, klares, zielorientiertes, regelmäßiges und zeitnahes Feedback bedeutsam für ihren Lernzuwachs und trägt (sogar) maßgeblich zu ihrer Motivation bei.

Die Unterstützung des Lernprozesses durch *Differenzierung* als Voraussetzung für gelingende Lernprozesse ist vor allem aus Perspektive der Religionslehrer:innen eindrücklich, etwas zurückhaltender aus Perspektive der Lernenden empirisch belegbar. Lernen kann im digitalen Religionsunterricht gelingen, wenn differenzierte Fragestellungen oder Methoden die Auseinandersetzung mit den Unterrichtsinhalten für heterogene Lerngruppen hinsichtlich des Vorwissens, der Interessen und Motivation ermöglichen und sowohl extrovertierten als auch eher zurückhaltenden Schüler:innen gleichermaßen Gelegenheit zum aktiven Lernen bieten. Im Vergleich zum Präsenzunterricht ist die Vielfalt der (differenzierenden) Methoden aufgrund des digitalen Formats ausgeprägter und breiter.

Zusammenfassend lässt sich konstatieren, dass die konstruktive Unterstützung ein bedeutsames Kriterium für die Qualität von digitalem Religionsunterricht ist. Dies auch, obwohl „eine positive Fehlerkultur, die Fehler als notwendigen Teil von Lernprozessen betrachtet und konstruktiv als Lernchance nutzt" (Sliwka/Klopsch/Dumont 2019, S. 4), nicht explizit als Gelingensbedingung für Lernprozesse im digitalen Religionsunterricht aus den Daten belegbar ist. Wohl aber kann angenommen werden, dass sie implizit Teil einer wertschätzenden, respektvollen Lehrenden-Lernenden-Beziehung ist.

Im Vergleich zu den Qualitätskriterien von Unterricht in Präsenz lassen sich aufgrund der hier vorliegenden Ergebnisse zwei bemerkenswerte Unterschiede konstatieren, die im digitalen Format begründet sind. So muss die konstruktive Unterstützung im digitalen Religionsunterricht bereits vor dem eigentlichen Lernprozess beginnen, um Lernen überhaupt zu ermöglichen: Das trifft zum einen auf die Unterstützung bei der technischen und räumlich-häuslichen Infrastruktur zu, zum anderen aber auch beim Erwerb von Selbstregulation und -organisationskompetenzen. Beide Kompetenzen stellen immer, aber sicherlich in besonderer Weise im digitalen, mitunter asynchronen, sozialkontaktlosen Format wichtige Voraussetzungen dafür dar, dass Lernen stattfinden kann. Weiter ergeben sich aus dem Wegfall des schulischen Kontextes als alltäglichem Begegnungsraum bedeutsame Konsequenzen für die Lernbegleitung und die Lehrenden-Lernenden-Beziehung: Zum einen muss das Scaffolding andere Formen annehmen, d. h., dass Lehrende aktiv nach anderen Formen der kontinuierlichen Lernbegleitung von Lernenden im digitalen Setting suchen müssen. Lehrende müssen sich im digitalen Religionsunterricht anderer Formate und Kommunikationswege bedienen, um eine professionelle Beziehung zu Schüler:innen aufzubauen und zu pflegen, weil alltägliche Begegnungen und zufällige persönliche, das Interesse am Lernenden zum Ausdruck bringende Gespräche aufgrund des digitalen Formats nicht möglich sind.

8.1.3 Kognitive Aktivierung

Die Dimension der kognitiven Aktivierung für die Qualität im Präsenzunterricht kann aufgrund der empirischen Daten auch für den digitalen Kontext belegt werden: Religionsschüler:innen und -lehrer:innen haben eine klare Vorstellungen davon, wie es gelingen kann, dass sich Lernende „aktiv und engagiert mit dem Lernstoff" auseinandersetzen (Trautwein/Sliwka/Dehmel 2018, S. 9). Auf einer empirisch breiten Basis lässt sich formulieren, dass Lernen im digitalen Religionsunterricht gelingen kann, wenn Lehrende Unterricht und Unterrichtsinhalte didaktisch so gestalten, dass Schüler:innen eine Beziehung zu den Inhalten aufbauen können. Eine Resonanz zwischen Unterrichtsgegenstand und Schüler:innen kann ermöglicht werden, wenn der Unterrichtsgegenstand so aufbereitet ist, dass er sich erstens als lebensweltrelevant und existenziell bedeutsam erschließen kann, zweitens eine kognitive Herausforderung darstellt und drittens in Auseinandersetzung mit Mitschüler:innen er- bzw. bearbeitet wird.

Aus Perspektive der Religionsschüler:innen wird die kognitive Aktivierung durch zwei Voraussetzungen bedingt – zum einen durch die Beziehungsgestaltung, zum anderen durch die Fachkompetenz der Religionslehrperson. Ihres Erachtens sind nur jene Religionslehrer:innen in der Lage, kognitiv aktivierenden Unterricht zu gestalten, die die Schüler:innen als Person (mit ihren [außerunterrichtlichen] Interessen, ihrem Vorwissen und kognitiven Leistungspotenzial) wahrnehmen und zu ihnen eine professionelle Beziehung pflegen. Die Fachkompetenz stellt im digitalen Religionsunterricht die zweite und etwas nachgeordnete Voraussetzung für das Potenzial dar, Schüler:innen kognitiv zu aktivieren, insofern sie es Lehrenden ermöglicht, die Unterrichtsinhalte didaktisch lerngruppenadäquat und damit kognitiv aktivierend aufzubereiten.

Zusammenfassend kann festgehalten werden, dass die für den Präsenzunterricht (anderer Fächer) empirisch validierte Dimension der kognitiven Aktivierung auch für den digitalen Religionsunterricht mit großer Eindeutigkeit belegt und durch den Aspekt der Beziehung/Resonanz differenziert werden kann.

8.1.4 Fachwissenschaftliche und -didaktische Kompetenz

Als bedeutsame Gelingensbedingung für Lernprozesse im digitalen Religionsunterricht wird die hohe Fachkompetenz der Lehrenden vor allem aus Perspektive der Religionsschüler:innen aus zweierlei Gründen bewertet. Zum einen erlaubt die Fachkompetenz eine fachwissenschaftlich korrekte, fachdidaktisch lerngruppenadäquate und kognitiv aktivierende Aufbereitung von Unterrichtsinhalten. Zum anderen ermöglicht sie eine konstruktive Unterstützung des individuellen Lernprozesses, indem sie zur Diagnose dessen beiträgt, was Lernende fachlich (schon) beherrschen und welche Entwicklungspotenziale sie haben. Allerdings ist eine wertschätzende Lehrenden-Lernenden-Beziehung für die Schüler:innen bedeutsamer für gelingende Lernprozesse im digitalen Religionsunterricht als die Fachkompetenz der Religionslehrperson oder die (Beschaffenheit oder Aufbereitung der) Inhalte des Religionsunterrichts.

Zusammenfassend lässt sich konstatieren, dass das im Präsenzunterricht empirisch validierte Qualitätskriterium der Fachlichkeit als Kombination von Fachkompetenz und Fachdidaktik als eine bedeutsame Gelingensbedingung für Lernprozesse im digitalen Religionsunterricht empirisch bestätigt werden kann, zumindest aus Perspektive der Religionsschüler:innen (zu den möglichen Gründen, siehe Kapitel 7).

8.2 Spezifische Qualitätskriterien des (digitalen) Religionsunterrichts

Aufgrund der Ergebnisse der letzten Kapitel können Aspekte von Unterrichtsqualität formuliert werden, die aus dem besonderen Profil des Religionsunterrichts (digital oder in Präsenz) erwachsen: Sie alle sind unter dem Stichwort von Resonanz oder Beziehung zusammenzufassen und werden im Folgenden in der Reihenfolge ihrer Bedeutsamkeit für gelingende Lernprozesse im digitalen Religionsunterricht aufgeführt.

Als übergeordnete und damit bedeutsamste Beziehung ist jene zwischen Lehrenden und Lernenden zu nennen. Die Lehrenden-Lernenden-Beziehung stellt die grundlegende Voraussetzung für Lernprozesse im Religionsunterricht dar, sowohl im digitalen Format als auch in Präsenz, weil sie „Lernen erst ermöglicht". Dies unterscheidet den Religionsunterricht aus Perspektive der Religionsschüler:innen grundlegend vom Unterricht anderer Fächer. Die Lehrenden-Lernenden-Beziehung wird außerdem als Voraussetzung sowohl für die kognitive Aktivierung als auch für die konstruktive Unterstützung von Schüler:innen bewertet. Damit kann postuliert werden, dass – zumindest für den Religionsunterricht im digitalen Format – die Lehrenden-Lernenden-Beziehung nicht nur eine Dimension der effektiven Klassenführung ist, sondern geradezu als Überbegriff allen pädagogisch-didaktischen Handelns im Unterricht gesehen werden kann: Sie ist das „Wasserzeichen", auf dem die effektive Klassenführung, die konstruktive Unterstützung und die kognitive Aktivierung basieren. Auch die Fachlichkeit der Lehrperson kann ohne eine solche Beziehung nicht lernwirksam werden. Somit kann konstatiert werden, dass ohne eine wertschätzende Beziehung zwischen Religionslehrer:innen und -schüler:innen kein Lernen-Wollen und -Können im Religionsunterricht stattfindet.

Die zweite Beziehungsebene ist die zwischen Schüler:innen. Erst in der Beziehung und Begegnung mit anderen Schüler:innen begegnen sie dem Unterrichtsgegenstand und (auch) sich (anders) und werden am „Du zum Ich" (Buber 1962, S. 97).

Die dritte Beziehungsebene ist die zwischen Schüler:innen und Unterrichtsgegenstand. Sie lässt sich sicherlich nicht als Alleinstellungsmerkmal des Religionsunterrichts im Vergleich zu anderem Fachunterricht plausibilisieren. Dennoch ist eine Beziehung zum Unterrichtsgegenstand notwendig, um einen Lernzuwachs im (digitalen) Religionsunterricht zu evozieren. Allerdings – und dies muss klar gesagt werden – sind andere Kriterien, die in Kapitel 7 aufgrund der empirischen Daten ermittelt wurden, ebenso bedeutsam wie die Resonanz zwischen Schüler:in und Unterrichtsgegenstand. Nur das Ziel dieser Beziehung kann zu jenen Zielen (einiger) anderer Fächer als ein anderes klar benannt werden: Im Religionsunterricht sind die Lebensweltrelevanz und existenzielle Bedeutung der Inhalte bedeutsamer als in einigen anderen Fächern, weshalb eine Beziehung zwischen Lebenswelt der Schüler:innen und Unterrichtsgegenstand im digitalen Religionsunterricht ermöglicht werden muss.

Der Beziehungsaspekt ist in dreifacher Hinsicht als spezifisches Qualitätskriterium des Religionsunterrichts zu formulieren, wenngleich die Lehrenden-Lernenden-Beziehung die weitaus größte Bedeutung für gelingende Lernprozesse im (digitalen) Religionsunterricht darstellt und sogar als *die* Voraussetzung wahrgenommen wird.

9 Wie können Lernprozesse im digitalen Religionsunterricht gelingen? Thesen für eine Didaktik des digitalen Religionsunterrichts

Aus den empirischen Daten, dem systematischen Vergleich und den Überlegungen der vorangegangenen Kapitel werden im Folgenden fünf Thesen für eine Didaktik des digitalen Religionsunterrichts formuliert. Sie verstehen sich als Zuspitzungen dessen, was in den vorigen Kapiteln ausführlich dargestellt wurde.

1. Eine wertschätzende Beziehung zwischen Lehrenden und Lernenden stellt die Grundlage für gelingende Lernprozesse im digitalen Religionsunterricht dar. Lehrende müssen Schüler:innen als Individuum und Person mit ihren (außerunterrichtlichen) Interessen, ihrem Vorwissen, ihrer emotionalen Verfasstheit sowie ihrem kognitiven Leistungspotenzial und Leistungsstand wahr- und ernst nehmen und ihnen die Möglichkeit geben, als Expert:innen ihres Lernens an Lernprozessen und -inhalten zu partizipieren. Eine von Vertrauen und Respekt geprägte Lehrenden-Lernenden-Beziehung stellt die wichtigste Voraussetzung für den digitalen Religionsunterricht dar, um Schüler:innen eine Auseinandersetzung mit existenziellen Themen des Religionsunterrichts sowie eine (persönliche und damit angreifbar-verletzliche) Positionierung und Meinungsfindung zu ermöglichen. Die Lehrenden-Lernenden-Beziehung muss im digitalen Religionsunterricht geradezu als Überbegriff allen pädagogisch-didaktischen Handelns im Unterricht gesehen werden: Sie ist das „Wasserzeichen", auf dem die effektive Klassenführung, die konstruktive Unterstützung und die kognitive Aktivierung basieren und auf Grundlage dessen die Fachlichkeit der Lehrperson lernwirksam werden kann. Eine wertschätzende Beziehung zwischen Religionslehrer:innen und -schüler:innen ist die elementarste Voraussetzung für gelingende Lernprozesse im digitalen Religionsunterricht. Allerdings beginnt und endet eine wertschätzende Lehrenden-Lernenden-Beziehung nicht im 45-Minuten-Takt: Sie bedarf außerunterrichtlicher Begegnungen und persönlicher Gespräche im alltäglichen Begegnungsraum Schule. Eine Didaktik des digitalen Religionsunterrichts muss andere Formate und Kommunikationswege finden, um Begegnung und Beziehung zu evozieren.

2. Eine Didaktik des digitalen Religionsunterrichts muss Formen der konstruktiven Unterstützung und individuellen Lernbegleitung integrieren. Sie sind für gelingende Lernprozesse umso bedeutsamer je jünger die Schüler:innen sind und je weniger familiäre Unterstützung sie bekommen. Lernen kann im digitalen Religionsunterricht nur dann gelingen, wenn dafür die technischen und räumlich-häuslichen Voraussetzungen geschaffen sind, weshalb die konstruktive Unterstützung im digitalen Format bereits vor dem eigentlichen Lernprozess beginnt. Konstruktive Unterstützung bedeutet im digitalen Religionsunterricht außerdem, die Lernenden zum selbstorganisierten und selbstregulierten Lernen zu befähigen und sie in ihrem individuellen Lernprozess kontinuierlich und in synchroner Kommunikation zu begleiten: Eine individuelle Lernbegleitung ist im digitalen Religionsunterricht elementar für gelingende Lernprozesse und zeigt sich in der (zeitnahen) Erreich- und Ansprechbarkeit der Lehrenden bei auftretenden Unsicherheiten oder Verständnisschwierigkeiten und in einem regelmäßigen Feedback, das individuelle Lernstände und -potenziale reflektiert und maßgeblich zur Motivation der Schüler:innen beiträgt. Sie zeigt sich außerdem in der Wahrnehmung von heterogenen Lerntypen und -interessen sowie deren Vorwissen und kognitiven Potenzialen und in ihrem differenzierenden Umgang damit. Eine Didaktik des digitalen Religionsunterrichts muss die Klarheit der Unterrichtsstruktur, der Aufgaben und Arbeitsaufträge (auch für asynchrone

Unterrichtssequenzen) sowie der Kommunikations- und Verhaltensregeln als elementar für gelingende Lernprozesse reflektieren: Um im digitalen Religionsunterricht Lernprozesse konstruktiv zu unterstützen, müssen Aufgaben und Regeln noch konkreter, klarer und unmissverständlicher formuliert sein als im Präsenzunterricht.

Eine Didaktik des digitalen Religionsunterrichts muss reflektieren, welche synchronen, digitalen Formate und ritualisierten Formen der Kommunikation und Lernbegleitung eine in diesem Sinne umfassende konstruktive Unterstützung gewährleisten und welche strukturellen Herausforderungen bewältigt werden müssen. Eine Didaktik des digitalen Religionsunterrichts kann eine Vielfalt an technischen Möglichkeiten (z. B. Apps) integrieren, um eine differenzierende Lernbegleitung zu ermöglichen. Sie muss zudem sorgfältig die dezidierte Klarheit und Transparenz von Unterrichtsstruktur und -zielen, Erwartungen und Aufgaben bedenken.

3. Eine Didaktik des digitalen Religionsunterrichts muss Formen der kognitiven Aktivierung integrieren, um Lernen zu ermöglichen. Eine kognitive Aktivierung kann im digitalen Format erstens gelingen, wenn Lehrende die Unterrichtsinhalte didaktisch so aufbereiten, dass sich den Schüler:innen die Lebensweltrelevanz und existenzielle Bedeutsamkeit der Unterrichtsinhalte erschließen können, weil sie sie Bezüge zu aktuellen persönlichen, gesellschaftlichen oder politischen Fragestellungen aufweisen. Zweitens kann eine kognitive Aktivierung durch Interaktion, kooperatives bzw. kollaboratives Arbeiten sowie Diskussionen und den Austausch von Ideen und Meinungen angebahnt werden, weil Schüler:innen in der Auseinandersetzung mit anderen zu einer eignen Positionierung finden sowie Inhalte artikulieren, bewerten und ihre Bedeutung (für sich) erschließen können. Drittens kann Lernen im digitalen Religionsunterricht gelingen, wenn Unterrichtsthemen didaktisch so aufbereitet sind, dass sie eine kognitive Herausforderung für Schüler:innen darstellen. Eine Didaktik des digitalen Religionsunterrichts muss sorgfältig reflektieren und nach neuen, anderen Formaten suchen, wie dies methodisch und didaktisch im digitalen Format geschehen kann.

4. Eine Didaktik des digitalen Religionsunterrichts muss ihre durch das digitale Setting evozierte Andersartigkeit sorgfältig reflektieren. Im Vergleich zum Religionsunterricht in Präsenz ist eine andere Didaktik und Methodik erforderlich, die der Gefahr des digitalen Settings entgegenwirkt: Weil digitaler Unterricht (aufgrund technischer Gegebenheiten) zu Monologen (von Lehrenden) neigt, Lernen aber nur in der aktiven kognitiven Auseinandersetzung der Schüler:innen mit dem Unterrichtsgegenstand gelingen kann, muss eine Didaktik im digitalen Raum aktiv Interaktion, Kooperation, Kollaboration, Diskussionen und den Austausch von Meinungen (auch im geschützten Rahmen) evozieren. Auch die Kombination von synchronen und asynchronen Elementen kann didaktisch als Mittel eingesetzt werden, um Lernen für unterschiedliche Lerntypen zu ermöglichen. Gegenüber dem Unterricht in Präsenz stellt die absichtliche, eigenständige Integration von asynchronen Elementen in die Unterrichtskonzeption einen neuen Aspekt für gelingende Lernprozesse dar, allerdings

nur dann, wenn die Voraussetzungen für und die Verwendung von asynchronen Elementen im Hinblick auf die konkrete Lernendengruppe sorgfältig reflektiert werden.

5. Eine Didaktik des digitalen Religionsunterrichts muss die hohe Fachlichkeit als Kombination von fachwissenschaftlicher und fachdidaktischer Kompetenz der Lehrperson als Gelingensbedingung für Lernen reflektieren. Die Fachlichkeit ermöglicht zum einen eine fachwissenschaftlich korrekte, fachdidaktisch lerngruppenadäquate und kognitiv aktivierende Aufbereitung von Unterrichtsinhalten, zum anderen eine konstruktive Unterstützung des individuellen Lernprozesses, indem sie zur Diagnose dessen beiträgt, was Lernende fachlich (schon) beherrschen und welche Entwicklungspotenziale sie haben. Eine Didaktik des digitalen Religionsunterrichts muss erstens reflektieren, wie Religionslehrende eine fachwissenschaftliche Kompetenz erwerben (was sicherlich auch für den Religionsunterricht in Präsenz gilt), zweitens, und das scheint für das didaktische Handeln im digitalen Setting von großer Bedeutung zu sein, welche neuen fachdidaktischen Kompetenzen Religionslehrende erwerben müssen, um den digitalen Unterricht didaktisch so gestalten zu können, dass er Lernen für alle ermöglicht.

10 Resumee und Perspektiven

10.1 Rückblick

Auf Grundlage der empirischen Daten für den digitalen (Religions-)Unterricht konnte in den Kapiteln 2–6 gezeigt werden, welche Kriterien Lehrende und Lernende für gelingende Lernprozesse im digitalen Religionsunterricht formulieren und wie sie deren Bedeutung für die Unterrichtsqualität bewerten. In Kapitel 7 konnten die Wahrnehmungen beider am Lernprozess beteiligten Gruppen ebenso dargestellt und vergleichend analysiert werden wie ihre unterschiedliche Gewichtung, Ideen oder Intentionen dieser Kriterien. Außerdem konnte empirisch belegt werden, welche Kriterien Lernende und Lehrende für gelingende Lernprozesse im Religionsunterricht im digitalen Format im Gegensatz zum Religionsunterricht in Präsenz formulieren. Diese sorgfältige und ausführliche Darstellung und die vergleichende Analyse leisten aus empirischer Perspektive einen wichtigen Beitrag zur Konzeption einer Didaktik des digitalen Religionsunterrichts.

In Kapitel 8 konnte gezeigt werden, dass und in welchen Aspekten die im digitalen Religionsunterricht erfassten Bedingungen für gelingende Lernprozesse mit den Qualitätskriterien übereinstimmen, die die empirische Bildungsforschung im Präsenzunterricht anderer Fächer validieren konnte. Es konnte außerdem gezeigt werden, wo das digitale Setting andere und neue Aspekte in die Diskussion von Unterrichtsqualität einbringt und welche Qualitätskriterien aus dem spezifischen Profil des Religionsunterrichts (digital oder in Präsenz) erwachsen. Damit leisten unsere Ergebnisse einen wichtigen Beitrag zur Erweiterung der Diskussion von Unterrichtsqualität erstens um

Aspekte, die aus dem digitalen Format von Unterricht erwachsen, zweitens, die im spezifischen Kontext des Religionsunterrichts von Bedeutung sind.

Aus den Ergebnissen der Kapitel 2–8 wurden in Kapitel 9 zukunftsweisende Thesen für eine Konzeption einer Didaktik des digitalen Religionsunterrichts prägnant formuliert, in Kapitel 10.2 werden daraus Impulse für eine Didaktik des Religionsunterrichts in Präsenz oder als Hybridmodell abgeleitet.

Offen geblieben sind zwei Fragen, die aus der Diskussion mit dem Forschungsstand in Kapitel 1 formuliert wurden, die nun (in aller Vorläufigkeit) beantwortet werden sollen:

1. Inwiefern evoziert das digitale Format des Religionsunterrichts eine Veränderung von Inhalten und Themen im Religionsunterricht?
Aufgrund unserer empirischen Ergebnisse kann eindeutig formuliert werden, dass sich die Inhalte des digitalen Religionsunterrichts den Schüler:innen als lebensweltrelevant und existenziell bedeutsam erschließen müssen, damit eine aktive Auseinandersetzung und damit eben Lernen stattfinden können. Dies kann, wie oben ausführlich gezeigt, mittels verschiedener Kriterien und Methodik geschehen (kognitive Herausforderung, aktueller Bezug, kooperative Erarbeitung). Allerdings unterscheiden sich die Anforderungen an Inhalte im digitalen Religionsunterricht unseres Erachtens sicherlich nicht von denen im Religionsunterricht in Präsenz: Um Lernen zu können, müssen sich die Inhalte den Schüler:innen als lebendwertrelevant und existenziell bedeutsam erschließen – ungeachtet des Unterrichtsformates.

Aufgrund unserer Ergebnisse können wir also nicht sagen, dass Themen und Inhalte aufgrund des digitalen Formats von Religionsunterricht verändert werden oder sich verändern müssen. Was wir aber sagen können, ist erstens, dass ein aktueller Bezug der Unterrichtsinhalte zum Leben der Schüler:innen im virtuellen Klassenzimmer noch bedeutsamer ist als im Präsenzunterricht, um Schüler:innen überhaupt zum Lernen zu aktivieren. Diese Vermutung stützt sich auf Aussagen von Religionsschüler:innen und Unterrichtssequenzen von Religionslehrer:innen, die aktuelle Themen, in diesem Fall die durch Corona ausgelöste Krise, zum Inhalt des Unterrichts machen. Der Raum für die Reflexion über die existenzielle Betroffenheit angesichts aktueller (auch politischer, gesellschaftlicher) Themen wird als lernförderlich bewertet.

Aufgrund unserer Ergebnisse können wir zweitens festhalten, dass sich die methodischen und didaktischen Formen, um Resonanz zwischen Schüler:in und Unterrichtsinhalt anzubahnen, von den Formen in Präsenz unterscheiden müssen. Im digitalen Format müssen die kooperative, kollaborative, interaktive Zusammenarbeit mit Mitschüler:innen sowie Diskussionen und der Austausch von Meinungen bewusster initiiert und mit anderen Formen ermöglicht werden als in Präsenz. Um dies didaktisch im digitalen Format zu ermöglichen, bedarf es einer fachdidaktischen Kompetenzerweiterung vonseiten der Lehrenden.

2. Wann kann von einer digitalen Didaktik gesprochen werden?
Auf dem Hintergrund unserer Ergebnisse kann konstatiert werden, dass eine Didaktik nicht dadurch zur digitalen Didaktik wird, indem sie sich digitaler Apps bedient.

Die Verwendung digitaler Medien und Methoden ist eine notwendige Voraussetzung, aber keine hinreichende. Eine digitale Didaktik hat ebenso wie eine Didaktik des Präsenzunterrichtes zum Ziel, Lernen zu ermöglichen und damit Bildungsprozesse zu evozieren. Damit ist und bleibt die Zielsetzung von Didaktik dieselbe, ungeachtet dessen, ob sie Bildung im digitalen Raum oder in Präsenz ermöglicht. Auch daraus ergibt sich keine Unterscheidung zwischen einer Didaktik für den Präsenzunterricht und einer Didaktik für den digitalen Unterricht.

Unseres Erachtens kann von einer digitalen Didaktik erst dann die Rede sein, wenn sie die Umstände, unter denen sich Lernen im digitalen Raum vollziehen muss, reflektiert und daraus Konsequenzen zieht. Eine digitale Didaktik reflektiert, wie sie gelingende Lernprozesse im digitalen Raum ermöglichen kann. Eine digitale Didaktik muss Formen der schüler:innenaktivierenden, kollaborativen, interaktiven und kooperativen Zusammenarbeit integrieren. Weil sich im Unterschied zum Unterricht in Präsenz Beziehung und Resonanz nicht zufällig im virtuellen Klassenzimmer ergeben, müssen diese absichtsvoll didaktisch angebahnt werden. Außerdem muss eine digitale Didaktik die Voraussetzungen für Lernen bewusster und sorgfältiger, vielleicht anders reflektieren: Sie muss die technischen und familialen Voraussetzungen, die Fähigkeit zum disziplinierten Arbeiten in synchronen Videokonferenzen im virtuellen Klassenzimmer oder in asynchronen Unterrichtssequenzen sowie die Kompetenz zur Selbstorganisation und -regulation der Schüler:innen als Lernvoraussetzungen reflektieren und daraus Konsequenzen für eine intensive(re) konstruktive Unterstützung des Lernprozesses ableiten. Sie muss aber zugleich auch die (neuen) Möglichkeiten eines differenzierenden, die Eigenständigkeit der Schüler:innen fördernden Lernens reflektieren und integrieren, die aus dem digitalen Setting erwachsen.

Von einer digitalen Didaktik kann erst dann gesprochen werden, wenn sie den digitalen Raum als Lernraum mit seinem Potenzial und limitierenden Faktoren reflektiert und daraus didaktisch-methodische Konsequenzen ableitet, damit gelingende Lernprozesse für alle Schüler:innen ermöglicht werden. Aus Perspektive der empirisch begründeten Didaktik eines digitalen Religionsunterrichts stellt dieses Postulat den Beitrag dieser Arbeit zu einer allgemeinen Didaktik des digitalen Unterrichts dar.

10.2 Perspektiven für den Religionsunterricht in Präsenz oder als Hybridmodell

Die Erfahrungen im digitalen Religionsunterricht können als Brennglas auf die neuralgischen Punkte unseres Bildungssystems, aber auch des Religionsunterrichts fungieren und so für eine Didaktik des Religionsunterrichts in Präsenz fruchtbar gemacht werden.

1. Lernen braucht einen stressfreien Raum

Schule kann Lernen verhindern oder stören – aufgrund ihrer gesellschaftlichen (selektierenden) Aufgabe, Anforderungen oder subjektiv empfundenen Überforderungen sowie ihrer strukturellen Verfasstheit in Präsenz. Jene Lernende, die sich von den schulischen (oder gesellschaftlichen) Anforderungen unter Druck gesetzt oder von den starren Strukturen des Präsenzunterrichts am Lernen gehindert fühlen, profitieren vom zeitlich flexiblen, weil asynchronen, eigenständigen und ungestörten Lernen im eigenen Lerntempo und mit eigenen Lernwegen zu Hause. Eine Didaktik des Religionsunterrichts in Präsenz muss diese Beobachtungen sorgfältig reflektieren und aufnehmen, um gerade für jene Lernende gelingende Lernprozesse zu ermöglichen. Deshalb muss sie fragen, wie Schule als Ganze und Religionsunterricht im Besonderen verändert werden können, damit Lernende lernen können und sich nicht unter Druck gesetzt fühlen. Sie muss reflektieren, wie religionsunterrichtliche Strukturen didaktisch gestaltet werden können, um eigenständige, asynchrone Formen des Lernens zu ermöglichen. Dabei darf sie aber nicht aus dem Blick verlieren, dass für asynchrones, eigenständiges Arbeiten Selbstorganisations- und regulationskompetenzen, klare Aufgabenformulierungen und (je jünger je mehr) lernbegleitende Unterstützung notwendig sind. Schließlich muss eine Didaktik des Religionsunterrichts reflektieren, welche Möglichkeiten, methodischer oder inhaltlicher Form, aber auch auf der professionellen Beziehungsebene sie hat, um Schüler:innen angesichts (gesellschaftlicher) Anforderungen zu stärken und ihre Fähigkeit zur Resilienz zu fördern – auch als Beitrag zur Persönlichkeitsbildung von Schüler:innen.

2. Lernen braucht Unterstützung

Was eine Vielzahl von Bildungsstudien für den Präsenzunterricht immer wieder empirisch belegt, lässt sich aufgrund der empirischen Daten zum digitalen Religionsunterricht eindrucksvoll bestätigen: Lernende sind auf Unterstützung angewiesen – und dies umso mehr, je jünger die Schüler:innen sind und je weniger familiäre Unterstützungsmöglichkeiten sie erhalten können. Der Lernerfolg von Schüler:innen in Deutschland hängt (immer noch) entscheidend von den sozio-ökonomischen, kognitiven, emotionalen Unterstützungsressourcen der Herkunfsfamilien ab. Dieses im digitalen Religionsunterricht eindrücklich empirisch bestätigte Ergebnis muss eine Didaktik des Religionsunterrichts in Präsenz aufnehmen. Sie muss reflektieren, wo Religionsunterricht auf außerschulische Unterstützungssysteme angewiesen ist (etwa bei Hausaufgaben oder der Vorbereitung von Prüfungsleistungen) und überprüfen, wie und ob dies anders gestaltet werden kann, um allen Schüler:innen Teilhabe an Bildung zu ermöglichen – unabhängig von den Ressourcen ihrer Herkunftsfamilien. Sie muss außerdem reflektieren, welche lernbegleitende Unterstützung vonseiten der Religionslehrenden individuell vonnöten ist, um allen Schüler:innen gelingende Lernprozesse zu ermöglichen.

3. Lernen braucht Kompetenzen

Im digitalen Religionsunterricht zeigte sich eindrücklich die Überforderung vieler Schüler:innen angesichts fehlender Tages- und Unterrichtsstrukturen. Eine Didaktik des Religionsunterrichts muss kritisch reflektieren, inwiefern unser Schulsystem als Ganzes, aber auch der Religionsunterricht im Besonderen Schüler:innen so „konditioniert“, dass sie nur in vorgegebenen Strukturen lernen können. Sie muss überlegen, wo gerade der Religionsunterricht – aufgrund seiner Zielsetzung – Möglichkeiten bieten kann, freies, selbstorganisiertes Lernen zu fördern. Eine Didaktik des Religionsunterrichts muss reflektieren, mit welchen Mitteln es gelingen kann, Schüler:innen zum Erwerb von Selbstregulation und -organisationskompetenz zu befähigen.

4. Lernen braucht Beziehung
Lernen kann nur in Beziehung gelingen – zum Unterrichtsinhalt, zu Mitlernenden und vor allem zur Lehrperson. Deutlich hat der digitale Unterricht gezeigt, dass Schüler:innen auf soziale Begegnung, Austausch, Interaktion, Kooperation und Kollaboration angewiesen sind, um lernen zu können und zu wollen. Lernen beschränkt sich außerdem nicht auf Lernprozesse während des Unterrichts und endet nicht an dessen Ende. Schule ist in ihrer Gesamtheit ein Lernraum, der soziale Begegnungen, Gespräche und Freundschaften ermöglicht, Konflikte und Probleme evoziert und dazu beitragen kann, letztere zu lösen. Lernen bedarf eines sozialen Kontextes, der (physische) Begegnung ermöglicht. Eine Didaktik des Religionsunterrichts muss reflektieren, welchen Beitrag Religion zum Lebensraum Schule (und damit zur inneren Schulentwicklung) leisten kann, um Schule so zu gestalten, dass Lernende außerhalb des Unterrichts Kompetenzen erwerben können, die sie zu einem Leben in Eigenverantwortung und Solidarität befähigen – eben zur Persönlichkeitsbildung und -entfaltung.

Literatur

Andresen, Sabine/Heyer, Lea/Lips, Anna/Rusack, Tanja/Schröer, Wolfgang/Thomas, Severine/Wilmes, Johanna (2020). JuCo 1. Erfahrungen und Perspektiven von jungen Menschen während der Corona-Maßnahmen. Erste Ergebnisse der bundesweiten Studie JuCo. https://dx.doi.org/10.18442/120.

Andresen, Sabine/Heyer, Lea/Lips, Anna/Rusack, Tanja/Schröer, Wolfgang/Thomas, Severine/Wilmes, Johanna (2020). JuCo 2. „Die Corona-Pandemie hat mir wertvolle Zeit genommen". Jugendalltag 2020. https://dx.doi.org/10.18442/163.

Baumert, Jürgen (2002). Deutschland im internationalen Bildungsvergleich, In Kilius, Nelson/Kluge, Jürgen/Reisch, Linda (Hrsg.). Die Zukunft der Bildung. Frankfurt a. M., S. 100–150.

Baumert, Jürgen/Klieme, Eckhard (Hrsg.) (2001). TIMSS – Impulse für Schule und Unterricht. Forschungsbefunde, Reforminitiativen, Praxisberichte und Video-Dokumente. Bonn.

Bieri, Peter (2012). Wie wäre es gebildet zu sein? In Hastedt, Heiner (Hrsg.). Was ist Bildung? Eine Textanthologie. Stuttgart, S. 228–240.

Bizer, Christoph/Degen, Roland/Englert, Rudolf/Kohler-Spiegel, Helga/Mette, Norbert/Rickers, Folkert/Schweitzer, Friedrich (Hrsg.) (2006). Was ist guter Religionsunterricht? Jahrbuch der Religionspädagogik 22. Neukirchen-Vluyn.

Bleckmann, Paula/Lankau, Ralf (Hrsg.) (2019). Digitale Medien und Unterricht. Eine Kontroverse. Hannover.

Bremm, Nina/Racherbäumer, Kathrin (2020). Dimensionen der (Re-)Produktion von Bildungsbenachteiligung in sozialräumlich deprivierten Schulen im Kontext der Corona-Pandemie. In Fickermann, Detlef/Edelstein, Benjamin (Hrsg.). „Langsam vermisse ich die Schule …" Schule während und nach der Corona-Pandemie. Münster, S. 202–215. DOI: 10.31244/9783830992318.13.

Buber, Martin (1962). WERKE. Erster Band: Schriften zur Philosophie. München.

Burow, Olaf Axel (2021, im Druck). Die Corona-Chance. Durch sieben Schritte zur „Resilienten Schule". Hannover.

Büsch, Andreas (2019). Jesus war kein Chief Digital Evangelist! Digitalisierung als Chance und Herausforderung für die Pastoraltheologie. Zeitschrift für Pastoraltheologie 39/1, S. 7–17.

Calmbach, Marc/Flaig, Bodo/Edwards, James/Möller-Slawinski, Heide/Borchard, Inga/Schleer, Christoph (2020). SINUS-Jugendstudie 2020 – Wie ticken Jugendliche? Lebenswelten von Jugendlichen im Alter von 14 bis 17 Jahren in Deutschland. Bonn.

Campbell, Heidi (2012). Digital Religion. Understanding Religious Practice in New Media. New York.

Dorgerloh, Stephan/Wolf, Karsten D. (2020). Lehren und Lernen als Tutorials und Erklärvideos. Hannover.

Decristan, Jasmin/Hondrich, Lena/Büttner, Gerhard/Hertel, Silke/Klieme, Eckhard/Kunter, Mareike et al. (2015). Impact of additional guidance in science education on primary students' conceptual understanding. The Journal of Educational Research, 108, S. 358–370.

Dressler, Bernhard (2018). Religionsunterricht, Bildungstheoretische Grundlegungen. Leipzig.

Eickelmann, Birgit/Gerick, Julia (2020). Lernen mit digitalen Medien. Zielsetzungen in Zeiten von Corona und unter besonderer Berücksichtigung von sozialen Ungleichheiten. In Fickermann, Detlef/Edelstein, Benjamin (Hrsg.). „Langsam vermisse ich die Schule …" Schule während und nach der Corona-Pandemie. Münster, S. 153–162. DOI: 10.31244/9783830992318.09.

EKD (Evangelische Kirche in Deutschland) (Hrsg.) (2020a). Religiöse Bildung angesichts von Konfessionslosigkeit. Aufgaben und Chancen. Ein Grundlagentext der Kammer der EKD für Bildung und Erziehung, Kinder und Jugend. Leipzig.

EKD (Evangelische Kirche in Deutschland) (Hrsg.) (2020b). Religiöse Bildung bleibt unverzichtbar – Religionsunterricht in der Corona-Krise. Hannover. https://www.ekd.de/ekd_de/ds_doc/religionsunterricht_corona_2020.pdf.

Englert, Rudolf (2006). Die Diskussion über Unterrichtsqualität – und was die Religionsdidaktik daraus lernen könnte. In Bizer, Christoph/Degen, Roland/Englert, Rudolf/Kohler-Spiegel, Helga/Mette, Norbert/Rickers, Folkert/Schweitzer, Friedrich (Hrsg.). Was ist guter Religionsunterricht? Jahrbuch der Religionspädagogik 22. Neukirchen-Vluyn, S. 52–64.

Fauth, Benjamin/Decristan, Jasmin/Rieser, Svenja/Klieme, Eckhard/Büttner, Gerhard (2014a). Grundschulunterricht aus Schüler-, Lehrer- und Beobachterperspektive: Zusammenhänge und Vorhersage von Lernerfolg. Zeitschrift für Pädagogische Psychologie 2014/28. Bern, S. 127–137. https://doi.org/10.1024/1010-0652/a000129.

Fauth, Benjamin/Decristan, Jasmin/Rieser, Svenja/Klieme, Eckhard/Büttner, Gerhard (2014b). Student ratings of teaching quality in primary school. Dimension and prediction of student outcomes. Learning and Instruction 29, S. 1–9.

Fauth, Benjamin/Leuders, Timo (2018). Kognitive Aktivierung im Unterricht. Wirksamer Unterricht Band 2. Stuttgart.

Filipović, Alexander (2015). Die Datafizierung der Welt. Eine ethische Vermessung des digitalen Wandels. Communicatio Socialis. 48. 6–15.10.5771/0010-3497-2015-1-6.

Flick, Uwe/Kardoff, Ernst v./Steinke, Ines (Hrsg.) (2005). Qualitative Forschung. Ein Handbuch. Reinbek bei Hamburg.

Furrer, Hans (2009). Das Berner Modell. Ein Instrument für eine kompetenzorientierte Didaktik. Bern.

Gage, Nicolas (2009). A Conception of Teaching. Heidelberg.

Gärtner, Claudia (Hrsg.) (2018a). Religionsdidaktische Entwicklungsforschung. Lehr-Lernprozesse im Religionsunterricht initiieren und erforschen. Stuttgart.

Gärtner, Claudia (2018b). Fachdidaktische Entwicklungsforschung – Ein Forschungsprogramm zur Verknüpfung von religionsdidaktischer Theoriebildung und Religionsunterricht. In Schambeck, Mirjam sf/Riegel, Ulrich (Hrsg.). Was im Religionsunterricht so läuft. Wege und Ergebnisse religionspädagogischer Unterrichtsforschung. Freiburg, S. 140–157.

Gerhardts, Lara/Kamin, Anna-Maria/Meister, Dorothee M./Richter, Lea/Teichert, Jeannine (2020). Lernen auf Distanz – Einblicke in den familialen Alltag des Homeschoolings und Formen der Bewältigung. Medienimpulse, 58 (02). https://doi.org/10.21243/mi-02-20-30.

GI (Gesellschaft für Informatik e. V.) (Hrsg.) (2016). Dagstuhl-Erklärung. Bildung in einer digital vernetzten Welt. http://www.dagstuhl-dreieck.de/.

Gojny, Tanja (2019). Digitalisierung und Religionsunterricht. Potentiale und Perspektiven. Die Gelbe 2019/20. Das gymnasialpädagogische e-Journal für lebensweltorientierte Bildung und Erziehung. Gymnasialpädagogische Materialstelle RPZ Heilsbronn, S. 41–57.

Göllner, Richard/Jaekel, Ann-Kathrin (2021). „Erfolgreicher Unterricht während der Schulschließung im Frühjahr 2020: Auf die Beziehung kommt es an." Vorstellung erster Ergebnisse der CUNITAS-Studie im Rahmen der LEAD-Vorlesungen am 9.2.2021. https://www.youtube.com/watch?v=uKV4bh2VgB8.

Grethlein, Christian (2018). Kirchentheorie. Kommunikation des Evangeliums im Kontext. Zeitschrift für evangelisches Kirchenrecht (ZevKR) 63/4, S. 452 f.

Gruehn, Sabine (2000): Unterricht und schulisches Lernen. Schüler als Quellen der Unterrichtsbeschreibung. Münster.

Haberer, Johanna (2015). Digitale Theologie. Gott und die Medienrevolution der Gegenwart. München.

Hachfeld, Axinja/Möhrke, Phillip/Schumann, Stephan/Beuter, Anja (2020). Wie gelingt Unterricht, wenn die Schule geschlossen ist? Lehrerbefragung zur Schulschließung. https://www.uni-konstanz.de/universitaet/aktuelles-und-medien/aktuelle-meldungen/aktuelles/wie-gelingt-unterricht-wenn-die-schule-geschlossen-ist/.

Harari, Yuval Noah (2019). 21 Lektionen für das 21. Jahrhundert. München.

Hastedt, Heiner (Hrsg.) (2012). Was ist Bildung? Eine Textanthologie. Stuttgart.

Heinen, Richard/Kerres, Michael (2015). Individuelle Förderung mit digitalen Medien. Handlungsfelder für die systematische, lernförderliche Integration digitaler Medien in Schule und Unterricht. Gütersloh.

Heller, Horst/Lohrer, Jörg (2020). Religiöse Bildung in einer Kultur der Digitalität. Aspekte einer Theorie und Praxis des Religionsunterrichts nach Corona. Entwurf 3/2020: Digitalisierung im RU, S. 8–17.

Helfferich, Cornelia (2005). Die Qualität qualitativer Daten. Manual für die Durchführung qualitativer Interviews. Lehrbuch. Wiesbaden.

Helm, Christoph/Huber, Stephan/Loisinger, Tina (2021). Was wissen wir über schulische Lehr-Lern-Prozesse im Distanzunterricht während der Corona-Pandemie? – Evidenz aus Deutschland, Österreich und der Schweiz. Zeitschrift für Erziehungswissenschaft 24, S. 237–311. https://doi.org/10.1007/s11618-021-01000-z.

Helmke, Andreas (2017). Unterrichtsqualität und Lehrerprofessionalität. Diagnose, Evaluation und Verbesserung des Unterrichts. Aktualisierte 7. Auflage, berücksichtigt die Hattie-Studien. Seelze-Velber.

Herder, Johann Gottfried (2012). Ideen zur Philosophie der Geschichte der Menschheit. In Hastedt, Heiner (Hrsg.). Was ist Bildung? Eine Textanthologie. Stuttgart, S. 78–91.

Herrmann, Ulrich (2013). Zwischenruf: Lernen im digitalen Zeitalter. https://www.bpb.de/gesellschaft/bildung/zukunft-bildung/170984/digitalisierung-veraendert-die-lehrerrolle.

Herrmann, Ulrich (Hrsg.) (2019). Pädagogische Beziehungen. Grundlagen – Praxisformen – Wirkungen. Weinheim/Basel.

Herrmann, Ulrich (2020a). Lehren aus den Corona-Schließungen, Teil I. Lehren & Lernen 11–2020, S. 25–29.

Herrmann, Ulrich (2020b). Lehren aus den Corona-Schließungen, Teil II. Schülermund und Lehrermund tun Lern- und Schulreform kund. Lehren & Lernen 12–2020, S. 29–33.

Heusinger, Monika (2020). Lernprozesse digital unterstützen. Ein Methodenbuch für den Unterricht. Hannover.

Huber, Stephan Gerhard/Helm, Christoph (2020). Lernen in Zeiten der Corona-Pandemie. Die Rolle familiärer Merkmale für das Lernen von Schüler*innen. Befunde vom Schul-Barometer in Deutschland, Österreich und der Schweiz. In Fickermann, Detlef/Edelstein, Benjamin (Hrsg.). „Langsam vermisse ich die Schule …“ Schule während und nach der Corona-Pandemie. Münster, S. 37–60. DOI: 10.31244/9783830992318.0.

Huber, Stephan Gerhard/Günther, Paula Sophie/Schneider, Nadine/Helm, Christoph/Schwander, Marius/Schneider, Julius A./Pruitt, Jane (2020). COVID-19 und aktuelle Herausforderungen in Schule und Bildung. Erste Befunde des Schul-Barometers in Deutschland, Österreich und der Schweiz. Münster. https://doi.org/10.31244/978383094216.

Hubrig, Christa (2010). Gehirn, Motivation, Beziehung – Ressourcen in der Schule über Systemisches Denken in der Schule. Heidelberg.

Humboldt, Wilhelm v. (1960). Theorie der Bildung des Menschen. In Humboldt, Wilhelm v. Schriften zur Anthropologie und Geschichte. Band 1. Hrsg. von Andreas Flitner und Klaus Giel. Darmstadt, S. 234–240.

Jung, Volker (2019). Digital Mensch bleiben. München.

Käbisch, David/Koerrenz, Ralf/Kumlehn, Martina/Schlag, Thomas/Schweitzer, Friedrich/Simojoki, Henrik (Hrsg.) (2018). Digitales Lernen. Zeitschrift für Pädagogik und Theologie 70(3).

Kantereit, Tim (Hrsg.) (2020). Hybrid-Unterricht 101. Ein Leitfaden zum Blended Learning für angehende Lehrer:innen. https://creativecommons.org/licenses/by-sa/4.0/.

Kearny, Matthew/Schuck, Sandra/Burden, Kevin/Aubusson, Peter (2012). Viewing Mobile Learning from a Pedagogical Perspective. Research in Learning Technological 20/1, S. 1–17. https://doi.org/10.3402/rlt.v20i0.14406.

Klafki, Wolfgang (2010). Studien zur Bildungstheorie und Didaktik. Unveränderter Nachdruck der Auflage von 1975. Weinheim.

Klee, Wanda/Wampfler, Philippe/Krommer, Axel (Hrsg.) (2021, im Druck). Hybrides Lernen. Zur Theorie und Praxis von Präsenz- und Distanzlernen. Hannover.

Klieme Eckhard (2019). Unterrichtsqualität. In Harring, Marius/Rohlfs, Carsten/Gläser-Zikuda, Michaela (Hrsg.). Handbuch Schulpädagogik. Münster/New York, S. 393–408.

Klieme, Eckhard (2020a). Zwischen Homeschooling und Maskenpflicht. Guter Unterricht unter den Bedingungen der Pandemie. Praxisratgeber Digital unterrichten. Neues Lernen in Zeiten der Pandemie. Hannover, S. 4–7.

Klieme, Eckhard (2020b). Guter Unterricht – auch und besonders unter Einschränkungen der Pandemie? In Fickermann, Detflef/Edelstein, Barbara (Hrsg.). „Langsam vermisse ich die Schule …“ Schule während und nach der Corona-Pandemie. Die deutsche Schule, Beiheft 16, S. 117–135.

Knauth, Thorsten (2018). Kontextbezogene Unterrichtsforschung – Ansätze, Methoden und Ergebnisse. In Schambeck, Mirjam sf/Riegel, Ulrich (Hrsg.). Was im Religionsunterricht so läuft. Wege und Ergebnisse religionspädagogischer Unterrichtsforschung. Freiburg, S. 158–178.

Korsch, Dietrich (1997). Religion mit Stil. Protestantismus in der Kulturwende. Tübingen.

Koselleck, Reinhart (2012). Bildung ist weder Ausbildung noch Einbildung. In Hastedt, Heiner (Hrsg.). Was ist Bildung? Eine Textanthologie. Stuttgart, S. 137–154.

Kounin, Jacob (1976). Techniken der Klassenführung. Übersetzung besorgt von Maja und Claudius Gellert. Stuttgart.

Kuger, Susanne (2016). Curriculum and learning time in international school achievement studies. In Kuger, Susanne/Klieme, Eckhard/Jude, Nina/Kaplan, David (Hrsg.). Assessing contexts of learning. Cham, S. 395–422.

Kultusministerkonferenz (KMK) (Hrsg.) (2016). Bildung in der digitalen Welt. Strategie der Kultusministerkonferenz. https://www.kmk.org/fileadmin/Dateien/pdf/PresseUndAktuelles/2018/Digitalstrategie_2017_mit_Weiterbildung.pdf.

Kunter, Mareike/Trautwein, Ulrich (2013). Psychologie des Unterrichts. Paderborn.

Kumlehn, Martina (2015). Bildung, religiöse. In WiReLex. Das wissenschaftlich-religionspädagogische Lexikon im Internet. http://www.bibelwissenschaft.de/stichwort/100082.

Lembecke, Rebecca (2020). Anders lernen – Neues wagen. Weckruf oder Rückkehr zum Dornröschenschlaf? Bildung spezial 2/2020, S. 32–35.

Lienau, Anna-Katharina (2020a). Kommunikation des Evangeliums in social media. Zeitschrift für Theologie und Kirche (ZThK) 117/4, S. 489–522. DOI: 10.1628/zthk-2020-0022.

Lienau, Anna-Katharina (2020b). Mediatisierung als religionspädagogische Herausforderung im Horizont kindertheologischer Erwägungen. Theo-Web 19(1), S. 381–398. https://doi.org/10.23770/tw0140

Liessmann, Konrad Paul (2012). Theorie der Unbildung. In Hastedt, Heiner (Hrsg.). Was ist Bildung? Eine Textanthologie. Stuttgart, S. 212–222.

Lipowsky, Frank/Bleck, Victoria (2019). Was wissen wir über guten Unterricht? – ein Update. In Steffens, Ulrich/Messner, Rudolf (Hrsg.). Unterrichtsqualität. Konzepte und Bilanzen gelingenden Lehrens und Lernens: Konzepte und Bilanzen gelingenden Lehrens und Lernens. Grundlagen der Qualität von Schule 3. Münster , S. 219–249.

Luga, Jürgen (2020). Bildungsort Schule stärken. Neue Perspektiven für die Digitalisierung der Schule? Bildung spezial 2/2020, S. 36–39.

Mayring, Philipp (2003). Qualitative Inhaltsanalyse. Grundlagen und Techniken. Weinheim.

Merle, Kristin (2018). Online-Kommunikation erforschen. Praktisch-theologische Perspektiven. Zeitschrift für Pädagogik und Theologie 70(3). https://doi.org/10.1515/zpt-2018-0034.

Meyer, Hilbert (2004). Was ist guter Unterricht? Berlin.

News4Teachers. Das Bildungsmagazin (2020). Bildungsforscher Zierer: Fernunterricht kann gelingen – mit der richtigen Pädagogik. https://www.news4teachers.de/2020/07/bildungsforscher-zierer-homeschooling-ist-und-bleibt-eine-aufgabe-der-schule/.

Nida-Rümelin, Julian/Weidenfeld, Nathalie (2018). Digitaler Humanismus: eine Ethik für das Zeitalter der künstlichen Intelligenz. 4. Auflage. München.

Nord, Ilona (2008). Realitäten des Glaubens. Zur virtuellen Dimension christlicher Religiosität. Berlin/New York.

Nord, Ilona (2014). Social Media, christliche Religiosität und Kirche. Studien zur Praktischen Theologie mit religionspädagogischem Schwerpunkt. Jena.

Nord, Ilona/Zipernovszky, Hanna (Hrsg.) (2017). Religionspädagogik in einer mediatisierten Welt. Stuttgart.

Nord, Ilona/Palkowitsch-Kühl, Jens (2017). RELab digital. Ein Projekt über religiöse Bildung in einer mediatisierten Welt. A Project on Religious Education in Mediatized World. In Knoll, Tobias/Heidbrink, Simone (Hrsg.). Religion to Go! Religion in Mobile Internet Environments, Mobile Apps, Augmented Realities an the In-Betweens = Online. Heidelberg Journal of religions on the Internet 12 (2017), S. 60–124.

Obermann, Andreas (2021). Berufsschulreligionsunterricht 2.0 – Digitalisierung didaktisch denken. In Gronover, Matthias/Obermann, Andreas/Schnabel-Henke, Hanne (Hrsg.). Religiöse Bildung in einer digitalisierten Welt. Beiträge zur Theorie und Praxis des Religionsunterrichts an berufsbildenden Schulen. Münster.

Palkowitsch-Kühl, Jens (2018). Digitale Medienkompetenz – eine Schlüsselkompetenz in der Lehrkräfteausbildung. Aktuelle Perspektiven von Lehrkräften im Bereich schulisch verantworteter religiöser Bildung. Zeitschrift für Pädagogik und Theologie 70(3), S. 294–307. https://doi.org/10.1515/zpt-2018-0035.

Palkowitsch-Kühl, Jens (2019). Digitalisierung als Herausforderung für Unterrichtsprozesse religiöser Bildung. Loccumer Pelikan 4/2019 (Herausforderung Digitalisierung), S. 10–15. https://www.rpi-loccum.de/material/pelikan/pel1-19/1-19_palkowitsch.

Partnership for 21st century learning (2019). Framewaork for 21st century learning. http://static.battelleforkids.org/documents/p21/P21_Framework_Brief.pdf.

Pianta, Robert C./Hamre, Bridget K./Allen, Joseph P. (2012). Teacher-student relationships and engagement. Conceptualizing, measuring and improving the capacitiy of classroom interactions. In Christenson, Sandra L/Reschly, Amy L./Wylie Cathy (Hrsg.). Handbook of Research on Student Engagement. New York, S. 365–386.

Pianta, Robert C./Hamre, Bridget K./Stuhlman, Megan (2003). Relationships between teachers and children. In Reynolds, William M./Miller, Gloria (Hrsg.). Comprehensive Handbook of Psychology (vol. 7). Educational Psychology. New, York, S. 199–234.

Pirker, Viera (2019). Digitalität wirkt Wandel. Anthropologische, theologische und ethische Aspekte. In Fülling, Hanna/Meier, Gernot (Hrsg.). Die digitale Revolution und ihre Kinder. Brennpunkte digitaler Ethik. EZW-Texte 264, S. 77–94.

Pirker, Viera (2020). Menschsein im Zeitalter der Digitalität. Perspektiven für religiöse Bildung im zweiten Jahrzehnt des 21. Jahrhunderts. Notizblock 67/2020, S. 5–9.

Pirker, Viera/Weirer, Wolfgang (2020). Religionspädagogik im digitalen Zeitalter. Österreichisches Religionspädagogisches Forum H. 1. 28. https://unipub.uni-graz.at/oerf/periodical/titleinfo/5150162.

Pirner, Manfred L. (2001). Fernsehmythen und religiöse Bildung. Grundlegung einer medienerfahrungsorientierten Religionspädagogik am Beispiel fiktionaler Fernsehunterhaltung. Frankfurt a. M.

Pirner, Manfred L. (Hrsg.) (2003). Homo medialis. Perspektiven und Probleme einer Anthropologie der Medien. München.

Pirner, Manfred L. (2004): Religiöse Mediensozialisation? Empirische Zusammenhänge zwischen Mediennutzung und Religiosität bei SchülerInnen und deren Wahrnehmung durch LehrerInnen. München.

Pirner, Manfred L. (2008). Auf der Suche nach dem guten Religionsunterricht. Perspektiven religionsdidaktischer Lehr-Lern-Forschung. In Religionspädagogische Beiträge, Bd. 60, S. 3–17.

Pirner, Manfred L. (2012a). Medienweltorientierte Religionsdidaktik. In Grümme, Bernhard/Lenhard, Hartmut/Pirner, Manfred L. (Hrsg.). Religionsunterricht neu denken. Innovative Ansätze und Perspektiven der Religionsdidaktik. Stuttgart, S. 159–172.

Pirner, Manfred L. (2012b). Lernen in und mit neuen Medienwirklichkeiten. In Praktische Theologie 47 (2012), S. 104–107.

Pirner, Manfred L. (2012c). Medienbildung und religiöse Bildung. Grundlagen und Perspektiven einer medienweltorientierten Religionsdidaktik. In Kropač, Ulrich/Langenhorst, Georg (Hrsg.). Religionsunterricht und der Bildungsauftrag der öffentlichen Schule. Begründung und Perspektiven des Schulfaches Religionslehre. Babenhausen, S. 193–207.

Pirner, Manfred L. (2014). Medialisierung und ihre Auswirkungen. Theologisch-religionspädagogische Wahrnehmungen. Theo-Web 13 (2014), H. 2, S. 92–101.

Pfister, Stefanie/Roser, Matthias (2021). Religionsunterricht digital? Zeitsprung 1/2021, S. 4–7.

Poitzmann, Nikola (2020a). Unterrichten in der VUCA-Welt. Neues Denken, neue Lernformen. Praxisratgeber Digital unterrichten. Neues Lernen in Zeiten der Pandemie. Hannover, S. 8–11.

Poitzmann, Nikola (2020b). Live Online-Unterricht. 10 didaktische und methodische Grundsätze des synchronen Lernens. Praxisratgeber Digital unterrichten. Neues Lernen in Zeiten der Pandemie. Hannover, S. 12–24.

Porsch, Raphaela/Porsch, Torsten (2020). Fernunterricht als Ausnahmesituation. Befunde einer bundesweiten Befragung von Eltern mit Kndern in der Grundschule. In Fickermann, Detlef/Edelstein, Benjamin (Hrsg.). „Langsam vermisse ich die Schule …" Schule während und nach der Corona-Pandemie. Münster, S. 61–78. DOI: 10.31244/9783830992318.0.

Puentedura, Ruben R. (2006). Transformation, Technology, and Education. http://www.hippasus.com/resources/tte/puentedura_tte.pdf.

Precht, Richard David (2018). Jäger, Hirten, Kritiker: eine Utopie für die digitale Gesellschaft. München.

Preul, Reiner (2013). Evangelische Bildungstheorie. Leipzig.

Rathgeb, Thomas (2020a). JIMplus Corona 2020. Lernen und Freizeit in der Corona-Krise. http://www.mpfs.de/fileadmin/files/Studien/JIM/JIMplus_2020/JIMplus_2020_Corona.pdf.

Rathgeb, Thomas (2020b). Pressemitteilung zu JIMplus Corona 2020. https://www.mpfs.de/fileadmin/files/Presse/2020/PM_02_2020_JIMplus_Corona.pdf.

Rosa, Lisa (2014). Lernen zu lehren im Internetzeitalter. https://shiftingschool.wordpress.com/2014/09/23/lernen-zu-lehren-im-internetzeitalter/.

Reusser, Kurt/Pauli, Christine (2013). Verständnisorientierung in Mathematikstunden erfassen. Ergebnisse eines methodenintegrierten Ansatzes. Zeitschrift für Pädagogik 59 (3), S. 308–335.

Riegel, Ulrich (2013). Religionsdidaktische Kompetenz messen. Auf dem Weg zu einem Ratingmanual zur Erfassung religionsdidaktischer Kompetenz auf der Grundlage videografierter Religionsstunden. In Riegel, Urlich/Macha, Klaas (Hrsg.). Videobasierte Kompetenzforschung in den Fachdidaktiken. Münster.

Riegel, Ulrich/Leven, Eva (2018). Videobasierte Unterrichtsanalyse am Beispiel kognitiver Aktivierung. In Schambeck, Mirjam sf/Riegel, Ulrich (Hrsg.). Was im Religionsunterricht so läuft. Wege und Ergebnisse religionspädagogischer Unterrichtsforschung. Freiburg, S. 179–195.

Rolff, Hans-Günter/Thunken, Ulrich (2020). Digital gestütztes Lernen. Praxisbeispiele für eine zeitgemäße Schulentwicklung. Hannover.

Schambeck, Mirjam sf (2018). Religionspädagogische Unterrichtsforschung im Etablierungsprozess – Ein systematisierender Überblick. In Schambeck, Mirjam sf/Riegel, Ulrich (Hrsg.). Was im Religionsunterricht so läuft. Wege und Ergebnisse religionspädagogischer Unterrichtsforschung. Freiburg, S. 309–332.

Schambeck, Mirjam sf/Riegel, Ulrich (Hrsg.) (2018). Was im Religionsunterricht so läuft. Wege und Ergebnisse religionspädagogischer Unterrichtsforschung. Freiburg.

Schleicher, Andreas (2010). The case for 21st-century learning. http://www.oecd.org/general/thecasefor21st-centurylearning.htm.

Scholz, Stefan (2012). Bibeldidaktik im Zeichen der Neuen Medien. Chancen und Gefahren der digitalen Revolution für den Umgang mit dem Basistext des Christentums. Berlin.

Schröder, Bernd (2020). Religionspädagogik und Digitalität. Verkündigung und Forschung 65/2, S. 142–151.

Schwarz, Susanne (2019). SchülerInnenperspektiven und Religionsunterricht. Empirische Einblicke – Theoretische Überlegungen. Stuttgart.

Schweitzer, Friedrich (2006). „Guter Religionsunterricht" – aus Sicht der Fachdidaktik. In Bizer, Christoph/Degen, Roland/Englert, Rudolf/Kohler-Spiegel, Helga/Mette, Norbert/Rickers, Folkert/Schweitzer, Friedrich (Hrsg.). Was ist guter Religionsunterricht? Jahrbuch der Religionspädagogik 22. Neukirchen-Vluyn, S. 41–51.

Schweitzer, Friedrich (2012). Religiöse Bildung in der Schule. In Rothgangel, Martin/Adam, Gottfried/Lachmann, Rainer (Hrsg.). Religionspädagogisches Kompendium. 7. völlig neu bearbeitete Auflage. Göttingen, S. 92–105.

Schweitzer, Friedrich (2013). Das Recht des Kindes auf Religion. Erweiterte Neuauflage. Gütersloh.

Schweitzer, Friedrich (2014). Bildung. Neukirchen-Vluyn.

Schweitzer, Friedrich (2020). Religion noch besser unterrichten. Qualität und Qualitätsentwicklung im RU. Göttingen.

Schweitzer, Friedrich/Haen, Sara/Krimmer, Evelyn (2019). Elementarisierung 2.0. Religionsunterricht vorbereiten nach dem Elementarisierungsmodell. Göttingen.

Schweitzer, Friedrich/Wissner, Golder/Bohner, Annette (Hrsg.) (2018). Jugend – Glaube – Religion. Eine Repräsentativstudie zu Jugendlichen im Religions- und Ethikunterricht. Münster.

Sliwka, Anne/Klopsch, Britta/Dumont, Hanna (2019). Konstruktive Unterstützung im Unterricht. Wirksamer Unterricht Band 3. Stuttgart.

Spaemann, Robert (2001). Grenzen. Zur ethischen Dimension des Handelns. Stuttgart.

Spiekermann, Sarah (2019). Digitale Ethik. Ein Wertesystem für das 21. Jahrhundert. München.

Steffens, Ulrich/Messner, Rudolf (2019). Unterrichtsqualität. Konzepte und Bilanzen gelingenden Lehrens und Lernens. Grundlagen der Qualität von Schule 3. Münster.

Tuhcicn Aida/Topalovic, Said (2020). „Digital lehren und lernen". Studie zur Nutzung digitaler Medien im islamischen Religionsunterricht. ÖRF 28 (2020) 1, S. 197–211. DOI: 10.25364/10.28:2020.1.11.

Trautwein, Ulrich/Sliwka, Anne/Dehmel, Alexandra (2018). Grundlagen für einen wirksamen Unterricht. Wirksamer Unterricht Band 1. Stuttgart.

Tulodziecki, Gerhard (1997). Neue Medien und Lehrerausbildung. Überlegungen zum medienpädagogischen Rahmen für die Arbeitsgruppen. In Tulodziecki, Gerhard/Blömeke, Sigrid (Hrsg.). Neue Medien – Neue Aufgaben für die Lehrerausbildung. Tagungsdokumentation.

Universität Augsburg (2020). Homeschooling. Augsburger Schulpädagoge gibt in einer neuen Studie Empfehlungen und Vorschläge, wie ein effektiveres und besseres Homeschooling möglich ist. UPD 44–30.06.2020. https://www.uni-augsburg.de/de/campusleben/neuigkeiten/2020/06/30/2359/.

Wacker, Albrecht/Unger, Valentin/Rey, Thomas (2020). „Sind doch Corona-Ferien, oder nicht?" Befunde einer Schüler*innenbefragung zum „Fernunterricht. In Fickermann, Detlef/Edelstein, Benjamin (Hrsg.). „Langsam vermisse ich die Schule …" Schule während und nach der Corona-Pandemie. Münster, S. 79–94. DOI: 10.31244/9783830992318.04.

Walitzek, Eva (2020). Unterricht in Zeiten von Corona. Wie Homeschooling und Hybridunterricht gelingen können. Bildung spezial 2/2020, S. 27–30.

Wissner, Golde/Nowack, Rebecca/Schweitzer, Friedrich (Hrsg.) (2020). Jugend – Glaube – Religion 2: Neue Befunde – vertiefende Analysen – didaktische Konsequenzen. Münster.